Triathlon – Alles, was man wissen muss

HARALD EGGEBRECHT/SVEN WEIDNER

TRIATHLON

★ ★ ALLES, WAS MAN WISSEN MUSS ★ ★

* * *
BASICS
LEGENDEN
EVENTS
* * *

MEYER & MEYER VERLAG

Triathlon – Alles, was man wissen muss

Bibliografische Information der Deutschen Bibliothek
Die Deutsche Bibliothek verzeichnet diese Publikation in der Deutschen Nationalbibliografie; detaillierte bibliografische Details sind im Internet über www.dnb.de abrufbar.

Auckland, Beirut, Dubai, Hägendorf, Hongkong, Indianapolis, Kairo, Kapstadt, Manila, Maidenhead, Neu-Delhi, Singapur, Sydney, Teheran, Wien

Member of the World Sport Publishers' Association (WSPA)

Druck: CPI – Clausen & Bosse, Leck

MIX
Papier | Fördert gute Waldnutzung
FSC® C083411

ISBN 978-3-8403-7769-3
E-Mail: verlag@m-m-sports.com
www.dersportverlag.de

INHALT

Vorwort Patrick Lange **12**

1 Einleitung **14**

2 Die Anfangszeit des Triathlon **18**

3 Triathlon-Basics: Wettkampfformen, Regeln und Rekorde **21**

3.1 Die Triathlon-Versionen 22
3.2 Die Triathlon-Distanzen 24
3.3 Schwimmen 26
3.4 Radfahren 28
3.5 Laufen 30
3.6 Wechselzone 32
3.7 Wie Rekorde einzuordnen sind 32
3.8 Grundlegende Taktiken im Triathlon 35

4 So ist der Triathlon organisiert **38**

4.1 World Triathlon (International Triathlon Union) 38
4.2 Deutsche Triathlon Union (DTU) 39
4.3 Professional Triathletes Organisation (PTO) 41

5 Die wichtigsten und prestigeträchtigsten Triathlon-Rennen **44**

5.1 Ironman Hawaii 44
5.2 Challenge Roth 47
5.3 Ironman Frankfurt 50
5.4 Ironman 70.3 World Championship 51

5.5 Triathlon bei den Olympischen Spielen 53

5.6 Triathlon bei den Paralympics 55

5.7 Legendäre Adventure-Triathlons 56

6 Die großen Rennserien im Triathlon 59

6.1 Ironman 60

6.2 Challenge Family 62

6.3 World Triathlon Championship Series 64

6.4 T100 Triathlon World Tour 66

6.5 Xterra 67

6.6 Super League Triathlon (Supertri) 69

6.7 Arena Games (Supertri E) 71

6.8 Triathlon-Bundesliga 72

7 Triathlon-Stars von gestern und heute 74

7.1 Deutsche Triathlon-Legenden 74

7.1.1 Dirk Aschmoneit 74

7.1.2 Jürgen Zäck 75

7.1.3 Thomas Hellriegel 76

7.1.4 Lothar Leder 77

7.1.5 Ute Mückel 78

7.1.6 Stephan Vuckovic 79

7.1.7 Normann Stadler 80

7.1.8 Faris Al-Sultan 82

7.1.9 Anja Dittmer 83

7.1.10 Daniel Unger 84

7.1.11 Die Raelert-Brothers – Andreas und Michael Raelert 85

7.1.12 Sebastian Kienle 86

7.1.13 Jan Frodeno 88

7.2 Internationale Triathlon-Legenden 90
7.2.1 Mark Allen (USA) 90
7.2.2 Dave Scott (USA) 92
7.2.3 Paula Newby-Fraser (USA) 94
7.2.4 Luc Van Lierde (BEL) 95
7.2.5 Natascha Badmann (SUI) 96
7.2.6 Chris McCormack (AUS) 98
7.2.7 Craig Alexander (AUS) 99
7.2.8 Chrissie Wellington (GBR) 100
7.2.9 Daniela Ryf (SUI) 101
7.3 Aktuelle deutsche Weltklasse-Triathleten auf der Mittel- und Langdistanz 103
7.3.1 Patrick Lange 103
7.3.2 Anne Haug 104
7.3.3 Laura Philipp 106
7.3.4 Anne Reischmann 107
7.3.5 Svenja Thoes 109
73.6 Frederic Funk 110
7.3.7 Jan Stratmann 111
7.3.8 Mika Noodt 112
7.3.9 Rico Bogen 113
7.3.10 Laura Zimmermann 115
7.3.11 Leonard Arnold 115
7.3.12 Paul Schuster 117
7.4 Aktuelle deutsche Weltklasse-Triathleten auf der Olympischen Distanz und im Paratriathlon 118

7.4.1 Jonas Schomburg 118

7.4.2 Lasse Lührs 119

7.4.3 Tim Hellwig 121

7.4.4 Lisa Tertsch 122

7.4.5 Laura Lindemann 124

7.4.6 Nina Eim 125

7.4.7 Martin Schulz 127

7.5 Aktuelle internationale Weltklasse-Athleten 128

7.5.1 Alistair Brownlee (GBR) 128

7.5.2 Lucy Charles-Barclay (GBR) 130

7.5.3 Kristian Blummenfelt (NOR) 132

7.5.4 Gustav Iden (NOR) 133

7.5.5 Sam Laidlow (FRA) 135

7.5.6 Magnus Ditlev (DEN) 136

8 Training im Triathlon 138

8.1 Das Trainingsjahr 139

8.2 Aufbau einer Trainingseinheit 140

8.3 Grundlagen der Trainingsplanung 141

8.4 Base-Phase 144

8.5 Build-Phase 146

8.6 Race/Tapering 147

8.7 Training Load 148

8.8 Leistungsdiagnostik 149

8.9 Leistungszonen 152

8.10 Verletzungen durch Überlastung 154

8.10.1 Übertraining 154

8.10.2 Ermüdungsbruch 156

8.10.3 Sehnenentzündung 157

8.10.4 Sonnenbrand 159

8.10.5 Herzmuskelentzündung 160

8.11 Unfälle im Training und Wettkampf 161

9 Ausrüstung im Triathlon 164

9.1 Basisausrüstung für den Wettkampf 164

9.1.1 Trisuit 165

9.1.2 Radhelm 167

9.1.3 Triathlon-Lenkeraufsatz 169

9.1.4 Neoprenanzug 170

9.1.5 Sonstiges 171

9.2 Schwimmtraining 172

9.2.1 Schwimmbrille 173

9.2.2 Schwimmbekleidung 175

9.2.3 Pullboy und Pullkick 177

9.2.4 Paddles 177

9.2.5 Schwimmbrett 179

9.2.6 Widerstands-/Auftriebshose 179

9.2.7 Frontschnorchel 180

9.3 Radtraining 181

9.3.1 Rennrad 182

9.3.2 Triathlon-/Zeitfahrrad 186

9.3.3 Gravelbike 189

9.3.4 Mountainbike (MTB) 191

9.3.5 Radcomputer 191

9.3.6 Powermeter 192

9.4 Lauftraining ... 194
9.4.1 Trainingsschuhe ... 195
9.4.2 Racer ... 196
9.4.3 Laufuhr ... 197
9.4.4 Stabi ... 199
9.4.5 Fazienrolle ... 200
9.4.6 Gymnastikbänder ... 200
9.5 Alternativtraining/Wintertraining ... 201
9.5.1 Spinning/Rollentraining ... 202
9.5.2 Ski-Langlauf ... 203
9.5.3 Klettern ... 204

10 Die Ernährung im Triathlon ... 206
10.1 Vor, während und nach dem Training ... 206
10.2 Im Rennen ... 208
10.3 Außerhalb von Training und Wettkampf ... 210

11 Doping im Triathlon ... 211
11.1 Berühmte Dopingfälle im Triathlon ... 211
11.1.1 Nina Kraft ... 212
11.1.2 Brigitte McMahon ... 213
11.1.3 Lisa Hütthaler und Michael Weiss ... 214
11.1.4 Lance Armstrong ... 215
11.1.5 Collin Chartier ... 216
11.2 Gebräuchliche Doping-Substanzen ... 217
11.2.1 EPO ... 217
11.2.2 HGH ... 218

11.2.3 Testosteron ... 219
11.2.4 Eigenblut ... 220
11.2.5 Kortikoide ... 222
11.2.6 Insulin ... 222
11.2.7 Diuretika ... 223
11.3 Dopingkontrollen ... 224

Anhang ... 226

1 Glossar ... 226
2 Bildnachweis ... 236
3 Literaturverzeichnis ... 237
4 Die Autoren ... 239

VORWORT

Liebe Triathlon-Fans und angehende Athleten,

es ist mir eine große Freude und Ehre, das Vorwort zu diesem Buch über unsere tolle Sportart zu schreiben. Als ich die Anfrage erhielt, ob ich ein paar Worte dazu beitragen möchte, musste ich nicht lange überlegen. Triathlon hat mein Leben in einer Weise bereichert, die ich mir nie hätte vorstellen können, und ich hoffe, dass dieses Buch auch Ihnen den Weg zu einem tieferen Verständnis und einer großen Leidenschaft für diesen wunderbaren Sport ebnen wird.

Triathlon ist mehr als nur ein Wettkampf; es ist eine Lebenseinstellung. Es ist die Kombination aus Schwimmen, Radfahren und Laufen, die die Vielseitigkeit und Ausdauer eines Athleten auf die Probe stellt. Jede Disziplin fordert uns auf ihre eigene Art und Weise heraus und fordert nicht nur körperliche, sondern auch mentale Stärke. Der Reiz des Triathlons liegt nicht nur in der physischen Herausforderung, sondern auch in der Selbstdisziplin, die er erfordert, und der ständigen Suche nach persönlicher Verbesserung.

Für mich persönlich ist der Triathlon eine Quelle der Inspiration und Motivation. Er lehrt uns, unsere Grenzen zu überschreiten und an uns selbst zu glauben, auch wenn die Herausforderungen groß erscheinen. Jeder Wettkampf, jede Trainingseinheit und jede Erfahrung auf dem Weg dorthin bringt uns einen Schritt weiter.

In diesem Buch, das von Harald Eggebrecht und Sven Weidner erstellt wurde, finden Sie eine umfassende Einführung in die Welt des Triathlons. Es deckt die Geschichte des Sports, die wichtigsten Regeln und Legenden, aktuelle Stars und bedeutende Events ab. Darüber hinaus bietet es wertvolle Einblicke in die Grundlagen des Trainings und vermittelt Wissen zur passenden Ausrüstung. Auch die Dopingproblematik, die unser Sport leider auch kennt, wird thematisiert. Dieses Buch richtet sich vor allem an Einsteiger und Fans, die sich ein fundiertes Wissen aneignen möchten, aber ich bin sicher, dass auch erfahrene Triathleten viele interessante Aspekte entdecken werden.

Was mich am Triathlon besonders beeindruckt, ist die Gemeinschaft, die wir bilden. Obwohl wir in den Wettkämpfen gegeneinander antreten, sind wir doch alle Teil einer großen Familie, die sich gegenseitig unterstützt und motiviert. Diese Kameradschaft und der gemeinsame Respekt für die Anstrengungen eines jeden Einzelnen machen den Triathlon zu etwas Besonderem.

Ich hoffe, dass dieses Buch Ihnen die Begeisterung und die Leidenschaft für den Triathlon näherbringt und Sie inspiriert, Ihre eigenen Grenzen zu testen und vielleicht eines Tages selbst an der Startlinie eines Triathlons zu stehen. Lassen Sie sich von den Geschichten und Informationen in diesem Buch mitreißen und entdecken Sie die vielen Facetten unseres Sports.

Mit sportlichen Grüßen
Patrick Lange

★ 1 ★

EINLEITUNG

Wird über die Sportart Triathlon gesprochen, dann assoziieren die allermeisten Sportinteressierten damit sofort den Ironman Hawaii. Das Rennen auf dem Pazifik-Archipel hat über die Jahre eine Außenwirkung erreicht, die vergleichbar ist mit Wimbledon im Tennis, Paris-Roubaix im Straßenradsport oder die Streif-Abfahrt in Kitzbühel im Alpinen Skisport.

Dabei ist Triathlon, die Kombination aus Schwimmen, Radfahren und Laufen, weit mehr als nur der Ironman Hawaii. Unser Buch „Triathlon – Alles, was man wissen muss" bietet einen Einblick in die vielen Facetten des Triathlonsports und zeigt zugleich, dass in der Tat der Ironman Hawaii auf viele Akteure und die Entwicklung der Sportart einen bedeutenden Einfluss hatte. Die aktuellen Entwicklungen um das Rennen auf Big Island, mit der bis ins Jahr 2026 geplanten rotierenden Geschlechterverteilung zwischen Kona und Nizza, kratzen allerdings deutlich an dessen Mythos. Wohin die Reise hier in den nächsten Jahren geht, ist derzeit selbst für Insider noch nicht absehbar.

Die Anfänge des Triathlonsports gehen bis ins Jahr 1974 zurück und so feiert der Ausdauermehrkampf gerade seinen 50. Geburtstag. Damit ist Triathlon im Vergleich zu vielen anderen Sportarten immer noch eine junge Sportart, die allerdings längst ihren Kinderschuhen entwachsen ist. Was seit der Anfangszeit gleich geblieben ist, ist der direkte Kontakt zwischen Profiathleten und Amateursportlern. Bei vielen der großen Mittel- und Langdistanz-Rennen absolvieren die Pros und die Agegrouper immer noch die exakt gleichen Strecken und gehen meist nur mit einigen Minuten Zeitversatz und in unterschiedlichen Startgruppen ins Rennen. Auf der Rad- und Laufstrecke kommt es immer wieder vor, dass die Amateure von ihren Idolen auf einem Rundkurs überrundet werden oder sie ihnen auf einem Wendepunktkurs entgegenkommen. Das sind für viele Hobby-Triathleten magische Momente, die in anderen Sportarten absolut unvorstellbar sind. Ein C-Klasse-Fußballer wird sicher nie gemeinsam mit Lionel Messi oder Kylian Mbappé auf dem Platz stehen.

Triathlon hat sich etabliert, von einer Sportart, die in der Anfangszeit eine Sache für Freaks und Paradiesvögel war, die sich von den Mainstream-Sportlern abheben wollten. Triathleten wollten damals ganz bewusst anders sein und zeigten dies offensiv bei der Ausrüstung und beim Outfit. So war es Anfang der 1990er-Jahre als Triathlet ganz normal, wenn man sein Radtraining nur in Badehose und knappem Trägertop absolviert hat.

Und Triathleten waren Tüftler, die schnell Bewegung in die Materialentwicklung brachten. Ein spezieller Neoprenanzug beim Schwimmen, Radhelm und Triathlon-Lenker beim Radfahren – alles Innovationen, die auf den Triathlonsport zurückgehen. Triathleten waren von Anfang an für Neues offen und so schnell ein beliebter Testmarkt für die Sportindustrie. „Triathleten kaufen alles, wenn die Chance besteht, damit etwas schneller zu sein", ist ein Ausspruch, der durchaus seine Gültigkeit hat und gerade aktuell auch seine kritischen Züge annimmt.

Die Ausrüstung, um für drei Disziplinen auf dem neuesten Stand der Technik zu sein, kann gehörig ins Geld gehen. Dazu kommen u. a. noch teils sehr hohe Startgebühren und Reisekosten. Triathlon ist definitiv kein Low-Budget-Sport, insbesondere wenn man die Teilnahme bei internationalen, kommerziell organisierten Großveranstaltungen mit Tausenden Teilnehmern auf der Mittel- und Langdistanz als Ziel ausgemacht hat.

Triathlon ist aber eben weit mehr als eine Sportart der superharten Eisenmänner und -frauen, die auf futuristischen Triathlonrädern (im Wert eines Kleinwagens) die 180 Kilometer lange Fahrradstrecke eines Langdistanz-Triathlons absolvieren, nachdem sie zuvor schon 3,8 Kilometer geschwommen sind und anschließend noch einen Marathon über 42,195 Kilometer laufen.

Der größte Anteil der Triathlon-Veranstaltung sind kleinere, von Vereinen organisierte Veranstaltungen über kurze Distanzen. So wirbt der Grönegau Triathlon im niedersächsischen Melle damit, der günstigste Triathlon Deutschlands zu sein. 15 Euro kostete dort im Jahr 2024 die Startgebühr für die Volksdistanz über 400 Meter Schwimmen, 16 Kilometer Radfahren und 5,4 Kilometer Laufen. Eine Distanz, die jeder halbwegs fitte Feierabendsportler und Weekend-Warrior schaffen sollte.

Triathlon ist ein Sport für alle Altersstufen – von acht bis 80 Jahren. Die niedrigste Altersklasse lässt laut dem Regelwerk der Deutschen Triathlon Union (DTU) sogar noch jüngere Kinder zu. So sind in der Schülerklasse D Kinder im Alter von sechs und sieben Jahren startberechtigt. Die ältesten Teilnehmer sind meist jenseits der 70 und in manchen Rennen ist manchmal sogar die Altersklasse 80+ noch besetzt.

Genau dieses lebenslange Sporttreiben ist es, das für mehr Lebensqualität sorgt. Triathlon ist hierfür in besonderem Maße geeignet. Mit den drei Sportarten wird der ganze Körper trainiert und der Gefahr von zu einseitiger Belastung vorgebeugt. Durch den Wechsel der Disziplinen ist auch die Gefahr von aufkommender Langeweile eher gering. Und das Wetter, das beim Training in Outdoor-Sportarten oft ein großes Thema ist, spielt auch eine eher untergeordnete Rolle. Wenn es regnet und Radfahren eher spaßbefreit ist, dann geht man eben laufen oder in die Schwimmhalle. Oder man verbindet die Sportarten in spielerischer Weise miteinander – mit einer Radtour an den See und einer erfrischenden Schwimmrunde. Für den Start ist es außerdem (fast) nie zu spät. Es gibt immer wieder Athletinnen und Athleten, die erst im frühen Best-Ager-Alter ihren ersten Triathlon absolviert haben und es noch zu WM-Medaillen gebracht haben.

Wer einmal die Faszination dieses spielerischen Wechsels der drei Sportarten Schwimmen, Radfahren und Laufen am eigenen Körper gespürt hat, der wird dieses Gefühl immer wieder erleben wollen.

Ob es dann am Ende nur das Finish beim Volkstriathlon im Nachbardorf wird oder es irgendwann sogar bis an die Finishline nach Roth, Nizza oder Hawaii geht, ist jedem selbst überlassen.

Viel Spaß mit unserem Buch und vor allen Dingen dabei, in die vielfältige und faszinierende Welt des Triathlonsports mit seinen Protagonisten, den wichtigsten Wettbewerben und Regeln, den Trainingsgrundsätzen und den Ausrüstungsbasics einzutauchen!

★ 2 ★

DIE ANFANGSZEIT DES TRIATHLON

Die Anfänge des Triathlonsports, so wie wir ihn heute kennen, entwickelten sich Mitte der 1970er-Jahre. Es war die Zeit der aufkommenden Fitnesswelle. Das kalifornische San Diego, südlich von Los Angeles an der US-Westküste gelegen, war dabei eine Keimzelle. Am 25. September 1974 fand dort erstmals ein Triathlon über 6 Meilen Laufen, 5 Meilen Radfahren und 550 Yards Schwimmen statt, den der US-Amerikaner Bill Phillips „The First Doctor of Speed" gewann.

Zweieinhalb Jahre später, im Februar 1977, war dann eine Bierwette der Ausgangspunkt für die Geburt des ersten Langdistanz-Triathlons. John Collins, Angehöriger der US-Armee, und seine Freude diskutieren auf der Hawaii-Insel Oahu darüber, wer denn wohl der bessere Athlet sei. Der Sieger des Waikiki Roughwater Swim über 3,8 Kilometer, des Around Oahu Bike Race über 180 Kilometer oder des Honolulu Marathons über 42,2 Kilometer?

Die Lösung war so einfach wie verrückt. Der beste Athlet ist der Athlet, der alle drei Rennen hintereinander am schnellsten bewältigt. Als besondere Würdigung sollte der Sieger die Auszeichnung „Ironman" erhalten.

„Whoever finishes first, we'll call him the Iron Man", wird Commander Collins nach den Erzählungen zitiert.

Ein Jahr später, am 18. Februar 1978, war es so weit. Am Strand von Waikiki auf Oahu standen 15 wagemutige Männer am Start, um die Ur-Ausgabe des Ironman Hawaii zu bewältigen. Als erster Sieger ging der US-Marinesoldat Gordon Haller in die Triathlon-Geschichte ein. 11:46:58 Stunden benötigte der 27-Jährige für die Ausdauerprüfung.

Bei der zweiten Austragung 1979 waren bereits Frauen dabei. Die Organisatoren hatten das Rennen von Anfang an für Frauen geöffnet, anders als z. B. im Laufsport, wo der Marathon der Frauen erst im Jahr 1984 Teil der olympischen Leichtathletik-Wettbewerbe wurde. Die aus Boston stammende Lyn Lemaire trug sich als erste Ironwoman in die Siegerliste des Ironman Hawaii ein. 12:55:38 betrug ihre Finisher-Zeit.

Eine Frau war es auch, die 1982 den Ironman Hawaii, der mittlerweile nach Kailua-Kona auf die größte Hawaii-Insel Big Island umgezogen war, weltweit in die Medien brachte und dafür sorgte, dass er als „The Crawl" seinen festen Platz in der Triathlon-Geschichte erhielt. Die US-Amerikanerin Julie Moss brach in Führung wenige Meter vor dem Ziel am Alii Drive in Kailua-Kona zusammen. Mehrmals rappelte sie sich wieder auf und sank erneut kraftlos zu Boden. Moss erreichte auf allen Vieren das Ziel – als Zweite, da während ihrer Krabbeleinlage noch Kathleen McCartney vorbeizog und mit 29 Sekunden Vorsprung gewann.

Die Berichterstattung über dieses verrückte Ereignis auf der Hawaii-Insel Big Island war die Initialzündung für die ersten Triathlon-Veranstaltungen in Europa und auch hierzulande in Deutschland. Noch im Jahr 1982 gab es erste Veranstaltungen in Essen, Hückeswagen und Kehl. 1983 fand der erste Allgäu Triathlon statt, der in den folgenden Jahren eine Vorreiterrolle einnehmen sollte. So wurden in Immenstadt 1984 die ersten deutschen Triathlon-Meisterschaften ausgetragen. Als erste deutsche Meister durften sich über die Distanzen von 1,9 Kilometer Schwimmen, 115 Kilometer Radfahren und 29 Kilometer Laufen Klaus Klaeren und Hanni Zehendner feiern lassen. Ein Jahr später empfing der umtriebige

Allgäuer Triathlon-Pionier German Altenried dann bereits die besten Triathleten Europas: Die erste offizielle Triathlon-Europameisterschaft über die Kurzdistanz mit 1,3 Kilometer Schwimmen, 60 Kilometer Radfahren und 12 Kilometer Laufen wurde in Immenstadt ausgetragen. Die ersten EM-Goldmedaillen gingen an den Niederländer Rob Barel und die Deutsche Alexandra Kremer.

Neben der rasanten sportlichen Entwicklung ging es für den Triathlonsport auch auf institutioneller Ebene schnell voran. Nachdem sich in Deutschland zunächst mit dem eher dem Breitensport zugewandten Deutschen Triathlon-Bund (DTrB) und dem in Richtung des Leistungssports orientierten Deutschen Triathlon Verband (DTV) zwei Verbände den Triathlonsport voranbringen wollten, folgte Anfang 1985 die Fusion zur Deutschen Triathlon Union (DTU). Auf diese Entwicklung gehen wir näher im Kapitel „Verbände" ein.

★ 3 ★

TRIATHLON-BASICS:
WETTKAMPFFORMEN, REGELN UND REKORDE

Schwimmen, Radfahren und Laufen direkt hintereinander ohne Pause und so schnell es geht. Wer als Erster im Ziel ist, hat gewonnen. Das ist Triathlon in zwei Sätzen erklärt. Unter der Voraussetzung, dass man alle drei Disziplinen einigermaßen beherrscht, klingt das erst einmal einfach. Entsprechend sollte auch das dafür notwendige Regelwerk überschaubar sein.

Ist es allerdings nicht. Schaut man genauer hin, dann ist Triathlon eine höchst komplexe Sportart und entsprechend hat sich seit der Anfangszeit bis zum heutigen Tage ein umfassendes Regelwerk entwickelt. Bei Triathlon-Veranstaltungen in Deutschland liegt als Regelwerk die Sportordnung der Deutschen Triathlon Union (DTU) zugrunde, die aus 24 Abschnitten und in Summe 113 Paragraphen besteht. Über dem Regelwerk der nationalen Verbände steht das Regelwerk von World Triathlon (vormals Internationale Triathlon Union – ITU), das bei internationalen Wettbewerben unter dem Dach von World Triathlon seine Gültigkeit hat. Beide Regelwerke sind nahezu deckungsgleich. Normalerweise ist es so, dass es im internationalen Regelwerk Anpassungen gibt, die dann auf die nationalen Regelwerke heruntergebrochen werden.

Die Wettbewerbe der Marke Ironman haben ein eigenes Regelwerk, das sich in früheren Jahren teils deutlich von der ITU unterschied. Über die Jahre näherten sich die Regelwerke zunehmend an und unterscheiden sich aktuell nur noch in Details.

Wichtig zu erwähnen ist in diesem Zusammenhang, dass Teilnehmer bei einem Triathlon unbedingt die Athleten-Informationen sorgfältig durchlesen bzw. an der bei jedem Wettkampf obligatorischen Wettkampfbesprechung teilnehmen sollten. Hier wird in Kurzform auf die wichtigsten Regeln eingegangen und es wird auf die organisatorischen Besonderheiten des Rennens hingewiesen. Die Coronapandemie brachte es hier mit sich, dass heutzutage immer häufiger diese wichtigen Wettkampfinformationen in einem Video-on-Demand zur Verfügung gestellt werden und eine direkte Anwesenheit bei der Wettkampfbesprechung nicht mehr unbedingt erforderlich ist.

3.1 DIE TRIATHLON-VERSIONEN

Neben dem klassischen Triathlon, bei dem das Radfahren auf asphaltierten Straßen stattfindet, gibt es auch die Variante des Cross-Triathlon. Die Rad-Disziplin wird hier mit einem Mountainbike im Gelände absolviert. Das Laufen findet ebenso im Gelände als Trail-Lauf statt.

Zur Triathlon-Familie gehört zudem der Duathlon, bei dem der Ablauf die Reihenfolge – Laufen, Radfahren, Laufen – vorsieht. Duathlon-Wettbewerbe erweitern vor allem im Frühjahr und Herbst den Terminkalender, wenn die Gewässer noch zu kalt für die Schwimmdisziplin sind. Allerdings ist die Triathlon-Trocken-Variante etwas aus der Mode gekommen. Während in den 1990er- und frühen 2000er-Jahren der Duathlon-Sport regelrecht boomte, verschwanden in den vergangenen Jahren immer mehr Veranstaltungen. Trotzdem kann jeder Triathlet schnell zum Duathleten werden, wenn das Schwimmen z. B. aufgrund von zu kalten Wassertemperaturen oder gesundheitsgefährdenden Verunreinigungen abgesagt werden muss und stattdessen ein Lauf angesetzt wird. Im Jahr 2018 war dies beim Ironman Hamburg der Fall, als die Blaualgen-Konzentration in der Alster zu hoch war und aus dem Langdistanz-Triathlon ein Langdistanz-Duathlon wurde.

Eine weitere Triathlon-Variante ist der Wintertriathlon, bestehend aus Laufen, Mountainbiken und Skilanglauf. Wie der Duathlon hat auch der Wintertriathlon allerdings seine Blütezeit hinter sich. Derzeit gibt es in Deutschland keinen einzigen Wintertriathlon mehr. In Österreich sieht es allerdings etwas besser aus. Aktuell richtet der World Triathlon Verband alljährlich noch eine Weltmeisterschaft aus, bei der sich die klein gewordene Wintertriathlon-Familie trifft.

Moderne Triathlon-Varianten sind der Aquathlon und der SwimRun. Beim Aquathlon (auch Swim & Run genannt) wird Schwimmen mit Laufen kombiniert. Die häufigste absolvierte Distanz, die auch bei Weltmeisterschaften im Programm ist, besteht aus 1 Kilometer Schwimmen und 5 Kilometer Laufen.

Beim SwimRun wird mehrmals hintereinander zwischen Schwimmen und Laufen gewechselt. Die äußerst harte Kombi-Sportart kommt aus Schweden, wo alljährlich seit dem Jahr 2006 in den Schärengärten vor Stockholm die Ötillö SwimRun-Weltmeisterschaft über die Gesamtdistanz von 70 Kilometern stattfindet. Die Gesamtdistanz ist dabei in 9 Kilometer Schwimmen und 61 Kilometer Laufen unterteilt, wobei es insgesamt 46 Disziplinwechsel gibt (Austragung 2024).

Immer häufiger gibt es in den vergangenen Jahren Triathlon-Veranstaltungen, die zusätzlich eine Swim-Bike-Wertung anbieten. Mit dem Verzicht auf die Laufdisziplin will man u. a. auch Athleten ansprechen, die aus orthopädischen Gründen die Laufstrecke nicht absolvieren können.

3.2 DIE TRIATHLON-DISTANZEN

In welchem Verhältnis die Schwimm-, Rad- und Laufdisziplin beim Triathlon zu absolvieren sind, ist selbstverständlich in einem Regelwerk festgeschrieben. Schließlich sollen die drei Sportarten mit einer vergleichbaren Gewichtung einfließen.

Die klassische Langdistanz, die ihren Ursprung beim Ironman Hawaii hat, besteht aus 3,8 Kilometer Schwimmen, 180 Kilometer Radfahren und 42,2 Kilometer Laufen. Ein weiteres Langdistanz-Format ist die sogenannte Nizza-Distanz – bezugnehmend auf den Internationalen Nizza Triathlon in den 1980er- und 1990er-Jahren mit 4 Kilometer Schwimmen, 120 Kilometer Radfahren und 30 Kilometer Laufen. Mit dieser Distanz-Aufteilung werden auch die World Triathlon Weltmeisterschaften über die Langdistanz ausgetragen.

Bei der Mitteldistanz (auch oft als Halbdistanz bzw. 70.3-Distanz bezeichnet) hat sich die Streckenlänge von 1,9 Kilometer Schwimmen, 90 Kilometer Radfahren und 21,1 Kilometer Laufen durchgesetzt. Eine aktuelle Abwandlung davon ist das Streckenformat der seit dem Jahr 2022 stattfindenden Rennen der Professional Triathletes Organisation (PTO). Die Streckenlängen sind hier 2 Kilometer Schwimmen, 80 Kilometer Radfahren und 18 Kilometer Laufen.

Die Olympische Distanz, die ursprünglich und auch heute noch auch als Kurzdistanz bezeichnet wird, besteht aus 1,5 Kilometer Schwimmen, 40 Kilometer Radfahren und 10 Kilometer Laufen.

Exakt halb so lang ist die Sprintdistanz mit 750 Meter Schwimmen, 20 Kilometer Radfahren und 5 Kilometer Laufen. Diese Streckenlänge ist die ideale Distanz für den Triathlon-Einstieg. Daher wird die Sprintdistanz im Amateur- bzw. Einsteigerbereich oft auch als Volksdistanz bezeichnet, wobei als Zugeständnis an schwächeren Schwimmleistungen die Schwimmstrecke oft nur 500 Meter misst. Zudem wurde diese Streckenlänge oft auch als Jedermann-Distanz tituliert, was aber im Zuge der Geschlechtergleichstellung zunehmend aus dem Sprachgebrauch verschwindet. Im Elitebereich werden seit einigen Jahren immer häufiger Rennen über die Sprintdistanz anstelle über die Olympische Distanz ausgetragen.

Diese Entwicklung zeigt sich auch in der Super-Sprint-Distanz, die meistens über 0,25 Kilometer Schwimmen, 10 Kilometer Radfahren und 2,5 Kilometer Laufen geht. Im Elitebereich wird der Supersprint auch als Ausscheidungswettkampf mit Vor- und Finalläufen durchgeführt. Auf nur geringfügig kürzeren Distanzen wird die 4er-Team-Relay veranstaltet, bei der vier Athleten/Athletinnen jeweils direkt hintereinander einen kurzen Triathlon absolvieren. Die Mixed-Relay-Variante, bestehend aus je zwei Männern und Frauen, gehört seit den Olympischen Spielen in Tokio im Jahr 2021 zum olympischen Programm.

Laut Regelwerk dürfen die Distanzen der Teildisziplinen um +/- 10 Prozent abweichen, um den örtlichen Gegebenheiten gerecht zu werden. Gerade bei der Radstrecke ist es oft schwierig, auf die exakt vorgegebene Distanz zu kommen, da die Radstrecke an die Infrastruktur mit dem Gewässer fürs Schwimmen, die Wechselzonen und die nachgelagerte Laufstrecke angepasst werden und auch die Vorgaben der Genehmigungsbehörden erfüllen muss. In Ausnahmefällen sind deshalb auch noch größere Distanzabweichungen erlaubt.

Eine extreme Sonderform der Triathlon-Distanzen ist der Ultratriathlon. Unter den Begriff Ultratriathlon fallen Streckenlängen, die sich aus einem Vielfachen der Triathlon-Langdistanz zusammensetzen. Meistens gehen die Wettbewerbe, die nach dem Regelwerk der Internationalen Ultra Triathlon Assoziation durchgeführt werden, über die die doppelte (Double-Ultra), dreifache (Triple-Ultra), fünffache (Quintuple-Ultra) oder zehnfache (Deca-Ultra) Langdistanz. Der Wettkampfablauf kann dabei in zwei Varianten stattfinden. Die klassische Variante ist die Nonstop-Variante, d. h., die komplette Wettkampfdistanz wird am Stück ohne Pause absolviert. Eventuelle Ruhezeiten zählen zur Wettkampfzeit dazu. Bei der zweiten Variante wird jeden Tag eine Langdistanz absolviert. Die Zeit dazwischen zählt nicht zur Wettkampfzeit.

3.3 SCHWIMMEN

Beim Schwimmen gilt die elementare Regel, dass alle Schwimmstile erlaubt sind. Schmetterling, Rücken, Brust oder Kraul - alles wäre möglich. In der Praxis wird man Triathleten nahezu ausnahmslos in der Kraultechnik schwimmen sehen, da dies die mit Abstand schnellste Schwimmlage ist und zudem im Vergleich zum Brustschwimmen die Beinmuskulatur schont, die anschließend beim Radfahren und Laufen noch Höchstleistungen verrichten muss. Nur im Einsteigerbereich ist auch das Brustschwimmen noch häufiger zu sehen.

Die Schwimmregel, über die am häufigsten diskutiert wird, ist die Regel über die Verwendung des Neoprenanzugs, der im Regelwerk als Kälteschutzanzug bezeichnet wird. Der umgangssprachlich als Neo bzw. international als Wetsuit bezeichnete Anzug wärmt den Körper bei kühlen Wassertemperaturen und gibt ordentlichen Auftrieb. Dies kommt vor allem schwächeren Schwimmern zugute, die sich nichts sehnlicher wünschen würden, als unabhängig von der Wassertemperatur immer mit Neo zu schwimmen.

Das Regelwerk ist aber so gestaltet, dass ab bestimmten Wassertemperaturen, abhängig von der Streckenlänge, ein Neoprenverbot besteht.

In aller Kürze ist es in der Sportordnung der Deutschen Triathlon Union (DTU) so geregelt

- ★ unter 14 °C Wassertemperatur kein Schwimmen erlaubt
- ★ unter 16 °C Wassertemperatur besteht Neoprenpflicht
- ★ bis 1500 Meter Distanz: Elite (Profis) Neoverbot ab 20 °C Wassertemperatur, Amateure Neoverbot ab 22 °C Wassertemperatur.

★ über 1.500 Meter Distanz: Elite (Profis) Neoverbot ab 22 °C Wassertemperatur, Amateure Neoverbot ab 24,6 °C Wassertemperatur

Sonstige Schwimmhilfen, z. B. Schnorchel, Flossen usw. sind nicht erlaubt. Es ist allerdings erlaubt, sich auf dem Schwimmkurs an den Bojen und Begleitbooten für eine Rast festzuhalten.

Eine weitere wichtige Regel betrifft den Ablauf des Schwimmstarts. Der klassische Massenstart ist laut Regelwerk grundsätzlich erlaubt, wobei alle Teilnehmer eines Rennens nur noch äußerst selten gleichzeitig starten. Normalerweise gibt es mehrere Startwellen, die mit etwas zeitlichem Versatz ins Rennen gehen. Die Zeit läuft ab dem Startschuss der jeweiligen Startwelle. Die Einteilung der Startenden erfolgt normalerweise nach der Vorleistung, dem Geschlecht bzw. der Altersklasse. Als Ziel soll allen Athleten ein möglichst freies und sicheres Schwimmen ermöglicht werden.

Seit einigen Jahren gibt es zudem den Rolling-Start. Bei den großen Ironman-Rennen wurde dieses Startprozedere aus Sicherheitsgründen eingeführt. Die Athleten stellen sich vorher an Land gemäß ihrer erwarteten Schwimmzeit auf und werden dann einzeln oder in Kleingruppen von 5 bis 10 Athleten ins Wasser gelassen. Die Zeitnahme wird bei jedem Athleten individuell mit dem am Fußgelenk befestigten Zeitnahmechip ausgelöst, sobald er über die Startmatte ins Wasser läuft.

Der Rolling-Start ist nur als Landstart möglich. Es kann aber auch direkt aus dem Wasser gestartet werden. Dabei gibt es den Start aus dem Wasser in zwei Varianten. Die entspanntere der beiden Varianten ist der Start aus dem flachen Wasser, wo man noch stehen kann. Etwas stressiger ist es, wenn aus dem tiefen Wasser ohne Bodenkontakt zum Grund des Gewässers gestartet wird. U. a. wird beim Ironman Hawaii und der Challenge Roth so gestartet.

3.4 RADFAHREN

Beim Radfahren müssen zunächst die Regeln bezüglich des Materials beachtet werden. Athleten mit sportlicher Ambition werden entweder mit einem Triathlonrad mit Zeitfahrlenker oder einem Rennrad mit Zeitfahrlenkeraufsatz starten. Es sind grundsätzlich aber auch ganz normale Räder erlaubt, wie sie im Alltag zum Einsatz kommen. Verboten sind u. a. Fixie-Räder, Liegeräder und natürlich auch E-Bikes. Für Triathlon-Rennen mit Windschattenfreigabe dürfen nur klassische Rennräder ohne Zeitfahrlenkeraufsatz verwendet werden, da das Fahren auf dem Aerolenker in Pulks die Sturzgefahr erhöht.

Sehr wichtig ist auch der Radhelm. Es war übrigens der Triathlonsport, der die Helmpflicht schon in den 1980er-Jahren eingeführt hat, lange bevor das Tragen eines Radhelms bei den Radfahrern in Rennen zur Pflicht wurde. Hinsichtlich der Ausführung muss der Radhelm eine CE-Norm aufweisen und darf keine Beschädigungen an der Schale und am Gurtsystem haben. Dies wird beim Check-in vor dem Betreten der Wechselzone von den Kampfrichtern überprüft. Deshalb darf die Wechselzone nur mit aufgesetztem Helm und geschlossenem Kinnriemen betreten werden.

Während des Rennens gilt für die Teilnehmer grundsätzlich die Straßenverkehrsordnung (StVO). Bei Wettbewerben auf vom öffentlichen Verkehr gesperrten Strecken gilt deshalb auch weiterhin das Rechtsfahrgebot. Das heißt, der Athlet muss so weit rechts wie möglich fahren. Ein Überfahren der Mittellinie kann zur sofortigen Disqualifikation führen. Ein prominentes Opfer dieser Regel war bei der Ironman-70.3-WM 2023 im finnischen Lahti der zum Favoritenkreis zählende Kanadier Lionel Sanders. Er soll dort auf einer kleineren Straße ohne Straßenmarkierung die sogenannte virtuelle Mittellinie überfahren haben. Tagelange Diskussionen und Shitstorms waren die Folge. Aber es änderte nichts an der Tatsache, dass Lionel Sanders mit einem DSQ (Abkürzung für disqualifiziert) in der WM-Ergebnisliste steht.

Klar geregelt ist auch der Umgang bei Pannen während des Radfahrens. Athleten dürfen nur Hilfe von Offiziellen annehmen. Eine Hilfe von außen, wenn z. B. ein Zuschauer seine Luftpumpe zur Verfügung stellt, führt zur Disqualifikation. Eine Hilfe der Athleten untereinander ist aber in diesem Fall gestattet. Nicht erlaubt wiederum ist die Weitergabe des kompletten Fahrrades oder eines Laufrades, wie es z. B. im Profiradsport immer wieder zu sehen ist.

Die Regel mit dem größten Aufregerpotenzial ist die Windschattenregel (engl. drafting rule), die in allen Triathlon-Wettbewerben ohne Windschattenfreigabe seine Anwendung findet. Das ist normalerweise bei allen regionalen Amateurveranstaltungen über die Sprintdistanz und die Olympische Distanz der Fall sowie auf allen Mittel- und Langdistanzen.

Konkret bedeutet die Windschattenregel nach dem Regelwerk der DTU, dass zwischen den Athleten immer 12 Meter Abstand eingehalten werden müssen, gerechnet von Vorderrad zu Vorderrad. Ironman wendet ebenfalls die 12-Meter-Regel an. Es gibt auch Rennen, u. a. aus der Challenge Family, wie der Challenge Championship in Samorin, die 20 Meter Abstand als Vorgabe haben. Geregelt ist auch die Dauer eines Überholvorgangs. Der muss innerhalb von 25 Sekunden abgeschlossen sein. Die Regel beinhaltet zudem, dass längeres Nebeneinanderfahren nicht erlaubt ist. Dieser Regelverstoß heißt Blocking, da man anderen Athleten so die Chance auf einen Überholvorgang nimmt.

Überwacht wird die Windschattenregel von Kampfrichtern, die als Sozius auf Motorrädern mitfahren und das Renngeschehen beobachten. Der Abstand von 12 Metern wird dabei geschätzt, was bei dem hohen Tempo und einer sich ständig veränderten Perspektive alles andere als einfach ist. Entsprechend oft geben ausgesprochene Sanktionen (Verwarnung, Zeitstrafe, Disqualifikation) oder ein sofortiger Rennausschluss einen Anlass zu Diskussionen. So wie beim Ironman Hawaii 2022, als der zum erweiterten Favoritenkreis zählende deutsche Triathlonprofi Florian Angert, der bei einem Überholvorgang in eine nach Ansicht des anwesenden

Kampfrichters zu kleine Lücke zwischen zwei anderen Athleten fuhr und so eine Zeitstrafe von fünf Minuten erhielt.

Ähnlich der Torlinientechnik oder dem Videobeweis im Fußball hält aber auch im Triathlonsport die Technik Einzug. In Neuseeland wurde während der Coranapandemie ein Abstandsmesser für die zweite Disziplin entwickelt. Der sogenannte RaceRanger misst mittels eines elektronischen Sensorsystems den Abstand zwischen den Radfahrern. Dazu ist an der Gabel und an der Sattelstütze eine Messeinheit angebracht. Fährt ein Athlet zu nah auf, dann leuchtet eine Warnlampe an der Sattelstütze des Vordermanns rot auf. Die Athleten können so selbst einschätzen, wann der Abstand regelkonform ist und die mitfahrenden Kampfrichter erfahren ebenfalls, ob die Verstöße nur kurzzeitig vorkamen, z. B. beim Anbremsen vor engen Kurven oder ob längere Zeit der Abstand nicht eingehalten wurde und eine entsprechende Sanktion erforderlich ist.

Nachdem das RaceRanger-System in der Saison 2023 seine Feuertaufe bestanden hat, wurde es in der Saison 2024 u. a. bei der kompletten T100 Triathlon World Tour, der Ironman Pro Series und im Profifeld der Challenge Roth eingesetzt. Aktuell ist dieses innovative Windschatten-Überwachungssystem aus Kostengründen aber den Profis vorbehalten. Das bisherige Zwischenfazit ähnelt dem beim Fußball zum Videobeweis. Das Ende der Windschattendiskussion ist allerdings noch nicht in Sicht. Auch die Saison 2024 brachte wieder eine Menge Rennverläufe mit sich, über die abendfüllend diskutiert wurde.

3.5 LAUFEN

Eine elementare Regel beim Laufen ist die Regel, dass keine Begleitung durch Fans und Betreuer erlaubt ist, d. h. Betreuer dürfen nicht mit ihren Athleten mitlaufen oder sie mit dem Rad begleiten, um sie aufzumuntern und dabei mit Informationen versorgen. Diese Regel wird immer wieder von übereifrigen Coaches auf das Äußerste strapaziert. Informationen zu

Zeitabständen und Zwischenzeiten dürfen nur vom Streckenrand zugerufen werden.

Ebenfalls ist es nicht erlaubt, die Verpflegung vom Streckenrand aus anzureichen. Verpflegung darf wie beim Radfahren nur an den offiziellen Verpflegungsstellen aufgenommen werden. Bei manchen Rennen gibt es die Möglichkeit, seine Eigenverpflegung an besonders gekennzeichneten Verpflegungspunkten zu deponieren bzw. diese sich dort von einem Betreuer anreichen zu lassen.

Außerdem dürfen beim Laufen keine Kopfhörer zum Musikhören getragen werden. Der Grund ist, dass die Athleten mit Kopfhörern schlechter hören, wenn von hinten andere Athleten zum Überholen ansetzen, was in engen Streckenabschnitten problematisch ist. Ebenso ist die Verwendung des Smartphones während des Rennens tabu. Telefonieren, eine WhatsApp schreiben oder fotografieren und filmen ist grundsätzlich während des Wettkampfes verboten. Bei der Verwendung von Kameras können allerdings Ausnahmeregelungen greifen. Wettkampfgerichte können entsprechenden Anträgen stattgeben, z. B. wenn Medien einen Athleten für eine Reportage begleiten. Das Mobiltelefon darf allerdings mitgeführt werden.

In Einzelwettbewerben darf ein Athlet einen anderen Athleten in keiner Weise körperlich unterstützen, denn dann droht die Disqualifikation beider Athleten. Doch keine Regel ohne Ausnahme. Im Jahr 2016 spielten sich im Zielkanal beim finalen Rennen der World Triathlon Championship Series im mexikanischen Cozumel dramatische Szenen ab. Jonathan Brownlee lag bis kurz vor dem Ziel in Führung und hätte sich mit einem Sieg auch den WM-Titel gesichert. Doch der Brite war in der Hitze extrem dehydriert und taumelte nur noch dem Ziel entgegen. Sein von hinten auflaufender Bruder Alistair nahm den Arm von Jonathan über die Schulter und hielt ihn mit seinem anderen Arm an der Hüfte, so ging es gemeinsam die letzten Meter bis zur Finishline. Jonathan Brownlee erhielt trotz eines Protestes des spanischen Teams keine Sanktion und wurde als Zweiter gewertet, was ihm noch WM-Silber sicherte.

3.6 WECHSELZONE

Streng geregelt ist auch der Ablauf des Disziplinwechsels. Grundsätzlich gibt es zwei Varianten. Variante 1: Es wird in einem Wechselzelt gewechselt (Schwimmbekleidung ausziehen, Radbekleidung anziehen, Radbekleidung ausziehen, Laufbekleidung anziehen). Variante 2: Es wird direkt alles am Stellplatz des Rads gewechselt.

Wichtig in diesem Zusammenhang: Beim Wechsel im Wechselzelt müssen die Athleten selbstständig ihre Sachen in den dafür vorgesehenen Wechselbeutel packen. In der Praxis gibt es allerdings meist etwas Hilfe von den Helfern des Veranstalters.

Wird direkt am Radstellplatz gewechselt und steht dort eine Wechselbox (vergleichbar mit einer Einkaufskiste) zur Verfügung, dann müssen dort die abgelegte Kleidung, der Helm und die Schwimmbrille auch ihren Platz finden. Diese Regel sorgt bei Rennen im Welt- und Europacup sowie der Bundesliga, wo bei den sehr kurzen Rennformaten (Sprint- oder Supersprint) oft ein schneller Wechsel mit rennentscheidend sein kann, immer wieder für Sanktionen, wenn die Ausrüstung im Eifer des Gefechts daneben geworfen wird. Eine weitere elementare Wechselzonenregel: In der Wechselzone darf das Rad nur geschoben werden. Und bezüglich des Fahrradhelms gilt: Dieser muss vor der Aufnahme des Rads geschlossen auf dem Kopf sitzen. Ebenso darf der Helm erst nach dem Abstellen des Rads wieder geöffnet werden.

3.7 WIE REKORDE EINZUORDNEN SIND

Weltrekord hier, Streckenrekord dort. Rekorde gehören von Anfang an zum Triathlon dazu. Nur zu gerne werden sie in der Triathlon-Berichterstattung dazu hergenommen, das Interesse und die Reichweite zu erhöhen. Die Athleten greifen ebenso gerne zum Superlativ, der Beste und der Schnellste über die Distanz xy zu sein, um sich bei Sponsoren bekannt und wertvoll zu machen.

Dabei gibt es im Triathlon gar keine absoluten Rekorde, wenn man die Maßstäbe der im Triathlon enthaltenen Sportarten Schwimmen, Radfahren und Laufen ansetzt.

Der Grund: Keine einzige Wettkampfstrecke ist im Triathlon amtlich vermessen, wie es z. B. im Laufen bei den großen Stadtmarathons der Fall ist. Naturgemäß weichen die Distanzen gerade beim Radfahren aufgrund der vorgegebenen Strecke oftmals leicht ab. So war und ist die Radstrecke bei der Challenge Roth nur knapp 180 Kilometer lang. Ähnlich rekordbegünstigend war über viele Jahre die Rad- und Laufstrecke beim Ironman Austria in Klagenfurt ausgelegt.

Des Weiteren unterscheiden sich die Streckenführungen hinsichtlich der Höhendifferenz, des Untergrunds und zudem haben die vorherrschenden Windbedingungen gerade beim Radfahren einen großen Einfluss auf die Zeiten. Hinzu kommt, dass Wettkampfstrecken immer wieder aus verschiedenen Gründen leicht abgeändert werden, sodass die über die Jahre dort erzielten Bestzeiten nicht eins zu eins zu vergleichen sind.

Aus diesen Gründen kann im Triathlon allenfalls von Weltbestzeiten gesprochen werden. Aktuell gilt bei den Frauen Anne Haug als Weltbestzeithalterin über die Triathlon-Langdistanz. 8:02:38 Stunden benötigte die Bayreutherin bei der Challenge Roth 2024 für die 3,8 Kilometer Schwimmen, 180 Kilometer Radfahren und 42,2 Kilometer Laufen. Bei den Männern hält derzeit der Däne Magnus Ditlev mit 7:23:24 Stunden die Bestzeitmarke, ebenfalls aufgestellt in Roth im Jahr 2024.

Triathlon-Interessierte dürften deshalb leicht verwirrt sein, wenn sie auf der Website von Olympiasieger Kristian Blummenfelt lesen können, dass dieser in 7:21:12 Stunden den Weltrekord über die Triathlon-Langdistanz hält. Die Zeit stellte der Norweger beim Ironman Cozumel 2021 auf. Allerdings ist das Schwimmen auf der mexikanischen Urlaubsinsel in der Karibik stark strömungsbegünstigt. Blummenfelt und nahezu die gesamte Top

Ten blieb auf den 3,8 Kilometern Schwimmen unter der 40-Minuten-Marke. Eine Zeit, die bei regulären Bedingungen von den Athleten nicht ansatzweise erreicht wird. Aus diesem Grund wurde Blummenfelts Rekordzeit von der Professional Triathletes Organisation (PTO) auch nicht anerkannt.

Eine Rekordjagd jenseits der normalen Triathlon-Regularien war auch die Tribattle-Royal im Jahr 2021. In einer noch von Corona stark eingeschränkten Saison traten Jan Frodeno und der Kanadier Lionel Sanders in Immenstadt im Allgäu in einem „Privat-Triathlon" gegeneinander an. Die Wettkampfstrecken wurden vom Veranstalter des Allgäu Triathlon gezielt für entsprechend schnelle Zeiten zusammengestellt. U. a. waren die Wechselzonen extrem kurzgehalten und an einem der Radwendepunkte wurde eigens eine temporäre Steilkurve für eine schnelle Wende aufgebaut. Frodeno war bei teils sintflutartigem Regen 7:27:53 Stunden unterwegs und unterbot seine eigene Rother-Bestzeit (7:35:39) deutlich.

Wie schnell man die magischen 226 Kilometer einer Triathlon-Langdistanz mit Unterstützung eines Teams absolvieren kann, zeigte Blummenfelt beim sogenannten Sub7- bzw. Sub8-Projekt, das im Juni 2022 am Senftenberger See und auf dem Lausitzring stattfand. Die vier Athleten des Rekordprojekts, das an das Breaking2-Marathon-Rekordprojekt des Sportartikelherstellers Nike erinnerte, wurden während des Wettbewerbs von Pacemakern unterstützt. Das Radfahren ging sogar als Teamzeitfahren über die Bühne, was zu sensationellen Radzeiten führte. Kristian Blummenfelt schaffte sein Rennen in 6:44:25 Stunden deutlich unter der Sub7-Marke, ebenso der zweite Mann Joe Skipper (GBR/6:47:36). Bei den Frauen blieben Katrina Matthews (GBR/7:31:54) und Nicola Spirig (SUI/7:34:19) ebenfalls deutlich unter der Sub8-Marke.

Ein Rekordversuch der besonderen Art beschäftigte außerdem im Sommer 2024 die Triathlon- und Ausdauersportwelt. Der Extremsportler Jonas Deichmann, der u. a. schon die Welt in den drei Triathlon-Disziplinen umrundet hat und dafür über ein Jahr unterwegs war, absolvierte bei seinem Challenge-120-Projekt an 120 Tagen hintereinander eine Triathlon-Langdistanz. Als Örtlichkeit hatte er sich die Wettkampfstrecken der

Challenge Roth ausgesucht, wo er am 7. Juli 2024 auch im offiziellen Rennen dabei war, genau zur Halbzeit seines extrem anmutenden Rekordprojekts. Ende August schaffte Deichmann seine 106. Langdistanz in Serie und brach damit den bisherigen Rekord des Briten Sean Conway.

3.8 GRUNDLEGENDE TAKTIKEN IM TRIATHLON

„Every finisher is a winner" ist ein Grundsatz aus den Anfängen des Triathlonsports, der auch heute noch seine Gültigkeit hat. Bei einem Rennen auch unter allerlei Widerständen ins Ziel zu kommen, ist für Amateurtriathleten das oberste Gebot.

Das Finishen gelingt dabei am leichtesten, wenn man in allen drei Disziplinen mit einem möglichst gleichmäßigen Tempo, angepasst an das individuelle Leistungsvermögen, unterwegs ist. Genau mit der gleichen Taktik muss man ins Rennen gehen, wenn eine individuelle Bestzeit über eine bestimmte Distanz erzielt werden soll. Allerdings ist man im Triathlon eben nicht allein unterwegs, sondern auf der Strecke befinden sich normalerweise noch viele andere Athleten, mit denen man sich misst.

Bei der grundlegenden Triathlon-Taktik muss zunächst zwischen den Rennen mit Windschattenfreigabe auf der Radstrecke, d. h. das Radfahren findet wie in einem Radrennen statt, oder mit Windschattenverbot unterschieden werden.

Besteht Windschattenfreigabe, was meist für die Eliteklassen auf der Sprintdistanz und der Olympischen Distanz gilt, dann hat das Schwimmen eine sehr vorentscheidende Bedeutung. Das Ziel ist es, eine der vorderen Radgruppen zu erreichen. Entsprechend hart sind deshalb die Positionskämpfe. Einige Sekunden Unterschied können hier schon über eine spätere Top-Platzierung entscheiden. Eine Möglichkeit, etwas Energie zu sparen, ist das sogenannte Wasserschatten-Schwimmen. Dabei wird direkt an den Fußenden des Vordermannes geschwommen, was 10 bis 15

Prozent Krafteinsparung bedeuten kann und zudem die Orientierung erleichtert. Vorausgesetzt, der Vordermann orientiert sich richtig, was nicht immer der Fall ist.

Die starken Radfahrer versuchen dann, mit Attacken die Gruppen zu sprengen und im Idealfall in einer kleinen, gut zusammenarbeitenden Gruppe wegzukommen, während die guten Läufer versuchen, auf dem Rad nicht zu viel Körner investieren zu müssen und gleichzeitig den Rückstand nach vorne nicht zu groß werden zu lassen. Manchmal kommt es dabei auch zu mannschafts- oder nationeninternen Allianzen, damit der stärkste Läufer in eine gute Ausgangsposition gebracht wird.

Beim Laufen ist es auf der Sprintdistanz und der Olympischen Distanz dann meist eine Art Ausscheidungslaufen. Athleten, die über nicht so gute Spurtfähigkeiten verfügen, setzen oft frühzeitige Attacken, um Konkurrenten abzuschütteln. Endschnelle Athleten können sich hingegen auf ihren Punch auf den letzten 100 bis 200 Metern verlassen und zuvor etwas pokern.

Bei Rennen mit Windschattenverbot, was auf allen Lang- und Mitteldistanzen der Fall ist, gibt es zwei grundsätzliche Rennszenarien.

Szenario 1: Nach dem Schwimmen gibt es einen einzelnen Leader oder eine kleine Spitzengruppe. Dann werden der Leader bzw. die Spitzengruppe versuchen, mit einem hohen Anfangstempo auf dem Rad die Verfolger nicht herankommen zu lassen. Vor allem auf der Langdistanz, wo es beim Schwimmen durchaus größere Zeitabstände geben kann, ist diese Taktik durchaus erfolgversprechend. Prominente Beispiele einer gelungenen Soloflucht gibt es genügend. So hatte Jan Frodeno bei seinem Rother Rekordrennen im Jahr 2016 nur beim Schwimmen in Form seines zeitweiligen australischen Trainingspartners Nick Kastelein einen Mitstreiter, anschließend war er die restlichen gut sechseinhalb Stunden allein unterwegs und sah seine Konkurrenten erst im Ziel wieder, als sie ihm zur neuen Weltbestzeit gratulierten. Bei der Ironman-WM 2023 in Nizza war es ähnlich. Der Franzose Sam Laidlow hatte anfangs beim Radfahren mit seinem Landsmann Clément Mignon einen Mitstreiter.

Als dieser auf dem schweren Kurs durch die Seealpen etwas schwächelte, zog Laidlow allein davon und brachte das WM-Rennen von der Spitze nach Hause.

Szenario 2: Auf dem Rad bildet sich an der Spitze eine größere Gruppe, die sich gegenseitig neutralisiert. Das heißt, keiner will richtig als Leader Tempo machen, da die anderen Gruppenmitglieder meist trotz der Abstandsregel bei einem Durchschnittstempo jenseits der 40 Kilometer pro Stunde einen gewissen Sogeffekt genießen. Die Athleten, die sich auf ihre Laufstärke verlassen können, halten sich meistens bewusst zurück. Gerade auf der Mitteldistanz wechseln so oftmals mehrere Athleten mit nur sehr geringen Abständen auf die Laufstrecke. Ein aktuelles Beispiel ist das 2024er-Rennen der T100 Triathlon World Tour in San Francisco, wo trotz einer anspruchsvollen Radstrecke neun Athleten innerhalb von 30 Sekunden in die Laufschuhe wechselten.

Das Laufen ähnelt in so einem Fall dem Aussscheidungslaufen auf der Sprintdistanz und der Olympischen Distanz. In San Francisco blieben am Ende mit Marten Van Riel (BEL), Kyle Smith (NZL) und dem Leipziger Rico Bogen drei Athleten übrig, die das Podium auf dem finalen Kilometer unter sich ausmachten. Erst das Zielfoto kürte Van Riel zum Sieger. Solche engen Rennverläufe wird man durch die immer größer werdende Leistungsdichte in Zukunft sicher häufiger sehen.

★ 4 ★

SO IST DER TRIATHLON ORGANISIERT

4.1 WORLD TRIATHLON (INTERNATIONAL TRIATHLON UNION)

World Triathlon ist der internationale Triathlon-Dachverband und hat seinen Sitz im schweizerischen Lausanne. Die Benennung World Triathlon gibt es erst seit dem Jahr 2020. Zuvor wurde der Verband als Internationale Triathlon Union (ITU) geführt, dessen Gründung am 1. April 1989 im französischen Avignon stattfand. In der Stadt in der Provence fanden am 6. August 1989 auch die ersten offiziellen ITU-Weltmeisterschaften über die Kurzdistanz statt. Die Geschicke der ITU leitete von der Gründung bis ins Jahr 2008 der im Jahr 2017 verstorbene Kanadier Les McDonalds. Unter der Regie des gebürtig aus Großbritannien stammenden McDonalds wurde die Kurzdistanz ins Programm der Olympischen Spiele aufgenommen. Seit 2008 ist die Spanierin Marisol Casado die Präsidentin an der Spitze der ITU bzw. World Triathlon. Allerdings wird sie im Oktober 2024 nicht noch einmal zur Wahl antreten, sodass ein neuer Präsident aus acht Bewerbern gewählt wird.

Unter der Regie von World Triathlon wird die World Triathlon Championship Series ausgetragen. In dieser Serie, mit Wettbewerben über die Olympische Distanz und die Sprintdistanz, wird seit dem Jahr 2009 der Weltmeister gekürt. Ebenfalls unter die Regie von World Triathlon fallen der World Triathlon Cup (vormals Triathlon Weltcup) und die weiteren Weltmeisterschaften im Duathlon, Cross-Triathlon und -Duathlon, Aquathlon (Swim & Run) und Langdistanz-Triathlon sowie die Wettbewerbe im Paratriathlon auf Weltcup- und Championship-Series-Niveau.

Unterhalb von World Triathlon sind die kontinentalen Verbände angesiedelt. Für Europa ist dies Europe Triathlon (vormals European Triathlon Union – ETU). Darunter kommen dann die nationalen Verbände.

Bisher spielten der Lang- und Mitteldistanz-Triathlon sowie die dort aktiven Athleten und Athletinnen in den Überlegungen von World Triathlon eine eher untergeordnete Rolle. Dies könnte sich in Zukunft ändern, da der Verband im Rahmen der neu installierten T100 Triathlon World Tour mit der Professional Triathletes Organisation (PTO) eine Kooperation eingegangen ist.

4.2 DEUTSCHE TRIATHLON UNION (DTU)

Die Deutsche Triathlon Union e. V. (DTU) ist der olympische Spitzenverband für den Triathlonsport und den Ausdauermehrkampf in Deutschland. Seit ihrer Gründung am 23. Februar 1985 durch die Fusion des Deutschen Triathlon Verbandes und des Deutschen Triathlon Bundes hat sich die DTU als maßgebliche Institution für den Triathlonsport etabliert. Ihre Mission ist klar: Die Begeisterung für Triathlon und verwandte Multisportarten zu fördern und die Rahmenbedingungen für Athletinnen und Athleten zu optimieren.

Die DTU hat sich der Förderung des Triathlonsports auf gemeinnütziger Grundlage verschrieben. Zu ihren Hauptaufgaben gehören:

- ★ Förderung des Triathlonsports: Unterstützung und Entwicklung des Triathlons und verwandter Multisportarten, wie z. B. Duathlon
- ★ Regelwerke und Ordnungen: Überwachung und einheitliche Ausrichtung der Sportarten nach nationalen und internationalen Regeln
- ★ Vertretung auf allen Ebenen: Repräsentation des Triathlonsports im Deutschen Olympischen Sportbund (DOSB), bei Triathlon Europe und World Triathlon
- ★ Organisation von Meisterschaften: Durchführung von Meisterschaften und Ligaveranstaltungen
- ★ Ausbildung und Weiterbildung: Schulung von Athleten, Kampfrichtern, Trainern und Übungsleitern

Besonderen Wert legt die DTU auf Fairplay, d. h. einen doping- und gewaltfreien Sport, sowie lebenslanges Sporttreiben zur Gesundheitsförderung.

Die DTU ist in 16 Landesverbände mit insgesamt 1553 Vereinen und 58.537 Mitgliedern unterteilt (Stand Januar 2024). Der Nordrhein-Westfälische Triathlon-Verband ist der größte Landesverband nach Mitgliedern, während der Bayerische Triathlon-Verband die meisten Vereine zählt. Die Mitgliederzahlen sind in den vergangenen zehn Jahren stetig gestiegen, was die wachsende Popularität des Triathlonsports in Deutschland unterstreicht.

Auf internationaler Ebene ist die DTU Mitglied bei Europe Triathlon und World Triathlon, die vom Internationalen Olympischen Komitee (IOC) anerkannt sind. National ist die DTU Mitglied des DOSB und somit der einzige olympische Spitzenverband für Triathlon in Deutschland.

Die Landesverbände als Vertreter der DTU sind für die sportrechtliche Genehmigung der Triathlon- und dazugehörigen Multisportveranstaltungen in Deutschland zuständig. Im Jahr 2023 wurden 474 genehmigte Triathlon- und Multisportveranstaltungen mit mehr als 2100 Wettkämpfen durchgeführt, an denen etwa 200.000 Athleten teilnahmen. Der weltweit größte Triathlon, der Hamburg Wasser World Triathlon, zieht jedes Jahr Tausende von Athleten und über 250.000 Zuschauer an.

Die DTU wird von einem ehrenamtlichen Präsidium geleitet, das alle vier Jahre gewählt wird. Es besteht aus einem Präsidenten und fünf Vizepräsidenten, die verschiedene Aufgabenbereiche abdecken. Zudem sind der Jugendwart, die Vertreter der Landesverbände, der Generalsekretär, der Sportdirektor und die Athletensprecher Teil des Präsidiums. Der Generalsekretär leitet die Geschäftsstelle in Frankfurt und ist für das operative Geschäft verantwortlich. Die klare Verteilung der Aufgaben innerhalb des Präsidiums und der Geschäftsstelle sorgt für eine effiziente und effektive Verwaltung.

Schließlich fördert die DTU nicht nur den Spitzensport, sondern auch den Breitensport. Mit Initiativen wie der „Partnerhochschule des Spitzensports" unterstützt sie Spitzensportler dabei, ihre akademische und sportliche Karriere in Einklang zu bringen. Flexible Stundenpläne, individuell abgestimmte Prüfungstermine und die Möglichkeit von Urlaubssemestern als „Meisterschafts-Semester" sind einige der Maßnahmen, die den Athleten zugutekommen.

4.3 PROFESSIONAL TRIATHLETES ORGANISATION (PTO)

Die Anfänge der Professional Triathletes Organisation (PTO) gehen bis ins Jahr 2014 zurück, als sich eine ganze Reihe namhafter Langdistanz-Athleten zusammenschlossen, um sich gemeinsam besser für ihre Rechte gegenüber den großen Veranstaltern, wie z. B. Ironman, einzusetzen.

Aus dem Zusammenschluss wurde im Jahr 2015 zunächst die Professional Triathlon Union (PTU), die ein Jahr später in Professional Triathletes

Organisation umbenannt wurde. Ziel des damaligen CEO Charles Adamo war es, den professionellen Triathlonsport hinsichtlich der Vermarktung langfristig auf eine Ebene mit anderen arrivierten Sportarten zu stellen. Als Beispiel galt u. a. der Tennis- und Golfsport. Es war auch der Golfsport, der mit dem Format des Ryders Cup – dem Duell der besten Golfer Europas und der USA – die Vorlage für den von der PTO initiierten Collins Cup gab. In einem Triathlon-Teamwettbewerb, benannt nach dem Ironman-Hawaii-Initiator John Collins und seiner Ehefrau Judy, sollten die besten Triathleten der USA, Europas und dem Rest der Welt gegeneinander antreten. Die Premiere des Collins Cup war für das Jahr 2018 in Roth, im Rahmen der dortigen Raceweek, geplant.

Die Premiere wurde allerdings zunächst verschoben. Als klar war, dass in Roth der Collins Cup u. a. aus Gründen der Infrastruktur nicht durchführbar ist, kam das slowakische Samorin ins Spiel, wo seit dem Jahr 2017 schon die Challenge Family mit einem Rennen gastierte und ab 2018 seine „The Championship"-Meisterschaft ausrichtet.

Als dann Anfang 2020 Michel Moritz's Crankstart Investments als potenter Geldgeber einstieg, war auch das entsprechende üppige Preisgeld für den ersten Collins Cup, der aufgrund der Coronapandemie erst im August 2021 stattfinden konnte, gesichert. Zudem kamen die Top 50 des neu eingeführten PTO-World-Rankings zum Ende des Coronajahrs 2020, in dem es aufgrund der fast vollständig ausgefallenen Saison nichts zu verdienen gab, in den Genuss eines mit zwei Millionen US-Dollar gefüllten Bonuspools. Dieses Ranking hatte die PTO ebenfalls eingeführt, in dessen Wertung die Ergebnisse internationaler Profi-Wettbewerbe über die Mittel- und Langdistanz einfließen. Die Punktevergabe erfolgt dabei nach den Kriterien Platzierung, Rückstand zur Bestzeit und der Stärke des Feldes, wobei die besten drei Ergebnisse der vergangenen 52 Wochen in die Wertung kommen.

Die Bemühungen der PTO, die Verdienstmöglichkeiten von Profi-Triathleten zu verbessern, zeigt sich auch in der Installation eines finanziellen

Unterstützungsprogramms für die sich in Schwangerschaft befindenden Profiathletinnen.

2022 folgte die zweite Auflage des Collins Cup, die wie schon die Premiere das Team Europa für sich entschied. Parallel hatte die PTO im Jahr 2022 mit dem Canadian Open in Edmonton und den US Open in Dallas weitere Einzelrennen installiert, bei denen die besten 20 Athletinnen und Athleten des PTO World Rankings antreten durften. 2023 kam mit den European Open ein drittes Einzelrennen hinzu, während der Collins Cup erst einmal nicht mehr ausgetragen wurde. Ob es in Zukunft eine Fortsetzung gibt, ist derzeit offen. Dem Format mit den zwölf Dreier-Paarungen hat sicher etwas der Spannungsbogen gefehlt.

2024 ging aus den PTO Open-Rennen die T100 Triathlon World Tour hervor, für die der internationale Triathlon-Dachverband, die „Word Triathlon" als Kooperationspartner ins Boot geholt wurde.

★ 5 ★

DIE WICHTIGSTEN UND PRESTIGETRÄCHTIGSTEN TRIATHLON-RENNEN

5.1 IRONMAN HAWAII

Der **Ironman Hawaii** ist eines der wenigen Triathlon-Rennen, dessen Ruf weit über die Triathlon- und Ausdauersport-Szene hinausreicht. Von der alljährlich in Kailua-Kona auf Big Island stattfindenden Ironman-WM haben selbst viele wenig Sportinteressierte schon einmal gehört. Das Rennen hat sich in seiner über 40-jährigen Geschichte zum Mythos entwickelt. Es sind vor allem die klimatischen Bedingungen, die das Schwimmen über eine Strecke von 3,8 Kilometern in der Bucht von Kailua-Kona, das Radfahren über 180 Kilometer auf dem Queen Kaahumanu Highway 19 (kurz Queen-K) durch die glühend heißen Lavafelder und den 42,195 Kilometer langen Marathon über den Alii Drive und die Palani Road bis zum Wendepunkt im Energy Lab so herausfordernd machen. Salzwasser, tropische Hitze und die unberechenbaren Mumuku-Winde auf der Radstrecke sorgen immer wieder dafür, dass es zwischen den weltbesten Triathleten epische Schlachten gibt und dementsprechend auch so manches Drama.

Das Rennen ist eng verbunden mit den sogenannten Big Four: Die US-Amerikaner Dave Scott, Scott Molina, Scott Tinley und Mark Allen, die das Rennen von Anfang der 1980er- bis Mitte der 1990er-Jahre bestimmten. Das weibliche Pendant dazu ist die aus Simbabwe stammende Paula Newby-Fraser, die allein achtmal zur Queen of Kona wurde.

Das Rennen auf dem Pazifik-Archipel war anfangs eine Domäne der US-Amerikaner. Erst als Mark Allen im Jahr 1994 ein Pausenjahr einlegte, war es der Australier Greg Welch, der den Titel nach Down Under entführte. Bei den Frauen hatte Newby-Fraser in Form der Neuseeländerin Erin Baker eine Kontrahentin, die zumindest zweimal deren Siegesserie unterbrechen konnte.

Noch etwas länger dauerte es, bis die Europäer und die Deutschen in Kona an der Reihe waren. Als erster Deutscher schnupperte der Allgäuer Hannes Blaschke 1985 am Podium, dem am Ende dazu als Vierter nur sechs Minuten fehlten. Es war der Neusser Wolfgang Dittrich, der 1993 das Rennen beim Schwimmen und Radfahren lange angeführt hatte und am Ende mit Rang drei und dem ersten deutschen Podiumsplatz belohnt wurde. Deutsche Triathlon-Geschichte schrieb am 18. Oktober 1997 Thomas Hellriegel. Der Bruchsaler hatte in den beiden Jahren davor jeweils den zweiten Platz belegt, nachdem er das Rennen lange von der Spitze aus dominierte und erst auf den letzten Marathon-Kilometern von Mark Allen bzw. dem Belgier Luc Van Lierde gestellt wurde. An diesem Oktobertag war „Hell on Wheels", wie Hellriegel aufgrund seiner Radstärke ehrfürchtig genannt wurde, der Beste und trug sich als erster Deutscher in die Siegerliste des Ironman Hawaii ein. Zudem sorgten Jürgen Zäck (2.) und Lothar Leder (3.) für einen deutschen Dreifacherfolg.

Die erste deutsche Frau auf dem Kona-Podium war Nina Kraft. Im Jahr 2001 wurde die Braunschweigerin Dritte. 2004 lief Kraft dann sogar als Siegerin durch das Ziel, bevor sie einige Tage nach dem Rennen des Dopings überführt wurde (siehe Kapitel 11.1.1). Es dauerte bis ins Jahr 2019, als mit Anne Haug endlich eine deutsche Triathletin in Kona gewinnen konnte.

Das Profirennen des Ironman Hawaii macht nur einen Teil des Mythos aus. Es war das Bild des Massenstarts der bis zu 2000 Amateurathleten aus aller Welt, die das Wasser in der Bucht von Kailua-Kona mit dem Startschuss zum Kochen brachten, das jedes Jahr im Oktober um die Welt ging.

Eine Teilnahme beim Ironman Hawaii ist der Ritterschlag schlechthin für jeden Triathleten. Entsprechend wollten immer mehr sich den Traum vom Kona-Finish erfüllen. Von etwa 1000 Teilnehmern Mitte der 1980er-Jahre wurde zunächst das Startplatz-Kontingent nur leicht erhöht. Im Millenium-Jahr 2000 war die Zahl auf 1500 angewachsen. In den Folgejahren weitete die veranstaltende World Triathlon Corporation (WTC) die Anzahl der weltweiten Qualifikationsrennen massiv aus. Die erhöhte Nachfrage wurde mit dem entsprechenden Angebot gestillt, wobei das dahinter liegende gewinnorientierte Geschäftsgebaren der Ironman-Veranstalter sein Übriges dazu tat. (siehe Kapitel 6.1).

Das hatte zur Folge, dass der Ironman Hawaii seit den 2010er-Jahren zusehends an seine Grenzen stieß. Das leistungsmäßig immer homogener werdende Feld sorgte regelmäßig zu einer Fairness-Diskussion, wenn Bilder mit riesengroßen Radfahrerpulks die Runde machten, in der die eigentliche Windschattenregel ad absurdum geführt wurde. Die Einführung der Wellenstarts verbesserte die Situation nur teilweise, da das Startfeld in den Jahren vor der Coronapandemie bis auf 2400 Athleten angewachsen war. Alle, die die Enge des Piers und die des Zielbereichs am Alii Drive schon einmal live erlebt haben, wissen, dass diese Anzahl an Startern das Maximum darstellt.

Die Coronapandemie und die daraus resultierenden zwei Rennabsagen in den Jahren 2020 und 2021 sorgten dafür, dass für 2022 erstmals ein Ironman Hawaii mit zwei Renntagen angesetzt wurde, so, wie es auf der Ironman-70.3-Distanz schon seit dem Jahr 2017 durchaus erfolgreich praktiziert wird. Ziel war es, den seit dem Herbst 2019 angestauten qualifizierten Athleten die Chance zum Hawaii-Finish zu geben. Zumal die als Alternative angesetzte Frühjahrs-Ironman-WM in St. George im US-Bundesstaat Utah trotz einer durchaus herausfordernden Streckenführung und einer ebenfalls imposanten Szenerie mit Wildwest-Charme nur mäßigen Anklang fand.

Der zweitägige Ironman Hawaii 2022, mit seinem Donnerstag-Renntag für die Frauen und dem klassischen Samstag-Renntag für die Männer, war aus sportlicher Sicht durchaus gelungen, sodass die Veranstalter direkt nach dem Rennen die Beibehaltung der zwei Renntage verkündeten.

Doch die Bewohner der Region Kailua-Kona sahen sich mit den nun doppelt so vielen einfallenden Triathleten überfordert. So schob die regionale Politik dem Rennen einen Riegel vor. Das County of Hawaii verkündete, zukünftig nur einen einzelnen Renntag zu genehmigen.

Die Ironman-Verantwortlichen um ihren damaligen CEO Andrew Messick saßen im Dilemma. Die aus der Not geborene Lösung war eine in Männer und Frauen örtlich getrennte Ironman-WM. Ab dem Herbst 2023 geht es nun zweimal zwischen Kailua-Kona an der Westküste der Insel Hawaii und Nizza an der Côte d'Azur hin und her. Der Aufschrei in der Szene, bei Profis und Amateurathleten, war riesengroß. Vielfach wurde schon vom Ende des Mythos Ironman Hawaii gesprochen.

5.2 CHALLENGE ROTH

Die **Challenge Roth** gilt heute mit seinen 3500 Einzelstartern und 650 Staffeln als der weltweit größte Langdistanz-Triathlon. Die Anfänge des Triathlons gehen in der südlich von Nürnberg gelegenen Kreisstadt bis ins Jahr 1984 zurück. Es war Detlef Kühnel, zuvor einer der ersten deutschen Teilnehmer beim Ironman Hawaii, der den ersten Franken-Triathlon durchführte. Schon in den Jahren darauf ging es steil bergauf. Nachdem 1987 die EM-Titel in Roth vergeben wurde, folgte 1988 der Schritt zur Langdistanz. Kühnel bekam die Lizenz für den Ironman Europe. Es war das erste europäische Rennen, in dem man sich für den Ironman Hawaii qualifizieren konnte. Die Wettkampfstrecken in Roth waren schnell und so purzelten über die Jahre nur so die Rekorde. Die zwei wichtigsten: 1996 war es Lothar Leder, der in 7:52:02 Stunden als erster Triathlet unter der magischen 8-Stunden-Marke blieb. Schon ein Jahr später drückte der Belgier Luc Van Lierde die Rekordmarke auf 7:50:27 Stunden.

Schon damals war das Rennen in Rekordzeit ausgebucht und zog die Triathlon-Fans aus Nah und Fern an, bevor im Jahr 2001 die Schockmeldung aus dem Frankenland kam. Roth verliert seine Ironman-Lizenz, weil der Roth-Veranstalter Detlef Kühnel die mögliche Lizenzverlängerung mit der World Triathlon Corporation nicht akzeptierte. Gleichzeitig übergab Kühnel die Geschäfte an Herbert Walchshöfer, der zuvor bereits zu Ironman-Zeiten als Presse- und Streckensprecher fungierte und einen neuen Weg bestreiten musste.

Walchshöfer kreierte mit dem Challenge-Label eine neue Event-Marke. Die fehlende Möglichkeit, sich für Hawaii zu qualifizieren, bremste nur in den ersten Jahren etwas den Teilnehmerzuspruch. Es entstand ein Elefantenrennen zwischen Roth und dem neu hinzugekommenen Ironman Germany in Frankfurt mit seinem ebenso eloquenten Organisationschef Kurt Denk. Walchshöfer holte mit lukrativen Antrittsgeldern und Rekordprämien die Stars ins Frankenland und hoffte auf neuerliche Rekorde. Doch gleich mehrmals biss sich der Australier Chris McCormack am „Van Lierde"-Rekord die Zähne aus. Parallel wurde auch expandiert. Im Januar 2007 war die Challenge Wanaka das erste Challenge-Triathlon-Rennen außerhalb von Roth und der Grundstein der heute weltweit agierenden Challenge Family.

Einen neuen Rother-Rekordtag sollte Herbert Walchshöfer leider nicht mehr erleben dürfen. Im Herbst 2007 verstarb er nach langer, schwerer Krankheit im Alter von nur 58 Jahren. Die Geschicke an der Spitze übernahm nun sein Sohn Felix, zusammen mit seiner Mutter Alice und seiner Schwester Kathrin.

2008 war es die Niederländerin Yvonne van Vlerken, die die Langdistanz-Weltbestzeit der Frauen auf 8:45:48 Stunden drückte und beim Zieleinlauf die schwarze Trauerbinde mit dem Aufdruck „Danke Herbert" im Gedenken an Herbert Walchshöfer in die Kameras hielt.

Danach folgte die Ära der Britin Chrissie Wellington, die von 2009 bis 2011 dreimal in Folge die Bestmarke bis auf 8:18:13 Stunden herunter drückte. Im Jahr 2011 musste sie sich aber den Rekordtag mit Andreas Raelert teilen. Der Rostocker pulverisierte mit seinen 7:41:33 Stunden die 14 Jahre alte „Van Lierde"-Bestzeit aus dem Jahr 1997.

Im Jahr 2016 gelang Race-Direktor Felix Walchshöfer dann der Coup, mit Jan Frodeno den amtierenden Ironman-Weltmeister und Olympiasieger von 2008 nach Roth zu lotsen. Der gebürtige Kölner war vom Start weg an der Spitze und ließ sich weder von einem glimpflich verlaufenen Radsturz noch einem Fastzusammenstoß mit einem auf die abgesperrte Radstrecke gekommenen Autos aufhalten. Nach 7:35:39 Stunden war Frodeno im Ziel und die Raelert-Rekordmarke Geschichte.

Den derzeitigen Rekordschlusspunkt setzten im Jahr 2024 der Däne Magnus Ditlev und die Deutsche Anne Haug. Ditlev, der 2022 bei seinem ersten Roth-Sieg einen möglichen Rekord noch mit einem entspannten Zieleinlauf um mickrige 8 Sekunden verbummelt hatte, stellte 2023 bei seiner gelungenen Titelverteidigung in 7:24:40 Stunden eine neue Langdistanz-Weltbestzeit auf, die er am 7. Juli 2024 in 7:23:24 Stunden nochmals um 1:16 Minuten unterbot und so einen lupenreinen Roth-Sieghattrick hinlegte.

Keine 40 Minuten später durchriss an diesem denkwürdigen Tag auch Anne Haug das Zielband im bis auf den letzten Platz gefüllten Rother Triathlon-Stadion und stellte in sensationellen 8:02:38 Stunden ebenfalls eine neue Weltbestzeit auf, die genau ein Jahr zuvor die Schweizerin Daniela Ryf in Roth auf 8:08:21 Stunden gedrückt hatte.

Roth nur auf seine Rekorde zu reduzieren, würde dem Rennen allerdings bei Weitem nicht gerecht werden. In der Region rund um Roth wird Triathlon als „fünfte Jahreszeit" gelebt. Es gibt wohl weltweit kein Triathlon-Rennen, das in der Bevölkerung solche Unterstützung findet. So sorgen allein über 5000 Helfer für einen reibungslosen Ablauf des Rennens. Hotels, Gasthöfe und Ferienwohnungen sind komplett ausgebucht und rund um das Startgelände an der Lände in Hilpoltstein und dem Rothsee entsteht in der Woche vor dem Rennen eine Camper- und Zeltstadt, die großen Musikfestivals in fast nichts nachsteht. Wer einmal als Teilnehmer durch das Menschenspalier am Solarer Berg gefahren ist und im Rother Triathlonpark seine wohlverdiente Finisher-Medaille in Empfang nehmen durfte, der wird das Rennen ziemlich sicher für immer in sein Herz schließen.

5.3 IRONMAN FRANKFURT

Im Vergleich zu Roth hat der **Ironman Frankfurt** eine vergleichsweise kurze Geschichte. Der Hesse Kurt Denk, der als Veranstalter von Reisen zum Ironman Hawaii in der Szene bereits vernetzt war, nutzte nach dem Zerwürfnis zwischen der WTC und dem Roth-Veranstalter die Chance, die nun frei werdende Ironman-Lizenz zu bekommen. Denk wagte dabei etwas Besonderes. Erstmals fand ein Langdistanz-Triathlon mitten in einer Großstadt statt. Das Konzept war äußerst gewagt, aber es funktioniert bis heute. Denk bekam die politische Unterstützung vom Land Hessen und der Stadt Frankfurt, was großflächige Verkehrssperrungen ermöglichte. Der Zieleinlauf am Frankfurter Römer, im Schatten der Bürotürme der Bankenmetropole, gilt seit der Premiere im Jahr 2002 als einer der weltweit eindrucksvollsten.

Anfangs hieß das Rennen Ironman Germany und lockte die Athleten mit dem Slogan „der längste Tag des Jahres" an den Main. Seit dem Jahr 2005 ist die offizielle Bezeichnung Ironman European Championship. Dank lukrativer Antrittsgelder las sich die Startliste der Profis alljährlich wie das „Who is Who" der Langdistanz-Szene.

Nicht mithalten kann das Frankfurter Rennen mit Roth in Sachen Rekorde. Dazu sind die Wettkampfstrecken etwas zu schwer. Der Radkurs hinaus ins Maintal und dann durch die Wetterau geht über teils ruppigen Asphalt inklusive der kurzen Kopfsteinpflaster-Passage in Maintal-Hochstadt, die als „The Hell" schon in kurzer Zeit Kultstatus erlangte. Richtig schwer kann in Frankfurt zudem der Marathon werden, wenn an einem heißen Sommertag die Hitze entlang des Mains regelrecht steht und zudem die unscheinbar erscheinenden Steigungen der Mainbrücken den Athleten die letzte Kraft aus den Beinen ziehen.

So erlebten die Fans an der Strecke und an den TV-Bildschirmen im Jahr 2019 ein Drama, wie man es im modernen Triathlon nur noch selten sieht. Die US-Amerikanerin Sarah True kollabierte in Führung liegend auf den letzten Kilometern vor dem Zieleinlauf am Römer und musste aufgeben. True erholte sich von dem Niederschlag, wurde Mutter während der Coronapandemie und gewann 2023 bei ihrer Rückkehr nach Frankfurt das Rennen.

Ein weiteres geschichtsträchtiges Rennen gab es im Jahr 2007. Und wieder waren es die Frauen, die im Mittelpunkt standen. Schulter an Schulter bogen Andrea Brede (heute Steinbecher) und Nicole Leder vom Mainkai in den leicht ansteigenden Zielkanal hinauf auf den Römerberg ein. Es kam zur Sprintentscheidung, die Leder hauchdünn für sich entschied.

Eine Besonderheit des Ironman in Frankfurt ist auch die rundum TV-Liveberichterstattung des hr-Fernsehens, das mit riesengroßem Aufwand Jahr für Jahr immer von frühmorgens mit dem Startschuss am Langener Waldsee bis zum Zieleinlauf am Römer live auf Sendung ist.

Mit dem seit dem Jahr 2017 stattfindenden Ironman Hamburg hat das Frankfurter Rennen gewissermaßen Konkurrenz aus dem eigenen Lager bekommen. Vor allem die Aufteilung der Ironman European Championship in ein Profimänner- und Profifrauen-Rennen, das aktuell zwischen Frankfurt und Hamburg im Jahresturnus hin und her wechselt, führte dazu, dass die mediale Aufmerksamkeit etwas zurückging.

5.4 IRONMAN 70.3 WORLD CHAMPIONSHIP

Seit dem Jahr 2006 richtet die WTC alljährlich die **Ironman 70.3 World Championship** aus. Die Wettkampfdistanz ist mit 1,9 Kilometer Schwimmen, 90 Kilometer Radfahren und 21,1 Kilometer Laufen exakt die halbe Ironman-Distanz. Deshalb hießen die ersten Wettbewerbe der WTC seit dem Jahr 2001 zunächst auch Half-Ironman. 70.3 steht dabei für die summierten Disziplin-Distanzen in Meilen (1,2 Meilen Schwimmen, 56 Meilen Radfahren und 13,1 Meilen Laufen).

Die WM wird sowohl für Profis als auch für Altersklassen-Athleten ausgetragen, die sich für das WM-Rennen in der weltweiten Ironman-70.3-WM-Serie qualifizieren können.

Erster Austragungsort der Ironman-70.3-WM war zunächst Clearwater in Florida. Bis einschließlich 2010 gastierte das Rennen im US-Sunshine-State, wo auch der Rostocker Michael Raelert seine zwei WM-Siege feiern durfte. Danach war drei Jahre lang Henderson am Lake Las Vegas im US-Bundesstaat Nevada der Austragungsort, wobei 2012 und 2013 Sebastian Kienle sich dort die WM-Krone sicherte. Seit 2014 findet die Ironman-70.3 jedes Jahr an einem anderen Ort statt und wechselt auch zwischen den Kontinenten, damit alle einmal in den Genuss einer 70.3-WM vor der „Haustür" kommen. In den Jahren 2021 und 2022 war aufgrund der Coronapandemie allerdings zweimal in Folge St. George im US-Bundesstaat Utah der Austragungsort, da dort vergleichsweise lasche Coronabeschränkungen eine Durchführung ermöglichten.

Mit Zell am See-Kaprun (Österreich/2015), Nizza (Frankreich/2019) und Lathi (Finnland/2023) war die Ironman-70.3-WM bisher dreimal in Europa zu Gast. Seit dem Jahr 2017 wird die WM an zwei Renntagen abgehalten, da die Starterfelder der Altersklassen immer größer wurden. Der Samstag ist dabei für das Frauenrennen reserviert, bevor die Männer am Sonntag ihren Ironman-70.3-Weltmeister küren. Neben Michael Raelert und Sebastian Kienle konnte auch Jan Frodeno zweimal (2015 und 2018) den 70.3-WM-Titel gewinnen. Historisches aus deutscher Sicht gab es bei der Ironman-70.3-WM 2023 in Lahti. Mit Rico Bogen, Frederic Funk und Jan Stratmann gab es erstmals ein rein deutsches Podium.

Während die deutschen Männer mit in Summe sieben 70.3-WM-Titeln die bisher meisten Weltmeister stellten, hinken hier die deutschen Frauen deutlich hinterher. Mit Anja Beranek (2015), Laura Philipp (2017) und Anne Haug (2018) gab es erst dreimal WM-Bronze.

5.5 TRIATHLON BEI DEN OLYMPISCHEN SPIELEN

Seit dem Jahr 2000 ist Triathlon **Teil des olympischen Programms**. Bei den Millenium-Spielen in Sydney wurden vor dem weltbekannten Opernhaus erstmals die Medaillen über die Olympische Kurzdistanz (1,5 Kilometer Schwimmen, 40 Kilometer Radfahren, 10 Kilometer Laufen) vergeben. Die ersten olympischen Goldmedaillen gingen dabei etwas überraschend an den Kanadier Simon Whitfield und Brigitte McMahon aus der Schweiz. Doch das Männerrennen am 17. September 2000 hatte noch eine weitere Überraschung parat. Der Reutlinger Stephan Vuckovic lief sensationell zu Olympiasilber.

Bis es soweit war, hatte der Triathlonsport einige Hürden auf dem Weg zu Olympia zu nehmen. Vor allem zwei Sachen musste die Internationale Triathlon Union unter der Führung des damaligen kanadischen Präsidenten Les McDonalds klären. Welche Streckenlänge in das olympische Format passt und das leidige Thema Windschattenfahren. Bei der Streckenlänge einigte man sich relativ schnell auf die Kurzdistanz mit 1,5 Kilometer Schwimmen, 40 Kilometer Radfahren und 10 Kilometer Laufen, da für die Olympischen Spiele ein zeitlich möglichst kompaktes Wettkampfformat gesucht wurde. Eine Rennzeit von 1:45 bis 2:00 Stunden lässt sich in das TV-Programm eines Olympischen Wettkampftages besser einpassen als ein Langdistanz-Triathlon mit um die 8 Stunden Renndauer.

Eine Zerreißprobe war die Aufhebung des Windschattenverbots auf der Olympischen Distanz. Immer wieder waren große internationale Meisterschaften in den 1990ern zur Farce geworden, als wenig selektive Radstrecken, sich nicht an die Regeln haltende Athleten und überforderte Kampfrichter für sportlich wertlose Wertungen sorgten. Letztendlich wurde der Beschluss gefasst, dass die Windschattenregel auf der Olympischen Distanz im Elitebereich abgeschafft wird. Schnell entwickelte sich dadurch eine völlig neue Ausprägung des Triathlonsports, mit dem Ergebnis, dass sich die Athleten nun spezialisierten. Der zuvor noch häufig gesehene

Spagat zwischen den kurzen und längeren Distanzen gehörte auf Weltklasseniveau erst einmal der Vergangenheit an.

Beim zweiten olympischen Triathlon in Athen 2004 war es die nach Österreich eingebürgerte Australierin Kate Allen, die für eine Sensation sorgte. Von Rang 28 nach dem Radfahren lief sie auf dem Kurs im Athener Küstenvorort Vouliagmeni zu Olympiagold und sorgte für einen rotweiß-roten Jubelsturm in der Alpenrepublik.

Vier Jahre später in Peking durften dann endlich die deutschen Triathlon-Fans ihren ersten Olympiasieger bejubeln. Mit einem unwiderstehlichen Zielsprint lief Jan Frodeno einen Tag nach seinem 27. Geburtstag zu Gold und verwies dabei den Kanadier Simon Whitfield und Bevan Docherty aus Neuseeland auf die Ränge zwei und drei. Der Spanier Javier Gomez, der als amtierender Weltmeister als Topfavorit ins Rennen ging, verpasste als Vierter die so ersehnte Olympiamedaille.

Gomez musste noch vier Jahre warten, dann hatte auch er seine Medaille. Er gewann Silber bei den Olympischen Spielen in London. Gold ging im Londoner Hyde Park vor heimischem Publikum an den Briten Alistair Brownlee, Bronze an seinen jüngeren Bruder Jonathan.

Drama pur gab es bei den Frauen. Die Schweizerin Nicola Spirig und Lisa Norden aus Schweden sprinteten Brust an Brust dem Zielband entgegen. Mit dem bloßen Auge konnte keine Siegerin ausgemacht werden und auch die Auswertung des Zielfotos dauerte mehrere Minuten, bis letztlich Spirig der Sieg zugesprochen wurde.

Bei den Olympischen Spielen in Rio de Janeiro 2016 war die Copacabana der Austragungsort des Triathlon-Rennens. Alistair Brownlee gelang die Wiederholung seines Londoner Erfolgs. Bei den Frauen setzte sich mit der US-Amerikanerin Gwen Jorgensen die große Favoritin durch. Dahinter durfte sich Nicola Spirig, die nach dem Londoner Erfolg ihre erste Babypause eingelegt hatte, mit Silber über ihre zweite olympische Medaille freuen.

Nachdem die Olympischen Spiele in Tokio wegen der Coronapandemie vom Sommer 2020 auf den Sommer 2021 verschoben werden mussten, waren es der Norweger Kristian Blummenfelt und Flora Duffy von den Bermudas, die sich mit einem Jahr Verspätung die Goldmedaillen sicherten. Erstmals war in Tokio die Triathlon Mixed Relay im olympischen Programm.

Die Olympiapremiere der gemischten Staffel gewann das britische Quartett mit Jessica Learmonth, Jonathan Brownlee, Georgia Taylor-Brown und Alex Yee.

Über den Olympischen Spielen 2024 in Paris schwebte das Damoklesschwert einer möglichen Absage des Schwimmens, da die Keim- und Bakterienbelastung der Seine trotz investierter 1,5 Milliarden Euro in die Verbesserung des Pariser Abwassersystems nach mehreren starken Regenfällen über den zulässigen Grenzwerten lag. Das Männerrennen musste deshalb um einen Tag verschoben werden. Vorne war am Ende trotzdem mit dem Briten Alex Yee der Topfavorit. Im Rennen der Frauen sorgte Cassandre Beaugrand für französische Jubelstürme, die vor heimischem Publikum ihrer Favoritenrolle gerecht wurde.

Die Mixed-Relay sollte dann zum deutschen Tag in Paris werden. Tim Hellwig, Lisa Tertsch, Lasse Lührs und Laura Lindemann holten sich nach einem packenden Rennverlauf die Goldmedaille und beendeten so die 16-jährige deutsche Medaillendurststrecke nach Jan Frodenos Peking-Erfolg im Jahr 2008, der zu den ersten Gratulanten im Ziel auf der Brücke „Pont Alexandre III" zählte.

5.6 TRIATHLON BEI DEN PARALYMPICS

Triathlon ist seit den **Paralympics in Rio de Janeiro** im Jahr 2016 auch Teil der paralympischen Familie. Als Distanz wurde dabei die Sprintdistanz über 750 Meter Schwimmen, 20 Kilometer Radfahren und 5 Kilometer Laufen festgelegt.

Das Reglement der Startklassen wurde über die Jahre immer weiter verfeinert und sieht seit dem Jahr 2018 je nach Art und Umfang der Behinderung insgesamt neun Startklassen vor.

PTWC1: Handbike/Rennrollstuhl
PTWC2: Handbike/Rennrollstuhl
PTS2: Schwerwiegende Bewegungseinschränkungen
PTS3: Erhebliche Bewegungseinschränkungen
PTS4: Mäßige Bewegungseinschränkungen
PTS5: Leichte Bewegungseinschränkungen
PTVI1: Vollständige Erblindung
PTVI2: Starke Sehbehinderung
PTVI3: Schwache oder teilweise Sehbehinderung

Bei der Paralympics-Premiere in Rio wurden je Geschlecht in drei Startklassen Medaillen vergeben. Bei den zweiten Paralympics in Tokio im Jahr 2021 wurde das Wettkampfprogramm ausgeweitet und je Geschlecht in vier Startklassen paralympisches Edelmetall vergeben. Bei den Paralympics 2024 in Paris ist das Wettkampfprogramm nochmals größer geworden. Bei den Männern wurden sechs und bei den Frauen fünf Startklassen mit Medaillen gekürt.

Die Qualifikation für die paralympischen Triathlon-Wettbewerbe erfolgt über die Rennen der World Triathlon Para Series und des World Triathlon Para Cups, die von World Triathlon ausgerichtet werden.

5.7 LEGENDÄRE ADVENTURE-TRIATHLONS

In der Welt des Triathlons gibt es Wettkämpfe, die weit über die konventionellen Ironman-Distanzen hinausgehen. Diese sogenannten Adventure-Triathlons fordern den Athleten nicht nur körperlich, sondern auch mental bis an die Grenzen. Vier der bekanntesten und herausforderndsten dieser Rennen sind der Norseman, der Inferno Triathlon, der Ultraman

Hawaii und der Austria eXtreme Triathlon. Jedes dieser Rennen hat seine einzigartigen Herausforderungen und Besonderheiten, die sie zu den härtesten Wettkämpfen der Welt machen.

Der bekannteste Vertreter dieser Gruppe von Rennen ist wohl der legendäre **Norseman**. Er findet seit 2003 jedes Jahr in Norwegen statt. Seine Strecken sind berühmt für seine extreme Natur und atemberaubende Kulisse. Der Start erfolgt in den kalten, dunklen Gewässern des Hardangerfjords in Richtung Eidfjord, wo die Athleten von einer Fähre in den eiskalten Fjord springen und 3,8 Kilometer schwimmen müssen. Doch keine Sorge: Wer Höhenangst hat, kann auch den 3-Meter-Sprung von der Fähre auslassen und durch eine sich auf Wasserhöhe befindende Tür in die dunklen Gewässer eintauchen. Die Radstrecke führt über 180 Kilometer durch die norwegischen Berge, vorbei an spektakulären Landschaften und steilen Anstiegen, bevor die Athleten auf den finalen 42,2-Kilometer-Lauf geschickt werden. Der Marathon endet auf dem Gipfel des Gaustatoppen, einem Berg mit über 1800 Metern Höhe, den nur die schnellsten 160 Athleten sehen. Wer zu langsam ist, wird auf eine alternative, weniger spektakuläre Route umgeleitet und bekommt nicht das begehrte schwarze Finisher-Shirt. Insgesamt hat die Strecke ziemlich genau 5000 Höhenmeter, die überwunden werden müssen. Die Teilnahme gestaltet sich allerdings als relativ schwierig, da alljährlich nur 290 Athleten aus mehreren Tausend Bewerbungen ausgelost werden.

Der extreme Adventure-Triathlon-Klassiker der Alpen trägt einen passenden Namen: **Inferno Triathlon**, ausgetragen seit dem Jahr 1998; er ist in der Schweiz bekannt für seine herausfordernde Topographie und die beeindruckenden Alpenlandschaften. Die Athleten beginnen mit einem 3,1 Kilometer langen Schwimmen im Thunersee. Durch den frühen Start können sich die Athleten zu Beginn des Schwimmens am Fackelfeuer beim Ausstieg orientieren. Es folgt eine 97 Kilometer lange Radstrecke, die durch das Berner Oberland führt, mit einem anspruchsvollen Anstieg zur Großen Scheidegg. Danach folgt ein 30 Kilometer langes Mountainbike-

Rennen, das die Athleten über die Kleine Scheidegg, direkt im Schatten der berüchtigten Eigernordwand, bis zum Fuße des Schilthorns führt. Der abschließende Lauf über 25 Kilometer verläuft über unwegsames Gelände und endet auf dem Gipfel des Schilthorns auf 2970 Metern Höhe, nachdem weit über 5000 Höhenmeter auf gerade einmal etwas mehr als 150 Kilometer Wettkampfdistanz zurückgelegt wurden. Für diese Strapazen werden die Sportler jedoch mit einem fantastischen Ausblick auf Eiger, Mönch und Jungfrau, dem Dreigestirn des Berner Oberlands, entlohnt. Wer nach dem wilden Ritt durch die Berge ebendiese nicht mehr sehen kann, kann stattdessen das „James Bond"-Museum auf dem Piz Gloria besuchen.

Neben dem Ironman Hawaii bietet die größte Hawaii-Insel Big Island noch eine weitere bekannte Triathlon Challenge. Der **Ultraman Hawaii** ist ein dreitägiger Wettkampf, der die Athleten auf einer Gesamtdistanz von 515 Kilometern einmal um die komplette Insel führt. Der erste Tag umfasst einen 10 Kilometer langen Schwimmabschnitt und einen 145 Kilometer langen Radabschnitt. Am zweiten Tag fahren die Teilnehmer 276 Kilometer mit dem Rad durch vulkanische Landschaften und tropische Wälder. Der dritte Tag ist dem Laufen gewidmet und besteht aus einem Doppelmarathon von 84,4 Kilometern. Diese extreme Herausforderung verlangt nicht nur Ausdauer, sondern auch sorgfältige Planung und Unterstützung durch ein persönliches Begleitteam. Dieses Rennen vor der traumhaften Kulisse der Insel ist wahrlich nur etwas für die, die Rennen in tropischer Hitze lieben.

Der **Austria eXtreme Triathlon** führt die Teilnehmer durch einige der schönsten und härtesten Landschaften Österreichs. Das Rennen beginnt mit einem 3,8 Kilometer langen Schwimmen in der kalten Mur bei Graz. Die anschließende Radstrecke von 186 Kilometern führt durch die steirischen Alpen, vorbei an malerischen Dörfern und über hohe Pässe mit knapp 4000 Höhenmetern. Der abschließende Lauf erstreckt sich über 44 Kilometer und führt die Athleten durch unwegsames Gelände und steile Anstiege, bis kurz nach der Südwandhütte das Ziel am Dachsteinmassiv oberhalb von Ramsau erreicht wird.

★ 6 ★

DIE GROSSEN RENNSERIEN IM TRIATHLON

Triathlon bietet Athleten aller Leistungsstufen spannende Wettkampfmöglichkeiten. Das Wettkampfangebot kann dabei grob in zwei Arten aufgeteilt werden. Die sogenannten regionalen Vereinsveranstaltungen, die in der Anzahl den Großteil des Angebots an Triathlon-Rennen ausmachen und meist komplett ehrenamtlich organisiert werden. Die meisten dieser Wettbewerbe werden ausschließlich für Amateur-Altersklassenathleten organisiert.

Demgegenüber stehen die kommerziellen Veranstaltungen. Hier übernimmt eine Eventagentur die organisatorischen Hauptaufgaben und arbeitet dabei mit fest angestellten sowie freien Mitarbeitern zusammen. Für die Ausrichtung des Triathlons werden dann Kooperationen mit ansässigen Vereinen eingegangen und ebenfalls ehrenamtliche Helfer akquiriert. Oftmals stellen diese Veranstalter auch ein kleines Elitefeld für Profiathleten zusammen, in dem etwas Preisgeld ausgeschüttet wird, um so die mediale Reichweite der Veranstaltung zu erhöhen.

Zu den bekanntesten kommerziellen Rennserien im Triathlon gehören die Ironman- und Challenge-Family-Rennen, die sich durch ihre anspruchsvollen Mittel- und Langdistanzen auszeichnen und ein internationales Publikum anziehen. Die Ironman-Serie ist besonders für das prestigeträchtige Rennen auf Hawaii bekannt, während die Challenge-Rennen für ihre meist etwas familiäre Atmosphäre geschätzt werden. Neu hinzugekommen ist 2024 die T100 Triathlon World Tour, die sich stark auf den Profisport konzentriert, aber parallel bei ihren Veranstaltungen auch Wettbewerbe für Amateurathleten anbietet. Eher eine Nische stellt die ebenfalls weltweit agierende Xterra-Serie dar, die neben Cross-Triathlon-Rennen auch Trail-Running-Wettbewerbe organisiert.

6.1 IRONMAN

Die **Ironman-Serie** ist zweifellos eine der prägendsten und bekanntesten Sportserien der Welt des Ausdauersports, was die vielen mit dem roten M-Dot-Logo tätowierten Waden bezeugen. Dabei zieht die Serie sowohl professionelle Athleten als auch Amateure an. Dieser Serie ist es zu verdanken, dass Triathlon den Stellenwert genießt, den er heute hat. Denn sind wir ehrlich, ohne den Mythos Ironman Hawaii (siehe Kapitel 5.1) wäre Triathlon wohl nur halb so bekannt.

Das Rennen auf Hawaii war auch der Ausgangspunkt der heute weltumspannenden Eventserie. Im Jahr 1981 übernahm Valerie Silk die Organisation des Ironman Hawaii und transformierte das Rennen von einem kleinen, nur Insidern bekannten Wettbewerb zu einem international beachteten Ereignis. Im Jahr 1990 verkaufte sie die Rechte an der Veranstaltung und der Marke für etwa drei Millionen US-Dollar an die World Triathlon Corporation (WTC). Dies kann als entscheidender Schritt bezeichnet werden, der die kommerzielle Expansion des Triathlonsports einläutete. Unter der Ägide der WTC expandierte die Marke schnell, sowohl in Bezug auf die Anzahl der Rennen als auch auf die globale Reichweite.

Die WTC führte eine professionelle Serie und Qualifikationssysteme ein, die die Ironman-Rennen weiter standardisierten und professionalisierten. Darüber hinaus änderte sie die Organisation der Rennen. Waren fast alle

Ironman-Wettbewerbe außerhalb von Hawaii in den 1990er-Jahren noch Lizenznehmer der WTC, so ist dies heute nur noch der Ironman Lanzarote, wo der bei Triathleten als Trainingsdomizil beliebte Club La Santa hinter der Veranstaltung steht. Der Umstand, dass gerade in den 2010er-Jahren die Agenturen etablierter Veranstalter aufgekauft wurden, hat der WTC einige Kritik unter Traditionalisten eingebracht. Höhepunkt dieser Entwicklung war wohl im Jahr 2014 die Austragung der Challenge Kraichgau unter der Organisation von Ironman Germany, nachdem das Rennen inklusive des damaligen Rennleiters Björn Steinmetz zu Ironman wechselte, die Verträge für das Challenge-Rennen aber noch erfüllt werden mussten. Die Serie umfasst aktuell ca. 40 Langdistanz- und über 100 Mitteldistanz-Rennen (70.3) auf der ganzen Welt. Deutliche Kritik gibt es allerdings auch. Vor allem im Hinblick auf die Kommerzialisierung der Serie. Viele puristische Fans und Teilnehmer des Sports beklagen, dass die wahren Werte des Triathlons durch die hohen Startgebühren und die aggressive Vermarktung der WTC überschattet werden könnten. Der Verkauf der WTC an die chinesische Wanda Group im Jahr 2015 und dann an Advance Publications zeigte deutlich, wie kommerziell wertvoll die Ironman-Marke geworden ist. Der Verkaufspreis betrug Berichten zufolge über 650 Millionen US-Dollar.

Trotz aller Kritik bleibt die Ironman-Serie ein prägendes Element des globalen Triathlons, ein Magnet für Sponsoren und ein Medienereignis, das Zuschauer und Teilnehmer aus der ganzen Welt anzieht. Während die WTC weiterhin nach Wegen sucht, den Sport zu erweitern und zu verbessern, bleibt abzuwarten, wie sich die Balance zwischen Kommerzialisierung und sportlicher Integrität entwickeln wird.

6.2 CHALLENGE FAMILY

Die **Challenge Family** hat sich heute als eine der bedeutendsten Triathlon-Rennserien weltweit neben dem Ironman-Label etabliert und bietet eine interessante Alternative zu dieser. Ihre Geschichte beginnt in der kleinen fränkischen Stadt Roth.

Nach dem Aus des Ironman Europe im Jahr 2001 und nachdem Herbert Walchshöfer 2002 den Neustart mit der Challenge Roth gewagt hatte, kam im Jahr 2003 zunächst die regional in Bayern angesiedelte Worlds-Best-Serie hinzu. Neben Roth wurden eine Mitteldistanz im nahen Hilpoltstein und der Stadt-Triathlon in Erding Teil dieser von Walchshöfer initiierten Serie, in der der beste Triathlet über die Lang- und Mitteldistanz sowie die Olympische Distanz gekürt werden sollte. Die Serie setzte sich nicht durch und so kam schnell die Idee auf, das Konzept der Challenge Roth nach außen in neue Märkte zu tragen. Im fernen Wanaka auf der Südinsel Neuseelands wurde man fündig. Am 20. Januar 2007 war die Challenge Wanaka das erste Challenge-Rennen außerhalb von Roth, mit den Premierensiegern Luke Dragstra aus Kanada und Belinda Granger aus Australien. 2008 folgte mit der Challenge Niederbronn-les-Bains in den französischen Vogesen das zweite Challenge-Rennen. Nach dem viel zu frühen Tod von Herbert Walchshöfer im Spätherbst 2007 hatte sein Sohn Felix zusammen mit seiner Schwester Kathrin und seiner Mutter Alice auch die Leitung der Challenge Family übernommen. Ein Paukenschlag gelang ihnen gleich 2008 mit dem Zugang des Kraichgau-Triathlon-Festivals, das fortan von 2009 bis 2014 als Challenge Kraichgau ausgetragen wurde.

Nachdem die Serie immer internationaler wurde, holten die Walchshöfers für die weitere Expansion den bestens in der Szene vernetzten Zibi Szlufcik ins Boot. Ziel war es, eine Rennserie zu schaffen, die stärker auf die Bedürfnisse und Wünsche der Athleten und der lokalen Gemeinschaften eingeht. Der kreierte Werbeslogan „All about the athlete" unterstrich diese Ausrichtung.

Die Serie wuchs nun immer schneller und machte auch nicht vor dem „heiligen Gral" des Ironman Hawaii halt. Direkt am Alii Drive wurde 2012 eine zehnjährige Partnerschaft mit Chris McCormack als Markenbotschafter verkündet. Das damals sowieso schon angespannte Verhältnis zwischen Ironman und Challenge verschärfte sich so noch weiter. Mehrmals gingen Veranstaltungen über den Tisch und wechselten das Label zwischen Challenge und Ironman. Ein Glanzlicht war im Jahr 2014 die einmalig ausgetragene Challenge Bahrain, die mit dem Rekordpreisgeld von 500.000 US-Dollar dotiert war, bevor das Rennen im Jahr darauf ebenfalls ein Ironman-Rennen wurde.

Im Jahr 2015 zog sich die Familie Walchshöfer komplett aus den Geschäften der Challenge Family zurück, um sich nun voll auf die Weiterentwicklung der heimischen Challenge Roth zu konzentrieren. Szlufcik leitete die Geschicke der Challenge Family nun von Amberg in der Oberpfalz aus. Unter seiner Federführung kam es im Jahr 2017 auch zur Erstaustragung der „The Championship" im slowakischen Samorin. Das Rennen über die Mitteldistanz ist seitdem die „Weltmeisterschaft" aller Challenge-Family-Rennen. Weltweit können sich die Altersklassen-Athleten für das immer im Mai stattfindende Meisterschaftsrennen qualifizieren. Für die Profis wurde zudem ein Ranking-Bonus-System eingeführt, bei dem die Bestplatzierten zum Jahresende sich auf eine durchaus üppige Bonuszahlung freuen dürfen. 100.000 US-Dollar werden zum Jahresende unter den besten fünf Männern und Frauen ausgeschüttet.

Zum Beginn des Jahres 2020 gab es erneut einen Wechsel in der Führung der Challenge Family. Die operative Führung wechselte nun ins niederländische Amsterdam, von wo aus Jort Vlam als CEO mit seinem Team die Event-Serie leitet.

Jedes Event der Challenge Family spiegelt das lokale Flair und die Kultur der jeweiligen Region wider, wobei der Schwerpunkt auf einer hohen Qualität der Veranstaltung und einer inklusiven Atmosphäre liegt. Dies hat der Serie geholfen, sich als eine echte Alternative zur Ironman-Serie zu positionieren, die von vielen zunehmend als zu kommerziell und unpersönlich empfunden wird. Das zeigt sich auch in der Kalkulation der Startgelder, die durchgängig unter dem Niveau der Ironman-Konkurrenz liegen.

6.3 WORLD TRIATHLON CHAMPIONSHIP SERIES

Seit dem Jahr 2009 gibt es die **World Triathlon Championship Series (WTCS)**, in der über die komplette Saison die World-Triathlon-Weltmeister über die Sprintdistanz und die Olympische Distanz ermittelt werden. Zuvor gab es seit 1991 den Triathlon-Weltcup und zudem eine eigene WM, bei der in einem Einzelrennen über die Olympische Distanz die WM-Medaillen vergeben wurden. Den Weltcup gibt es auch heute noch, die Rennen sind aber von der Wertigkeit ins zweite Glied zurückgerückt. Die Rennen der WTCS und des Weltcups sind Eliteathleten vorbehalten, die entsprechend über ihre nationalen Verbände gemeldet werden. Allerdings gibt an vielen Serienausrichtungsorten auch Wettbewerbe für Amateurathleten. So z. B. beim Hamburg Triathlon, der in jeder Saison ein Fixpunkt in der World Triathlon Series ist und wo zu den Altersklassenrennen über die Sprintdistanz und die Olympische Distanz alljährlich bis zu 10.000 Teilnehmer in die Hansestadt kommen. Das Rennen zählt damit zu den größten Triathlon-Veranstaltungen weltweit.

In der Saison 2024 besteht die WTCS aus insgesamt sechs Stationen. Allerdings fiel der Auftakt Anfang März in Abu Dhabi wegen einer Unwetterwarnung aus und wurde auch nicht nachgeholt.

In die Gesamtwertung der WTCS fließen nach einem Punktesystem die Ergebnisse der WTCS-Rennen, der Olympischen Spiele, des olympischen Testwettkampfs und der kontinentalen Meisterschaften mit ein. Das Ergebnis des letzten WTCS-Saisonrennens, dem sogenannten Grand Final, sowie die besten drei weiteren Ergebnisse bilden dabei den Gesamtpunktestand. Da beim Grand Final extra Bonuspunkte vergeben werden, gibt es im letzten Saisonrennen der WTCS oft noch deutliche Verschiebungen beim Fight um die WM-Medaillen.

Der mit Abstand erfolgreichste Athlet in der Geschichte der WTCS ist der Spanier Javier Gómez, der viermal die Serienwertung gewinnen konnte (2010/2013/2014/2015) und dazu noch dreimal Zweiter und zweimal Dritter wurde. Auf drei Seriensiege in Folge kommt mit Mario Mola (2016/2017/2018) ein weiterer Spanier.

Für die beste deutsche Männerplatzierung sorgte im Jahr 2010 Steffen Justus, der beim Finale in Budapest Dritter wurde und sich somit WM-Silber sicherte. Es war das Rennen, in dem Jan Frodeno auf tragische Weise als WM-Leader seine Führung noch abgeben musste und auf den vierten Gesamtrang zurückrutschte. Bei der Premiere der WM-Serie im Jahr 2009 schaffte es außerdem der Bautzener Maik Petzold mit einer konstanten Saisonleistung als Dritter aufs WM-Saisonpodium.

Bei den Frauen ist in der bisherigen 15-jährigen Geschichte der WM-Serie Flora Duffy die erfolgreichste Athletin. Viermal gewann die schnelle Frau von den Bermudas die Serienwertung (2016/2017/2021/2022). 2021 gelang ihr zudem das Double mit dem Olympiasieg in Tokio. Beste Deutsche ist Anne Haug, die die Saison 2012 als WM-Zweite beendete und 2013 Dritte wurde. Ebenfalls auf Rang drei ging es 2020 für Laura Lindemann. Allerdings bestand die Serie dort gezwungenermaßen nur aus einem Rennen. Nur in Hamburg konnte zum Saisonende gestartet werden. Alle anderen Wettbewerbe fielen der Coronapandemie zum Opfer.

Die Athletinnen und Athleten, die in der WM-Serie vorne mitmischen, dürfen sich zudem über einen ordentlich gefüllten Preisgeldtopf freuen. Jedes Serienrennen ist je Geschlecht mit 111.200 US-Dollar dotiert. Das WM-Grand-Final mit 162.300 US-Dollar und im Saison-Bonuspool befinden sich nochmals 291.500 US-Dollar, die an die besten 30 im Saisonranking ausgeschüttet werden (Stand Saison 2024).

6.4 T100 TRIATHLON WORLD TOUR

Die **T100 Triathlon World Tour** markiert eine Neuausrichtung im Triathlonsport, die von der Professional Triathletes Organisation (PTO) in Kooperation mit World Triathlon initiiert wurde. Unter dem Motto #RedefiningTriathlon wurde im Frühjahr 2024 die T100-Tour in London vorgestellt. Damit löste sie die zwei Jahre zuvor eingeführten PTO-Open-Rennen ab, welche mit Preisgeldern bis zu einer Million US-Dollar eine lukrative Alternative zu den bestehenden Rennserien darstellte. Die neue T100-Tour besteht in der Saison 2024 aus acht Rennen, die über die einheitliche PTO-Distanz von 2 Kilometer Schwimmen, 80 Kilometer Radfahren und 18 Kilometer Laufen ausgetragen werden. Dieses Format, das in puncto Renndauer circa 20 Minuten kürzer als eine klassische Mitteldistanz ist, wie z. B. die Ironman-70.3-Rennen, soll zum einen kompakter rüberkommen und zum anderen die benötigte Regenerationszeit geringer halten und somit den Athleten mehr Wettkampfstarts ermöglichen.

Die Austragungsorte sind global verteilt und reichen von Miami über Singapur bis nach Dubai, was die internationale Reichweite und Bedeutung der Serie unterstreicht. Die Teilnahme ist an strenge Kriterien gebunden: Die 16 bestplatzierten Frauen und Männer des vorherigen Jahres im PTO-World-Ranking sind automatisch qualifiziert, ergänzt durch sogenannte „Hot Shots", die zum Zug kommen, wenn von den Top 16 des PTO-Rankings nicht alle die T100-Tour beschreiten wollen. 2024 entschied sich u. a. Patrick Lange gegen eine Teilnahme. Außerdem werden für jedes Rennen der T100-Serie Wildcards vergeben, sodass in Summe jeweils 20 Frauen und Männer antreten.

Die gesamte T100-Serie ist mit über sieben Millionen US-Dollar dotiert, wobei vorab knapp vier Millionen in die Athletenverträge der fix unter Vertrag genommenen Profis floss. In jedem der acht Rennen werden 250.000 US-Dollar Preisgeld ausgeschüttet. Für das nach dem Grand Final feststehende Endklassement sind dann nochmals zwei Millionen US-Dollar an Bonuspreisgeld vorgesehen.

Die Athleten müssen während einer Saison mindestens fünf der acht Rennen bestreiten. Dabei ist das Grand Finals obligatorisch. Am Ende fließen die besten vier Ergebnisse für die Sportler in die Gesamtwertung ein. Diese Wertung entscheidet schließlich über die Krönung der T100-World-Champions. Der Punktemodus bietet für einen Sieg bis zu 35 Punkte und für das Grand Final sogar bis zu 55 Punkte.

Obwohl die T100-Serie ansprechenden Sport zu versprechen scheint, bringt sie auch Herausforderungen mit sich. Die hohe Konzentration auf wenige, hoch dotierte Rennen könnte den Druck auf die Athleten erhöhen, kleinere Wettkämpfe zu meiden. Dadurch könnte sich eine noch stärkere Konzentration auf Ironman, Challenge und T100 ergeben. Zudem könnte die kommerzielle Ausrichtung der Serie die Authentizität und den ursprünglichen Geist des Triathlonsports beeinflussen.

6.5 XTERRA

Die **Xterra-Rennserie**, die als eine der ersten ihrer Art gilt, startete 1996 und prägte das Konzept des Offroad-Triathlons nachhaltig. Ursprünglich als Aquaterra bezeichnet und durch die Agentur Team Unlimited organisiert, fand das allererste Rennen auf der hawaiianischen Insel Maui statt. Nach einem Jahr unter dem Namen wurde der Name von Aquaterra hin zu Xterra geändert. Dieser steht für unbekanntes Land. Diese neue Form des Triathlons kombinierte Schwimmen in offenen Gewässern mit Mountainbiken und Trailrunning anstatt der herkömmlichen Disziplinen Schwimmen, Radfahren auf der Straße und Laufen auf der Straße. Die Einzigartigkeit und der Abenteuergeist dieser neuen Triathlon-Form zogen schnell die Aufmerksamkeit von Athleten weltweit auf sich.

Mit ihrem wachsenden Erfolg begann die Xterra-Serie sich international auszubreiten, mit Veranstaltungen in verschiedenen Ländern, die als Qualifikationswettbewerbe für die jährlich stattfindende Weltmeisterschaft auf Maui dienten. Diese weltweite Präsenz verstärkte das Image von Xterra als führende Marke im Bereich des Offroad-Triathlons und schuf eine robuste Gemeinschaft von Enthusiasten, die die Liebe zur Natur und zur körperlichen Herausforderung teilen.

Spezialisierte Athleten wie der Südafrikaner Conrad Stoltz, Ruben Ruzafa aus Spanien und die Kandierin Melanie McQuaid prägten durch ihre beeindruckenden Leistungen und Titelgewinne das Profil der Serie weiter. Ihre Erfolge inspirierten eine neue Generation von Triathleten, die den Offroad-Weg als eine willkommene Alternative zum traditionellen Straßen-Triathlon betrachten. Doch auch „normale" Triathleten finden sich in der Siegerliste der Weltmeisterschaften. Die bekanntesten Namen sind Olympiasiegerin Flora Duffy von den Bermudas (sechsfache Weltmeisterin im Xterra), die Britin Julie Dibens und der Spanier Eneko Llanos.

Von 1998 bis 2018 gab es im Rahmen der Xterra WM auf Maui eine Kombiwertung mit dem zuvor stattgefundenen Ironman Hawaii. Das sogenannte Hawaiian-Double zog immer wieder namhafte Athleten der Langdistanz-Szene ins Gelände. 2012 gewann Sebastian Kienle nach seiner Kona-Premiere die Sonderwertung.

Nach der 2021er-Ausgabe verabschiedete sich die Xterra WM von Maui und wird aktuell bis ins Jahr 2025 in Andalo am Lago di Molveno im italienischen Trentino ausgetragen. Das deutsche Xterra-Mekka liegt im Südosten Sachsens. Am Olbersdorfer See im Zittauer Gebirge trifft sich alljährlich im August die deutsche Offroad-Triathlon-Szene, um sich mit der Weltelite zu messen und für die WM zu qualifizieren.

Die Xterra-Serie hat stetig ihre Technologie und Teilnehmererfahrungen weiterentwickelt, einschließlich der Einführung von Live-Tracking-Technologien und nachhaltigen Praktiken, um den Umweltschutz zu fördern. Heute steht Xterra nicht nur für sportliche Herausforderungen, sondern auch für ein Engagement für Umweltbewusstsein und den Schutz der natürlichen Landschaften.

6.6 SUPER LEAGUE TRIATHLON (SUPER TRI)

Die **Super-League-Triathlon-Serie** hat seit ihrer Gründung im Jahr 2017 die Art und Weise, wie Triathlon-Wettbewerbe konzipiert und durchgeführt werden, maßgeblich verändert. Initiiert vom Ex-Weltklassetriathleten Chris McCormack, dem russischen Investor Leonid Boguslavsky und Michael D'hulst, zielte dieses innovative Format darauf ab, die Wettkämpfe noch dynamischer, zuschauerfreundlicher und medienwirksamer als bei herkömmlichen Wettkampfformaten zu gestalten.

Der Kerngedanke hinter der Super League war, kürzere und aufeinanderfolgende Rennen in verschiedenen Formaten zu kombinieren, um die Vielseitigkeit und das taktische Geschick der Athleten herauszufordern. Zu den Standardformaten gehören „Triple Mix", wo die Reihenfolge der Disziplinen variiert wird, und „Eliminator", bei dem nach jeder Runde die letzten Athleten ausscheiden. Die Distanzen sind mit circa 300 Meter Schwimmen, 4 Kilometer Radfahren und 1,6 Kilometer Laufen sehr kurz gehalten und garantieren Triathlon im absoluten Hochgeschwindigkeitsbereich.

Diese Formate erfordern nicht nur Schnelligkeit und Ausdauer, sondern auch strategisches Denken. Darüber hinaus ist die Fähigkeit für eine schnelle Erholung von großer Bedeutung, was die Serie besonders spannend und unberechenbar macht.

Das erste Rennen der Serie wurde auf Hamilton Island, Australien, ausgetragen und setzte sofort neue Maßstäbe im Triathlonsport. Die malerische, aber anspruchsvolle Kulisse bot den perfekten Hintergrund für die dramatischen Rennen, die von der internationalen Triathlon-Community und den Medien stark beachtet wurden. Der schnelle, actionreiche Stil der Super League schuf schnell eine solide Basis von Fans und zog die weltbesten Triathleten der Olympischen Distanz an.

Nahezu alle Athleten, die in den Rennen der World-Triathlon-Series in den Toprängen zu finden sind, standen schon in der Super-League-Triathlon-Serie an der Startlinie. 2023 gewannen der Franzose Léo Bergere und die Britin Kate Waugh die Gesamtwertung der Super-League-Triathlon-Serie.

Zu den herausragenden Sportlern, die die Serie geprägt haben, zählen Flora Duffy von den Bermudas und der Franzose Vincent Luis. Duffy, eine mehrfache Weltmeisterin, hat ihre überragenden Fähigkeiten in den vielfältigen Rennformaten der Super League demonstriert und dabei oft ihre Konkurrentinnen dominiert. Luis, bekannt für seine Sprintstärke und taktische Finesse, hat mehrere Rennen der Serie gewonnen und gilt als einer der konstantesten Athleten der Super-League-Triathlon-Serie.

Die Serie hat sich seit ihrer Einführung stetig weiterentwickelt und erweitert. So wurde z. B. 2021 ein Teammodus hinzugefügt. Dabei werden die Teams wie in den amerikanischen Major Leagues mittels Draft zusammengestellt. Hierbei wählen die Teammanager, oft ehemalige oder aktuelle Triathleten, aus einem Pool von qualifizierten Athleten aus. Diese Zusammenstellung soll eine ausgewogene Konkurrenz gewährleisten, wobei die Fähigkeiten und Stärken der Athleten auf verschiedene Teams verteilt werden.

Die Teams bestehen aus je drei Männern und Frauen, die in den Rennen sowohl individuelle Punkte sammeln als auch zum Gesamtergebnis ihres Teams beitragen. Die Punkte eines Teams in einem Rennen setzen sich zusammen aus den Leistungen aller Teammitglieder. Dabei werden in der Regel die Ergebnisse der besten Athleten eines Teams stärker gewichtet.

Der Wertungsmodus bei der Super-League-Triathlon-Serie ist darauf ausgelegt, sowohl die individuelle Leistung als auch die Teamleistung zu belohnen. Punkte werden auf der Grundlage der Platzierung in den einzelnen Rennen vergeben. Am Ende der Serie wird ein Gesamtsieger sowohl unter den Einzelathleten als auch unter den Teams gekürt. Dies fördert eine intensive Zusammenarbeit und Teamgeist, da jeder Athlet nicht nur für seine persönliche Bestleistung, sondern auch für das Teamergebnis kämpft.

Die Super-League-Triathlon-Serie findet heute in verschiedenen Städten weltweit statt und gastierte auch schon im Münchner Olympiapark. Zur Saison 2024 wurde der Name der Serie umbenannt. 2024 besteht die Supertri-Serie aus fünf Rennen in Boston, Chicago, London, Toulouse und Neom.

6.7 ARENA GAMES (SUPERTRI E)

Die **Arena-Games-Triathlon-Serie** repräsentiert eine weitere, vom Gedanken nach Innovation getriebene Entwicklung im Bereich des Triathlonsports. Diese zielt insbesondere darauf ab, den Sport für ein breiteres Publikum zugänglicher und unterhaltsamer zu machen. Die Serie ist eine Kollaboration zwischen Super League Triathlon und der Online-Fitness-Plattform Zwift. Das Ziel war es, den Triathlon durch die Integration von Indoor-Rennen und virtuellen Rennen neu zu definieren.

Die Arena Games wurden als Antwort auf die wachsende Beliebtheit von eSports und virtuellem Training ins Leben gerufen. Sie kombinieren reale (Schwimmen im Pool) und virtuelle Elemente (Radfahren und Laufen auf Zwift), um eine einzigartige Wettkampferfahrung zu schaffen. Diese Serie wurde während der COVID-19-Pandemie ins Leben gerufen, als viele traditionelle Triathlon-Veranstaltungen abgesagt oder verschoben werden mussten. Die Veranstalter sahen eine Gelegenheit, die Technologie zu nutzen, um den Sport fortzusetzen und gleichzeitig die Sicherheit der Athleten zu gewährleisten.

Die Arena Games folgen einem einzigartigen Format, das traditionelle Triathlon-Distanzen in einem Indoor-Setting mit virtuellen Elementen verbindet. Die Athleten absolvieren in kurzer, intensiver Form Schwimm-, Rad- und Laufdisziplinen, wobei jede Disziplin dreimal in unterschiedlicher Reihenfolge durchgeführt wird. Das Schwimmen findet in einem 50-Meter-Pool statt, das Radfahren und Laufen wird auf stationären Trainern bzw. Laufbändern durchgeführt, die mit der Zwift-Plattform verbunden sind.

Die Besonderheit dieser Serie liegt in der Verbindung von realer und virtueller Performance. Während die Athleten in einem physischen Raum gegeneinander antreten, werden ihre Leistungen auf Rad und Laufband in die virtuelle Welt von Zwift übertragen, wo die Zuschauer die Avatare der Athleten in Echtzeit verfolgen können. Dies ermöglicht es den Zuschauern, das Rennen aus verschiedenen Perspektiven zu erleben und erhöht die visuelle Attraktivität des Sports.

Bei den Wettkämpfen werden zunächst zwei ultrakurze Triathlons (200 Meter Schwimmen, 4 Kilometer Radfahren, 1 Kilometer Laufen) mit kurzer Pause absolviert. Der Zweite Durchgang wird als Jagdstart durchgeführt, sodass die besten Athleten in die Finalrunde einziehen. Dort wird in drei Triathlons mit wechselnder Reihenfolge der Disziplinen der Sieger gesucht. Auch hier wird die letzte Runde als Jagdstart durchgeführt.

Im Jahr 2024 wechselte die Bezeichnung. Die Rennen heißen jetzt Supertri E. Eine Besonderheit der 2024er-Saison war zudem, dass die Serie auf nur ein Rennen gekürzt wurde, das im Londoner Aquatic Center stattfand. Als Supertri-E-Weltmeister wurden dort der US-Amerikaner Chase McQueen und die Britin Beth Potter gekürt.

6.8 TRIATHLON BUNDESLIGA

Triathlon ist in erster Linie ein Einzelsport. Man kämpft für sich allein um Plätze und Bestzeiten. Zur Stärkung des Teamgedankens gibt es aber von Anfang an in der Geschichte des Triathlon neben der Einzelwertung eine Mannschaftswertung, in der die drei besten Athletinnen bzw. Athleten eines Vereins (Nation bei internationalen Wettbewerben) durch Aufaddierung der Zeiten zusammen gewertet wurden.

Um den Teamgedanken noch weiter zu stärken, wurde in Nordrhein-Westfalen dann die sogenannte „Kronen-Liga" eingeführt. Der Ligagedanke führte 1996 dann zur Gründung der **Triathlon-Bundesliga**, die so den deutschen Triathlon-Mannschaftsmeister ermittelte. Die ersten Titelträger waren das Asics Team Witten und der SC Riederau. Witten bestimmte anschließend die Liga sowohl bei den Männern als auch bei den Frauen bis weit in die 2000er-Jahre. 2009 konnte sich bei den Männern erstmals das EJOT Team TV Buschhütten den Meistertitel sichern. Das Team aus dem Siegerland war anschließend eineinhalb Jahrzehnte der „FC-Bayern des Triathlons". Der Teammanager Rainer Jung, tatkräftig unterstützt von seiner Ehefrau Sabine, schaffte es immer wieder, hochkarätige internationale und nationale Topathleten sowie talentierte deutsche Nachwuchsathleten ins Siegerland zu locken. Zwölf Meistertitel bei den Männern und zehn bei den Frauen sprechen für sich. Nachdem sich das Ehepaar Jung Ende 2023 aus der Verantwortung zurückzog, zog der TV Buschhütten auch seine Mannschaften aus der 1. Triathlon-Bundesliga zurück, die damit aktuell so offen wie wohl nie zuvor ist.

Die meisten Ligarennen finden über die Sprintdistanz mit 750 Meter Schwimmen, 20 Kilometer Radfahren und 5 Kilometer Laufen statt. Zudem gibt es spezielle Teamformate. Eine Mannschaft besteht laut der Ligaordnung bei den Männern aus fünf Athleten, bei den Frauen aus vier Athletinnen.

Die Ligastruktur ist dabei mehrstufig aufgebaut. Unter der 1. Bundesliga gibt es die 2. Bundesliga, die in eine Liga Nord und Liga Süd aufgeteilt ist. Darunter gibt es in den Landesverbänden mit der Regional- und Landesliga noch weitere Ligen.

Die 1. Triathlon-Bundesliga gilt als Sprungbrett für junge Nachwuchsathleten, die sich im Übergang von der Jugend in die Eliteklasse befinden. Nahezu alle großen Namen, die später internationale große Erfolge feierten, u. a. Jan Frodeno, Daniel Unger, Patrick Lange und Anne Haug, standen schon in der Triathlon-Bundesliga an der Startlinie.

★ 7 ★

TRIATHLON-STARS VON GESTERN UND HEUTE

7.1 DEUTSCHE TRIATHLON-LEGENDEN

7.1.1 DIRK ASCHMONEIT

Der gebürtige Hildesheimer Dirk Aschmoneit gilt als der erste deutsche Triathlon-Profi. Der Blondschopf, der in der internationalen Szene schnell auch als „German Rambo" bekannt wurde, war ein Idol der frechen deutschen Triathlon-Szene Ende der 1980er-Jahre. Zusammen mit dem Koblenzer Jürgen Zäck und dem Neusser Wolfgang Dittrich bildeten er die „Big Three" der deutschen Langdistanz-Szene. Aschmoneit war es dann auch, der 1991 beim Ironman Neuseeland in Auckland als erster Deutscher ein Ironman-Rennen gewinnen konnte. Seine beste Platzierung beim Ironman Hawaii war Rang sieben im Jahr 1988. Eng verbunden war „Asche", wie er von seinen Fans genannt wurde, auch mit Roth. Beim ersten Ironman Europe im Jahr 1988 wurde er Zweiter hinter dem Niederländer Axel Koenders, der damals eine neue Weltbestzeit aufstellte. Hartnäckige Verletzungsprobleme führten dazu, dass Aschmoneit 1994 im Alter von 32 Jahren seine Profikarriere beenden musste. Nach dem Karriereende wanderte er mit seiner Familie in die USA aus. Im Jahr

2011 kam der damals 49-Jährige aber noch einmal nach Roth zurück und finishte das Rennen in 10:26:50 Stunden.

7.1.2 JÜRGEN ZÄCK

Der Koblenzer Jürgen Zäck zählte wie Dirk Aschmoneit zu den ersten deutschen Triathleten, die den Sport schon Ende der 1980er-Jahre auf professioneller Ebene betrieben.

Nach ersten Erfolgen auf der Kurz- und Mitteldistanz wandte sich der „Bub", wie Zäck aufgrund seines sehr jugendlichen Aussehens oft genannt wurde, den längeren Distanzen zu. Ein Ausrufezeichen setzte er gleich bei seinem ersten Start beim Ironman Hawaii 1989, als er auf Anhieb Siebter wurde. Die absolute Stärke von Jürgen Zäck war das Radfahren, wo ihm mit seinem teils futuristischen Bike-Setup immer wieder neue Radbestzeiten gelangen.

Bevor Zäck im Jahr 1994 mit dem Ironman Europe in Roth sein erstes Ironman-Rennen über die Langdistanz gewinnen konnte, gelang ihm im Jahr 1992 der Coup beim Powerman Zofingen, als er die versammelte Duathlon-Weltelite deklassierte. Auf Hawaii sollte es für Zäck nie für einen Sieg reichen. Gleich mehrmals wechselte er dort nach dem Radfahren, wo er mit seiner gefürchteten „Zäck Attack" der Konkurrenz das Fürchten lehrte, als Leader auf die Laufstrecke. So auch im historischen 1997er-Rennen. Thomas Hellriegel war es, der Zäck noch auf Rang zwei verwies, was seine einzige Podiumsplatzierung beim Ironman Hawaii bleiben sollte. Allerdings gelangen ihm auf Hawaii insgesamt acht Top-Ten-Platzierungen.

Die größten Erfolge feierte Zäck in Roth. Fünfmal (1989 über die Mitteldistanz, 1994, 1995, 1998, 1999) konnte er im fränkischen Triathlon-Mekka gewinnen. In der ewigen Rother Siegerliste steht er damit gleichauf an der Spitze mit seinem Erzrivalen Lothar Leder.

Die Profikarriere von Jürgen Zäck endete im Jahr 2006 mit einem Dopingfall. Bei einer Trainingskontrolle im Mai 2006 wurde eine erhöhte Konzentration des Metaboliten Etiocholanolon nachgewiesen. Zäck erklärte den Wert mit der Einnahme eines verunreinigten Nahrungsergänzungsmittels und beendete noch vor der Verhängung einer zweijährigen Dopingsperre seine Profikarriere.

7.1.3 THOMAS HELLRIEGEL

Es war der 18. Oktober 1997, an dem Thomas Hellriegel Triathlon-Geschichte schrieb. Der damals 26-Jährige, der aus Büchenau bei Bruchsal stammt, gewann als erster Deutscher den Ironman Hawaii. Mit der Deutschlandfahne lief er die letzten Meter auf dem Alli Drive bis zur magischen Finishline, um dann mit martialischem Gesichtsausdruck das Zielband nach oben zu reißen. Zusammen mit Jürgen Zäck und Lothar Leder durfte Hellriegel an diesem denkwürdigen Tag sogar einen deutschen Dreifacherfolg feiern.

Mit absoluter Versessenheit hatte er in der Saison 1997 dem Rennen auf Big Island alles untergeordnet, nachdem er dort in den beiden Vorjahren jeweils kurz vor dem Ziel noch abgefangen und Zweiter wurde. „Esse schlafe und trainiere ..." (im badischen Dialekt ausgesprochen) war seine Maxime. 1995 war es die US-Ironman-Ikone Mark Allen, die Hellriegels wagemutige Soloflucht bei dessen Hawaii-Premiere im Marathon auf den finalen Kilometern jäh beendete. Ein Jahr später folgte in Form des Belgiers Luc Van Lierde für Hellriegel das Déjà-vu-Erlebnis. Wieder wurde seine offensive Renngestaltung nicht mit dem Sieg belohnt.

Zu seiner besten Zeit war der Badener einer der weltbesten Athleten auf dem Rad. Aus dieser Zeit stammt auch sein Spitzname „Hell on Wheels". Hellriegel bestimmte fast ein Jahrzehnt die Weltspitze im Langdistanz-Triathlon mit. Achtmal in Folge, von 1995 bis 2002, kam er auf Hawaii unter den Top Ten ins Ziel. Hellriegel liebte die Rennen bei sommerlich heißen Temperaturen. Was auch mit ein Grund war, warum er nie in Roth gewinnen konnte.

Bis über sein 40. Lebensjahr hinaus startete er als Profi. Vom Typ her war Hellriegel eher zurückhaltend, aber bekannt und beliebt für seine trockenen Kommentare. „Der macht heute keinen Sport mehr im Freien", war seine Analyse als Co-Kommentator im hr-Fernsehen während des Ironman Hawaii 2012, als der lange führende Belgier Marino Vanhoenacker im Marathon aufgrund von Magenkrämpfen mit schmerzverzerrtem Gesicht aussteigen musste.

7.1.4 LOTHAR LEDER

Der Name Lothar Leder ist in der Triathlon-Szene unweigerlich mit dem 14. Juli 1996 verbunden. An diesem warmen Sommertag unterbot der Hesse beim Ironman Europe in Roth in 7:57:02 Stunden als erster Mensch die magische 8-Stunden-Marke über die Triathlon-Langdistanz. Leder war während seiner Karriere ein wahrer Tausendsassa, der jedes Triathlon-Rennen mitnahm, wenn es irgendwie in den Terminkalender passte. Leder gelang in dieser Zeit der Spagat zwischen der Kurz- und Langdistanz wie kein zweiter Athlet. U. a. gewann er dreimal den Titel des Deutschen Meisters über die Olympische Distanz. Einen davon im Jahr 2000, dem Jahr, in dem Triathlon erstmals im Programm der Olympischen Spiele in Sydney war. Leder wurde allerdings nicht nominiert, da er die verbandsinternen Leistungskriterien nicht erfüllte.

Fünfmal sollte Leder in Roth gewinnen. Die Marke des Rother Rekordsiegers muss er sich allerdings mit seinem Dauerrivalen Jürgen Zäck teilen. Legendär ist dabei sein letzter Roth-Sieg im Jahr 2003, als er den Australier Chris McCormack auf den letzten Metern niedersprintete. Ein Jahr später wurde Leder, gehandicapt von einer Fußverletzung, in Roth entthront. Jubeln durfte er an diesem Tag trotzdem, da seine Frau Nicole ihren Rother Vorjahreserfolg wiederholte.

Auf Hawaii sollten zwei dritte Plätze aus dem Jahr 1997 und 1998 sein bestes Ergebnis bleiben, auch wenn er dort in den Folgejahren alljährlich zum Kreis der Mitfavoriten zählte. Mit seinem eher kräftigen Körperbau war Leder allerdings bei Hitzebedingungen etwas benachteiligt.

Im Jahr 2004 laborierte Leder lange an einer Fußverletzung, was wohl ein Mitgrund dafür war, dass nun die großen Siege ausblieben. Ein Schatten liegt über den letzten Karrierejahren von Lothar Leder. Im Jahr 2007 wies eine im Rahmen der Anti-Doping-Kampagne „Eiserne Transparenz" des Ironman Germany freiwillig abgegebene Blutprobe auffällige Werte auf, die auf eine Manipulation hindeuteten. Es gab anschließend eine Schlammschlacht zwischen dem Ironman-Germany-Veranstalter Kurt Denk und Lothar Leder, der seinen Ruf beschädigt sah. Das zunächst von der Anti-Doping-Kommission der DTU eingeleitete Ermittlungsverfahren wurde im Frühjahr 2008 eingestellt, da mehrere Gutachten keine eindeutigen Beweise für ein Dopingvergehen von Lothar Leder belegen konnten.

7.1.5 UTE MÜCKEL

Ute Mückel ist die erste international erfolgreiche Triathletin aus Deutschland. Ihre sportliche Karriere begann jedoch nicht im Triathlon, sondern im Schwimmen. Bereits als 15-Jährige feierte sie ihren ersten großen Erfolg bei den Junioren-Europameisterschaften 1982, wo sie fünfmal auf dem Podium stand und dreimal die Goldmedaille gewann. Diese Erfolge ebneten den Weg für ihre beeindruckende Laufbahn im Sport.

1992 wagte Ute Mückel den Sprung in den Triathlonsport und trat beim Ironman Europe in Roth an. Auf Anhieb blieb sie unter der 10-Stunden-Marke, ein bemerkenswerter Einstieg in die Welt der Langdistanz-Triathlons. Ihr zweiter Start in Roth im Jahr darauf brachte ihr die Qualifikation für die Ironman World Championships auf Hawaii ein. Obwohl sie bei ihrem Debüt nur Platz zwölf erreichte, etablierte sie sich bis 1996 als die bis dato bestplatzierte deutsche Triathletin bei diesem prestigeträchtigen Wettkampf.

Von 1995 bis 2007 war Ute Mückel als Profi-Triathletin aktiv und sammelte zahlreiche Erfolge. 1995 wurde sie Vizeeuropameisterin auf der Langdistanz. Ein Jahr später triumphierte sie beim Ironman Europe in Roth und stellte dabei ihre persönliche Bestzeit von 9:21 Stunden auf. Dieser Sieg war der Beginn einer erfolgreichen Karriere, die sie auch international bekannt machte. 1997 gewann sie den Ironman Switzerland und erzielte beim Ironman Hawaii den fünften Platz, was bis dahin die beste Platzierung einer deutschen Frau bei diesem Wettkampf war.

1999 entschied sich Ute Mückel, sich auf die ITU-World-Cup-Rennen zu konzentrieren, um sich für die Olympischen Spiele 2000 in Sydney zu qualifizieren. Obwohl sie starke Leistungen zeigte, verpasste sie knapp die Qualifikation und kehrte zur Langdistanz zurück. Beim Ironman Europe 2000 erreichte sie Platz drei und stellte einen neuen Schwimmrekord auf.

In den folgenden Jahren sammelte Ute Mückel weitere Top-Ten-Platzierungen und Siege bei verschiedenen Ironman-Wettkämpfen. 2002 wurde sie Zweite beim Ironman Florida und 2005 gewann sie den Ironman Wisconsin, ihren dritten und letzten Ironman-Sieg. 2007 kündigte sie ihren Rücktritt vom Leistungssport an, musste ihre Pläne jedoch aufgrund eines Verkehrsunfalls ändern. Ihr letztes Rennen absolvierte sie 2008 bei der Challenge Roth, wo sie die Bronzemedaille bei der Deutschen Meisterschaft gewann.

Nach ihrer aktiven Karriere engagierte sich Ute Mückel weiterhin im Triathlonsport. 2008 wurde sie zur Vizepräsidentin Leistungssport der Deutschen Triathlon Union gewählt, trat jedoch kurz darauf zurück. Sie trainiert weiterhin Triathleten und gründete den Verein Ute Mückel Triathlon e. V., der ambitionierte Freizeitsportler unterstützt und regelmäßig bei Wettkämpfen vertreten ist.

7.1.6 STEPHAN VUCKOVIC

Stephan Vuckovic gehört zur Athleten-Generation, die die Veränderung auf der Olympischen Distanz, mit dem Wegfall des Windschattenverbots, in den 1990er-Jahren hautnah miterlebte. 1997 gewann der damals 25-jährige Reutlinger, dessen Markenzeichen der glattrasierte Kopf war, die Silbermedaille bei der Kurzdistanz-Europameisterschaft in Finnland. Von da an gehörte Vuckovic zu den Kandidaten, die die deutschen Farben bei der Triathlon-Olympiapremiere in Sydney im Jahr 2000 vertreten sollten.

Die verbandsinternen Qualifikationsvorgaben verpasste er knapp. Da auch sonst kein DTU-Athlet die Kriterien erfüllte, wurde Vuckovic neben

Andreas Raelert für den Olympiastart nominiert. Im olympischen Rennen lag der Baden-Württemberger bis zum Wechsel auf die Laufstrecke weit zurück, bevor er auf dem Laufkurs mit dem Zieleinlauf vor dem weltberühmten Opernhaus von Sydney richtig aufdrehte und förmlich durch das Feld nach vorne bis an die Spitze flog. Erst auf den letzten Metern wurde er vom Kanadier Simon Whitfield überspurtet und lief anschließend mit Freudensprüngen und der deutschen Fahne zu Olympiasilber.

Im nacholympischen Jahr erkrankte Vuckovic bei der Triathlon-EM im tschechischen Karlsbad an einer lebensbedrohlichen bakteriellen Infektion mit Legionellen. Von der Erkrankung erholte er sich nur sehr langsam und kam in den Folgejahren auf der Olympischen Distanz nicht mehr an seine ehemaligen Bestleistungen heran. Aus diesem Grund folgte 2005 der Wechsel auf die Langdistanz. Auf Anhieb ging es für ihn bei der Ironman-Hawaii-Premiere gleich auf Rang zehn. 2007 gewann Vuckovic beim Ironman Florida sein einziges Ironman-Rennen.

Im Herbst 2008 wurden die Ereignisse um Vuckovics Erkrankung im Jahr 2001 noch einmal zum Thema. Von Seiten des früheren und heutigen DTU Präsidenten Dr. Martin Engelhardt gab es Anschuldigungen, dass die damalige lebensbedrohliche Infektion von Vuckovic in Zusammenhang mit einem möglichen Dopingvergehen stehe, das dieser gegenüber den behandelten Ärzten zugegeben hätte. Das zunächst eingeleitete Ermittlungsverfahren wurde von der DTU im Frühsommer 2009 eingestellt.

2014 war Stephan Vuckovic letztmals bei einem Ironman-Rennen am Start. In Arizona verabschiedete er sich mit Rang 15 und konzentrierte sich anschließend auf seine Arbeit als Triathlon-Coach.

7.1.7 NORMANN STADLER

Der „Norminator" Normann Stadler war im Jahr 2004 der zweite Deutsche, der den Ironman Hawaii gewinnen konnte. 2006 wiederholte der gebürtige Wertheimer den Erfolg auf Hawaii. Bis Stadler seine größten Karriereerfolge einfahren konnte, verging allerdings ein Jahrzehnt, in dem er als Triathlonprofi unterwegs war.

Stadler gehörte schon in der Jugend zur nationalen Spitze. Da er beim Schwimmen nicht mit der Spitze mithalten konnte, ging der Weg im Erwachsenenbereich schnell weg von der Olympischen Distanz, hin zu den längeren Distanzen und zum Duathlon. Das erste internationale Ausrufezeichen war dann auch der WM-Sieg über die Duathlon-Kurzdistanz im Jahr 1994.

Die große Stärke von Stadler war das Radfahren. Besonders beeindruckend war dabei seine Radperformance bei seinem ersten Ironman-Hawaii-Sieg im Jahr 2004, als er die Konkurrenz bei extremen Windverhältnissen in Grund und Boden fuhr. Diese Galavorstellung brachte ihm auch den Spitznamen „Stormin' Normann" ein.

Neben den großen Erfolgen war Normann Stadlers Karriere auch von einigen Dramen und Aufregern durchzogen. 2005 musste er als Hawaii-Titelverteidiger das Rennen nach zwei Reifenpannen aufgeben. Stadler warf sein Rad vor laufender TV-Kamera völlig resigniert in die Lava. Das Youtube-Video (Norman Stadler Total Meltdown), in dem die Szene zu sehen ist, hat in der Triathlon-Szene Kultstatus erlangt. Bei seinem zweiten Hawaii-Start als Titelverteidiger kam Stadler wieder nicht ins Ziel. In der Nacht vor dem Rennen erkrankte er wie Konkurrent Faris Al-Sultan an einem Magen-Darminfekt. Während Al-Sultan gar nicht erst an den Start ging, versuchte es Stadler. Auf dem Rad musste er sich mehrmals übergeben und gab vollkommen geschwächt auf.

Ein großer Aufreger war Stadlers Äußerung zu seinem neunten Platz bei der Wahl zum Sportler des Jahres 2004. Er sah sich als Hawaii-Sieger unter Wert geschlagen. In einem Interview mit der FAZ stellte er dabei u. a. die Leistung des Parasportlers Wojtek Czyz mit einem abfälligen Kommentar infrage, der als Fünfter mehr Stimmen von den abstimmungsberechtigten Sportjournalisten erhalten hatte. Sogar der damalige Bundeskanzler Gerhard Schröder schaltete sich in die Diskussion ein und wies den amtierenden Hawaii-Sieger zurecht.

Der eigentliche Grund für die geringe Würdigung des Hawaii-Erfolgs dürfte der Dopingfall Nina Kraft gewesen sein. Die Braunschweigerin hatte 2004 das Frauenrennen auf Hawaii gewonnen und wurde direkt im Anschluss des Dopings überführt, was den Triathlonsport verständlicherweise insgesamt in ein schlechtes Licht rückte.

Trotz dieses Fauxpas konnte Stadler mit Dresdner Kleinwort und dem daraus hervorgehenden Commerzbank Triathlon Team für seine letzten Karrierejahre zahlungskräftige Sponsoren gewinnen. 2011 sorgten schwerwiegende gesundheitliche Probleme für das vorzeitige Karriereende. Normann Stadler litt unter einer krankhaft erweiterten Hauptschlagader und einer defekten Herzklappe, und musste sich einer Operation unterziehen. Stadler blieb anschließend dem Triathlonsport verbunden und coachte den belgischen Triathlonprofi Marino Vanhoenacker.

7.1.8 FARIS AL-SULTAN

Es waren „drei magische Jahre", die Faris Al-Sultan den Weg zur Triathlon-Legende bereiten sollten. 2004 lief der Münchner mit irakischen Wurzeln völlig überraschend als Dritter aufs Podium beim Ironman Hawaii. 2005 folgte dann sogar der Sieg am Alii Drive. 2006 bei seinem Titelverteidigungsrennen ging es nochmals auf Rang drei.

Dabei verlief der Start in die Triathlon-Karriere eher untypisch. Erst mit 18 Jahren bestritt Al-Sultan seinen ersten Triathlon, bevor es ein Jahr später bereits auf die Langdistanz ging. Die Premiere fand notgedrungen beim Ironman Lanzarote statt, da in Deutschland eine Teilnahme an einer Langdistanz erst mit 21 Jahren erlaubt war.

Neben dem Triumph auf Hawaii stand Al-Sultan noch bei sechs weiteren Ironman-Rennen ganz oben auf dem Podium. Der eindrucksvollste dürfte dabei der Sieg beim Ironman Frankfurt im Jahr 2011 gewesen sein. Bei extrem kühlen Temperaturen und Regenwetter triumphierte er am Frankfurter Römer. Wie immer war er dabei nur mit seinem Markenzeichen „Badehose und Trägertop" bekleidet. Der Sieg war umso beeindruckender, da Al-Sultan eigentlich Rennen unter Hitzebedingungen deutlich besser zusagten. So wie auf Hawaii, wo er neben seinen drei Podiumsplätzen noch sechs weitere Male unter den Top Ten ins Ziel kam – so oft wie kein anderer Deutscher bisher.

Al-Sultan, der zu Beginn seiner Triathlon-Karriere seinem Idol Thomas Hellriegel nacheiferte, war bei seinen Fans vor allem durch seine offensive Renngestaltung und seine offene Art beliebt. In Gesprächen und Interviews ging es immer geradeaus zur Sache. Eine Eigenschaft, die auch nach dem Karriereende im Jahr 2015 anhielt. So sprach der ins Trainer-Business gewechselte Al-Sultan seinem Schützling Patrick Lange das nötige Talent ab, ein wirklich großes Rennen zu gewinnen. Al-Sultan sollte sich täuschen. Zweimal gewann Lange mit ihm als Trainer den Ironman Hawaii (2017/2018), bis sich 2020 die Wege trennten.

Im Zuge von Langes Hawaii-Erfolgen wurde Al-Sultan im Herbst 2018 dann sogar DTU-Bundestrainer. Er sollte die Kurzdistanz-Athleten auf dem Weg zu Olympia 2020 in Tokio ähnlich aus der Reserve locken. Durch die Coronapandemie wurden die Olympischen Spiele verschoben und Al-Sultan kommentierte die deutsche Coronapolitik mehrmals mit Aussagen, die der Querdenker-Ecke zuzuordnen waren. Die DTU distanzierte sich daraufhin von den privat getätigten Aussagen ihres Cheftrainers, bevor die Zusammenarbeit zum September 2020 endete.

7.1.9 ANJA DITTMER

Anja Dittmer ist eine der erfolgreichsten deutschen Triathletinnen auf der Kurzdistanz. Über ein Jahrzehnt zählte sie zur Weltspitze, was ihre vier Olympiateilnahmen eindrucksvoll beweisen. Dittmer begann ihre sportliche Karriere mit dem Fokus auf Triathlon im Jahr 1992. Bereits ein Jahr später gewann sie in der Jugendklasse die Deutsche Meisterschaft im Triathlon und Duathlon. 1995 folgte im Alter von 19 Jahren sofort der Deutsche Meistertitel in der Elite. 1998 stellten sich dann die ersten internationalen Erfolge ein. Ein Jahr später erzielte sie ihren ersten großen internationalen Erfolg: Den Europameistertitel auf der Olympischen Distanz in Funchal auf Madeira.

Die Neubrandenburgerin ist eine der wenigen Triathletinnen, die an vier Olympischen Spielen teilgenommen haben: Sydney 2000, Athen 2004, Peking 2008 und London 2012. Bei den Olympischen Spielen in London

2012 erreichte sie den zwölften Platz. Im Jahr 2004 gewann sie den Gesamtweltcup der Internationalen Triathlon Union und wurde 2006 Dritte.

Im Dezember 2013 beendete Anja Dittmer im Alter von 38 ihre beeindruckende Karriere nach insgesamt 21 Jahren, davon 20 Jahre in der Triathlon-Nationalmannschaft. Nach ihrem Rücktritt wurde sie Nachwuchstrainerin am Olympiastützpunkt Potsdam. Sie engagiert sich weiterhin im Sport, insbesondere im Kanu-Training für Kinder in ihrer Heimatstadt Neustrelitz an der Mecklenburgischen Seenplatte. Anja Dittmer lebt heute in Neustrelitz und arbeitet in der Geschäftsstelle des WSV Einheit Neustrelitz e. V. Ihre sportliche Aktivität hat sie beibehalten und betreibt regelmäßig verschiedene Sportarten, darunter Laufen, Radfahren, Paddeln und Schwimmen.

Anja Dittmer wurde mehrfach als „Triathletin des Jahres" ausgezeichnet und erhielt 2003 das Silberne Lorbeerblatt, die höchste sportliche Auszeichnung in Deutschland.

7.1.10 DANIEL UNGER

Es war das Jahr 2007, als Daniel Unger mit seinen WM-Sieg in Hamburg für eine Art Spätsommermärchen sorgte. Der „Ungerman" hatte zugeschlagen und wurde vor heimischem Publikum der erste deutsche Triathlon-Weltmeister auf der Olympischen Distanz.

Diesen Punch, mit dem er im langen Zielsprint am Hamburger Rathausmarkt den Spanier Javier Gomez niederrang, hätte der Oberschwabe auch gerne schon bei den Olympischen Spielen 2004 in Athen gezeigt. Eine Infektion mit dem Pfeifferschen Drüsenfieber machte ihm einen Strich durch den Olympiastart und Unger kam erst in der Saison 2006 zu alter Leistungsstärke zurück, als er die Deutsche Meisterschaft am Schliersee gewann.

Mit dem Hamburger WM-Titel in der Tasche war Unger dann die deutsche Medaillenhoffnung für die Olympischen Spiele 2008 in Peking. Unger gelang dort ein ähnlich gutes Rennen und wurde beim Olympiasieg seine Trainingspartners Jan Frodeno starker Sechster.

Auch Unger versuchte nach seiner Kurzdistanzkarriere den Wechsel auf die längeren Distanzen. 2013 trat er beim Ironman Frankfurt an. Mit Rang 15 blieb er aber hinter den Erwartungen zurück und ließ es, mit weiteren Versuchen in der Langdistanz-Szene Fuß zu fassen.

Heute ist Daniel Unger Trainer am DTU-Bundesstützpunkt in Saarbrücken und tritt zudem als Moderator bei Triathlon-Veranstaltungen auf. Außerdem ist er regelmäßig als Experte in den Triathlon-Übertragungen auf Eurosport zu hören.

7.1.11 DIE RAELERT-BROTHERS – ANDREAS UND MICHAEL RAELERT

Andreas Raelert kann man getrost als den Hawaii-Sieger der Herzen bezeichnen. Dreimal wurde der Rostocker dort Zweiter (2010, 2012, 2015). Vor allem bei seinem zweiten Platz im Jahr 2010 war es am Ende ein Duell auf Messers Schneide mit dem Australier Chris McCormack, der wohl nur aufgrund seiner gewieften Taktik am Ende als Sieger am Alii Drive einlief. Ebenfalls in Erinnerung bleibt sein zweiter Platz im Jahr 2015 hinter Jan Frodeno, weil ihm ein Reifenschaden die Chance auf den möglichen Sieg zunichte machte.

Im Juli 2011 stellte Andreas Raelert zudem in Roth in 7:41:33 Stunden eine neue Weltbestzeit über die Langdistanz auf, die erst 2016 von Jan Frodeno an gleicher Stelle unterboten wurde. Andy, wie er von seinen Freunden und Fans gerufen wurde, zählte in der Szene als wahres „Trainingstier", jemand der immer noch eine Schippe drauflegte. Dies brachte ihm in seiner Trainingsgruppe auch den Spitznamen „Duracell" ein.

Was viele bei der Betrachtung von Andy Raelerts Karriere oft vergessen, ist die Tatsache, dass er vor seinen Erfolgen auf der Mittel- und Langdistanz schon über ein Jahrzehnt im Weltcup auf höchstem internationalen Niveau unterwegs war. Zweimal, im Jahr 2000 in Sydney und 2004 in Athen, war er bei Olympischen Spielen dabei und belegte die Ränge zwölf und sechs.

Sein vier Jahre jüngerer Bruder Michael feierte ebenfalls seine ersten internationalen Erfolge auf Welt- und Europacup-Ebene. Allerdings war seine Karriere immer wieder von verletzungsbedingten Rückschlägen gekennzeichnet. Im Jahr 2009 ging es für Michael Raelert erstmals in Wiesbaden an die Startlinie eines Ironman-70.3-Rennens Rang zwei bedeutete die WM-Qualifikation für Clearwater. Das WM-Rennen in Florida gewann er mit einem neuen Streckenrekord, was zugleich eine neue Weltbestzeit über die 70.3-Distanz bedeutete. Im Jahr darauf wiederholte er den WM-Erfolg an gleicher Stelle. Zudem blieb er in dieser Saison ungeschlagen in allen Mitteldistanz-Rennen. Wie gut Michael Raelert die halbe Ironman-Distanz lag, zeigt auch die Zahl von 22 gewonnenen Ironman-70.3-Rennen bzw. Challenge-Rennen über die Mitteldistanz.

Die Versuche, auf der Langdistanz ebenfalls erfolgreich Fuß zu fassen, scheiterten allerdings. Während Michael Raelerts Ironman-Debüt beim Ironman Regensburg 2012 mit Rang zwei noch vielversprechend verlief, war der anschließende einzige Start beim Ironman Hawaii eine Enttäuschung. Es war eines der wenigen Rennen, in denen Andreas und Michael gemeinsam als „Raelert Brothers" und zudem schnellstes Brüderpaar der Triathlon-Szene antraten. Ihr Schuhausrüster hatte im Frühjahr 2011 für den Fall eines brüderlichen Doppelsiegs beim Ironman Hawaii sogar eine Prämie von einer Million US-Dollar ausgelobt. Während Andy Raelert auf Rang zwei einlief, kam Michael Raelert allerdings weit abgeschlagen auf Gesamtrang 68 an.

7.1.12 SEBASTIAN KIENLE

Sebastian „Sebi" Kienle ist einer der erfolgreichsten Triathleten Deutschlands der vergangenen 15 Jahre. Seine Leidenschaft für den Triathlon begann im Alter von zwölf Jahren, als er zusammen mit seinem Vater einen Triathlon besuchte. Fasziniert von diesem Sport, startete Kienle seine eigene Triathlon-Karriere beim TV Bretten. Bereits 2005 wurde er Deutscher Meister im Cross-Triathlon und konnte diesen Titel zwei weitere Male gewinnen. Kienle zeigte früh sein außergewöhnliches Talent, insbesondere auf dem Rad. Außerdem war er für seine akribische Vorbereitung und seinen Perfektionismus bekannt. So war er ein Athlet, der jedes nur so kleinste Detail am Fahrrad hinterfragt hat.

2010 trat er erstmals auf der Langdistanz an und erreichte bei der Challenge Roth den zweiten Platz, wobei er mit 7:59:06 Stunden die schnellste Langdistanz-Premiere aller Zeiten hinlegte und eine neue Radbestzeit für die 180 Kilometer aufstellte.

Sebastian Kienle machte sich anfangs vor allem einen Namen auf der Ironman-70.3-Distanz. Trotzdem war sein WM-Sieg im Jahr 2012 in Henderson am Lake Las Vegas eine kleine Sensation. Einige Wochen später stand sein Debüt beim Ironman Hawaii an. Kienle war auf dem Rad in den Lavafeldern von Big Island auf Podiumskurs, bis ihn ein Reifenschaden zurückwarf. Es wurde der undankbare vierte Platz, verbunden mit dem Wissen, dass Kienles große Zeit am Alii Drive noch kommen wird.

2013 lief es zunächst nicht nach Plan. Eine Verletzung behinderte den Baden-Württemberger im Training. Umso überraschender war dann die Titelverteidigung des Ironman-70.3-WM-Titels. In Kona legte Kienle noch einen drauf und schaffte es als Dritter gleich beim zweiten Anlauf aufs Podium.

2014 wurde zum wohl besten Karrierejahr für Kienle. Im Juli gewann er die Ironman European Championship in Frankfurt und stellte dabei einen neuen Streckenrekord auf. Im Oktober krönte er sich mit dem Sieg bei der Ironman World Championship in Hawaii zum Weltmeister. Dies war der Höhepunkt seiner Karriere und machte ihn zu einer weiteren Ikone des deutschen Triathlonsports.

In den folgenden Jahren bekam Kienle in Form von Jan Frodeno einen Gegenspieler, an dem er sich mehrfach die Zähne ausbiss. Kienle versuchte alles, doch Frodeno machte es fast immer noch etwas besser. „Ich sammle zu viele zweite Plätze", resümierte Kienle etwas resigniert nach seinem zweiten Platz hinter Frodeno beim Ironman Hawaii 2016. Hinzu kam, dass Kienle in den Folgejahren immer häufiger Probleme mit seiner Achillessehne bekam, was ihn beim Lauftraining stark einschränkte und in der schmerzlichen Aufgabe beim Ironman Hawaii 2018 gipfelte. Umso bemerkenswerter war 2019 seine Rückkehr nach Hawaii, als er als Dritter noch einmal aufs Podium kam. Gleiches gilt für seinen sechsten Platz im Jahr 2022, mit dem er sich vom Alii Drive, dem Ort seines größten Erfolgs, gebührend verabschiedete.

Bereits im Jahr davor hatte er angekündigt, seine professionelle Triathlon-Karriere Ende 2023 zu beenden. In seinem letzten Profijahr plante er, bei Rennen anzutreten, die er bisher noch nicht bestritten hatte. Ein Highlight war dabei die Teilnahme beim Norseman extreme Triathlon in Norwegen, wo er Zweiter wurde.

Sebastian Kienle lebt mit seiner Ehefrau Christine Schleifer, die ebenfalls eine erfolgreiche Duathletin und Marathonläuferin ist, in Mühlacker. Das Paar hat einen Sohn, der 2021 geboren wurde. Nach seinem Karriereende im Triathlon hat Kienle die Sportkleidung jedoch nicht an den Nagel gehängt. So startete er bei mehreren Hyrox-Events. Darüber hinaus plant er an Gravel-Rennen teilzunehmen. Zudem ist er bei den Fernsehübertragungen des hr-Fernsehens regelmäßig als Experte im Einsatz.

7.1.13 JAN FRODENO

Er ist vielleicht der GOAT (greatest of all times – größter Sportler aller Zeiten) des Triathlons. Mit Sicherheit ist Jan Frodeno einer der bekanntesten Triathleten der Welt. Seine Karriere, welche im Jahr 2000 begann, weist große Siege bei allen großen Rennen und Rennserien auf. Sein Weg dorthin begann bereits in seiner Jugend als Schwimmer in Kapstadt, wo der gebürtige Kölner von 1992 bis 2004 lebte. Im Alter von 15 Jahren widmete sich Frodeno dem Schwimmsport und entdeckte 1999 das Rettungsschwimmen für sich. Die Vielseitigkeit dieser Disziplinen führte ihn schließlich zum Triathlon.

Nach ersten Erfolgen im Triathlon und Starts in der Triathlon-Bundesliga im Jahr 2003 schaffte Frodeno schnell den Sprung ins Nationalteam. 2004 wurde er Deutscher Meister und Vizeweltmeister der U23. Sein Talent und seine Entschlossenheit brachten ihm bald den Ruf eines vielversprechenden Athleten ein. Im Jahr 2007 legte Frodeno mit einem sechsten Platz bei der Weltmeisterschaft in Hamburg den Grundstein für sein nächstes großes Ziel: eine Medaille bei den Olympischen Spielen in Peking 2008. Dieses Ziel erreichte er mit Bravour, indem er am 19. August, einen Tag nach seinem 27. Geburtstag, am Ming Tombs Reservoir mit einem unwiderstehlichen Schlussspurt die Goldmedaille gewann und sich damit in die Sportgeschichtsbücher katapultierte.

Die Folgejahre waren sportlich schwere Jahre für Jan Frodeno. 2010 war alles angerichtet, um sich beim finalen Rennen der World Triathlon Series in Budapest den WM-Sieg zu holen. Doch Frodeno war ein Schatten seiner selbst und kam nur als 41 ins Ziel, was ihn in der WM-Wertung bis auf Rang vier zurückwarf. Auf dem Weg zu Olympia 2012 in London kamen dann auch noch Verletzungsprobleme hinzu. Eine Wiederholung des Olympiasiegs von Peking war unter diesen Voraussetzungen nicht möglich, umso bemerkenswerter war sein sechster Platz im Londoner Hydepark.

2013 schnupperte Frodeno dann beim Ironman 70.3 Wiesbaden in die Mitteldistanz hinein. 2014 folgte die Langdistanz-Premiere beim Ironman Frankfurt, wo ihn drei platte Reifen nicht daran hindert konnten, am Ende auf Rang drei am Römerberg einzulaufen. Als Hawaii-Rookie ging es im Herbst 2014 in Kailua-Kona dann ebenfalls auf Rang drei.

Von 2015 bis 2019 folgten fünf Jahre, in denen der 1,94 Meter große Modellathlet eine beispiellose Siegesserie über die Mittel- und Langdistanz hinlegte, die seinesgleichen sucht. Seine drei Ironman-Hawaii-Siege (2015, 2016, 2019 mit Streckenrekord) und zwei Ironman-70.3-WM-Titel (2015/2018) waren dabei die großen Glanzpunkte.

Mit seinem Sieg bei den Olympischen Spielen und drei Ironman-Hawaii-Triumphen ist Frodeno der erste Triathlet, der sowohl die Olympische Goldmedaille als auch den Ironman-Hawaii-Titel gewonnen hat. Seine Bestzeit auf der Triathlon-Langdistanz stellte er 2016 bei der Challenge Roth mit 7:35:39 Stunden auf, die er 2021 bei der inoffiziellen „Tri Battle Royale" in Immenstadt im Allgäu auf 7:27:53 Stunden verbesserte.

Nach einer Reihe von Verletzungen und Operationen beendete Frodeno seine Karriere 2023 mit einem letzten großen Rennen bei der Ironman-WM in Nizza. Frodeno, der oft liebevoll „Frodo" genannt wird, ist mit der Triathlon-Olympiasiegerin und dreifachen Triathlon-Weltmeisterin Emma Snowsill verheiratet. Das Paar lebte mit ihren zwei Kindern in Girona, Spanien, und Noosa Shire, Australien. Nun haben sie ihren Wohnsitz nach Andorra verlegt.

7.2 INTERNATIONALE TRIATHLON-LEGENDEN

Der Triathlonsport hat seit seinen Anfängen zahlreiche herausragende Athletinnen und Athleten hervorgebracht, die mit ihren Leistungen eine ganze Ära geprägt haben und für viele Hobby-Athleten zum Idol geworden sind. Dieses Kapitel widmet sich den internationalen Triathlon-Legenden, deren Namen untrennbar mit der Geschichte und Entwicklung des Sports verbunden sind. Von den frühen Pionieren wie Mark Allen und Dave Scott, die den Weg für nachfolgende Generationen ebneten, bis hin zu modernen Ikonen wie Daniela Ryf.

7.2.1 MARK ALLEN (USA)

Der Kalifornier Mark Allen ist einer der herausragendsten Triathleten in der Geschichte des Sports. Bekannt ist er u. a. als „The Grip". Dieser Name steht für seine beeindruckende mentale Stärke und Ausdauer. So hat Allen die Grenzen dessen, was im Triathlon möglich ist, immer wieder neu definiert. Seine Karriere ist geprägt von Rekorden und bahnbrechenden Siegen, die ihn zu einer Ikone des Triathlonsports gemacht haben und noch heute ziert seine Homepage die Aussage, dass er der erfolgreichste Triathlet aller Zeiten ist.

Mark Allen schloss sein Studium an der University of California, San Diego, mit einem Abschluss in Biologie ab und war dort auch ein All-American-Schwimmer. Trotz seiner Erfolge im Schwimmen wandte er sich dem Triathlon zu. Mit ausschlaggebend für den Wechsel soll auch die legendäre 1982er-Ironman-Hawaii-Ausgabe gewesen sein, in der seine spätere Frau Julie Moss krabbelnd das Ziel erreichte.

Allens Weg zur Ironman-Hawaii-Ikone war ein Weg mit langem Anlauf. Bei seinem ersten Start musste er sich immer wieder den Naturgewalten Big Islands und vor allem einem Athleten beugen. An Dave Scott kam Allen nicht vorbei, so wie 1986 und 1987, als er hinter seinem großen Gegenspieler Zweiter wurde. Erst 1989 sollte es so weit sein. Acht Stunden lang fighteten beide im sogenannten „Iron-War" gegeneinander. Auf den letzten Kilometern des Marathons konnte Allen schließlich Scott niederringen und mit 58 Sekunden Vorsprung erstmals den Ironman Hawaii gewinnen.

Der Sieg von 1989 war der Beginn der Ära Allen auf Hawaii. Er gewann den Ironman Hawaii insgesamt sechsmal, wobei sein letzter Sieg 1995 im Alter von 37 Jahren stattfand. Dies machte ihn damals zum ältesten Gewinner des Wettbewerbs. Unvergessen, wie er im Marathon über 13 Minuten Rückstand auf Thomas Hellriegel aufholte und doch noch gewann.

Noch häufiger als auf Hawaii gewann der US-Amerikaner den Triathlon Internationale de Nice. Zehnmal gewann Allen zwischen 1982 und 1993 das prestigeträchtige Rennen an der Côte d'Azur

Neben seinen Langdistanz-Erfolgen brillierte Allen auch auf der Olympischen Distanz. Bei den ersten offiziellen ITU-Weltmeisterschaften 1989 in Avignon gewann er souverän und festigte damit seinen Ruf als vielseitigster und herausragendster Athlet seiner Zeit. Die Zeitschrift Triathlete nannte ihn damals den James Bond der Triathleten, da er mit der Startnummer 007 ins Rennen gegangen war.

In diesen Zeitraum fällt auch seine Serie von 21 aufeinanderfolgenden Siegen zwischen 1988 und 1990. Während dieser Zeit besiegte er alle Top-50-Triathleten der Welt und etablierte sich als unangefochtener Champion. Seine Fähigkeit, konstant auf höchstem Niveau zu performen, spiegelt sich auch in seiner Statistik wider: Über seine gesamte Karriere hinweg erreichte er bei 90 Prozent seiner Rennen eine Platzierung unter den ersten Dreien. Ein Grund für den Erfolg war neben seinem extrem umfangreichen Training die mentale Fähigkeit, sich auch in schwierigen Situationen voll auf seine Leistung zu fokussieren. Allen arbeitete dafür mit dem Schamanen Brant Secunda zusammen und studierte die Lehre des Schamanismus.

Mark Allen wurde sechsmal von der Zeitschrift Triathlete Magazine zum Triathleten des Jahres gekürt. 1997 verlieh ihm das Magazin Outside den Titel „The World's Fittest Man". Im selben Jahr wurde er in die Ironman Triathlon Hall of Fame aufgenommen, gefolgt von Ehrungen in der USAT Hall of Fame und der ITU Hall of Fame.

Allen beschreibt seine Karriere oft mit den vier Symbolen „1-6-21-infinity". „1" steht für seinen Sieg bei den ersten offiziellen Triathlon-Weltmeisterschaften. „6" symbolisiert seine sechs Siege beim Ironman Hawaii. „21" repräsentiert seine Serie von 21 aufeinanderfolgenden Siegen. „Infinity" steht für seine Anerkennung durch den US-amerikanischen Fernsehsender ESPN als „The Greatest Endurance Athlete of All Time".

Nach seinem Rücktritt vom aktiven Wettkampfsport widmete sich Mark Allen der Trainings- und Coaching-Branche. Er gründete Mark Allen Coaching, eine globale Online-Plattform, die Triathleten auf der ganzen Welt betreut und ihnen hilft, ihre persönlichen Bestleistungen zu erreichen. Allens Wissen und Erfahrung machen ihn zu einem gefragten Trainer und Mentor im Triathlonsport.

7.2.2 DAVE SCOTT (USA)

Auch Dave Scott ist eine der größten lebenden Legenden im Triathlonsport. Als einer der Pioniere dieses Sports hat er maßgeblich zur Popularität und Entwicklung des Triathlons beigetragen. Bekannt als „The Man" aufgrund seiner außergewöhnlichen Leistungen und seines unerschütterlichen Siegeswillens, hat Scott eine beeindruckende Karriere hinter sich und gilt als einer der größten Triathleten aller Zeiten (neben Allen, Frodeno und Blummenfelt). Sein Weg zum Triathlon begann in den 1970er-Jahren, als dieser Sport noch in den Kinderschuhen steckte. Zuvor war er ein erfolgreicher Schwimmer und Wasserballspieler an der University of California Davis, wo er auch einen Abschluss in Sportwissenschaften erwarb. Inspiriert von der Herausforderung des Triathlons nahm Scott 1980 an seinem ersten Ironman Hawaii und dem Dritten überhaupt teil und belegte auf Anhieb den ersten Platz. Auch zwei Jahre später gewann er das Rennen und setzte damit den Grundstein für seine legendäre Karriere.

Scott gewann den Ironman Hawaii insgesamt sechsmal (1980, 1982, 1983, 1984, 1986 und 1987) und stellte dabei mehrere Streckenrekorde auf. Besonders bemerkenswert ist sein Sieg im Jahr 1984, bei dem er als erster Athlet überhaupt die 8-Stunden-Marke (8:54:20) erreichte und damit einen neuen Maßstab setzte. Scotts Fähigkeit, sowohl im Schwimmen und Radfahren als auch im Laufen herausragende Leistungen zu erbringen, machte ihn zu einem nahezu unbesiegbaren Gegner zu dieser Zeit.

Eines der denkwürdigsten Ereignisse in Scotts Karriere war das Rennen von 1989, das als „Iron War" in die Geschichte einging. In einem epischen Duell mit seinem Rivalen Mark Allen kämpfte Scott bis zur Ziellinie und belegte schließlich den zweiten Platz. Dieses Rennen gilt bis heute als eines der spannendsten und intensivsten Duelle in der Geschichte des Triathlons.

Neben seinen sportlichen Erfolgen war Scott auch als Trainer und Mentor tätig. Nach seinem Rücktritt vom aktiven Wettkampfsport widmete er sich der Ausbildung und Betreuung junger Triathleten und half ihnen, ihr volles Potenzial zu entfalten. Zu seinen Schützlingen zählen zahlreiche erfolgreiche Athleten, die von seinem reichen Erfahrungsschatz und seiner Expertise profitierten.

Scott kehrte auch nach seinem verletzungsbedingten Rücktritt noch zweimal an die Weltspitze zurück. So nahm er im Alter von 40 Jahren erneut am Ironman Hawaii teil und belegte einen sensationellen zweiten Platz. Sein erneutes Comeback im Jahr 1996, als er nochmals als Fünfter im Ziel am Alii Drive ankam, war ein weiterer Beweis für seine beispiellose Hingabe und Leidenschaft für den Sport. Sein letzter Auftritt auf Hawaii im Jahr

2001 hingegen war nicht so erfolgreich. Aufgrund von Rückenbeschwerden nach dem Radfahren musste er das Rennen vorzeitig aufgeben.

Für seine Verdienste um den Triathlonsport wurde Dave Scott mit zahlreichen Auszeichnungen geehrt. Er wurde in die Ironman Hall of Fame und die USAT Hall of Fame aufgenommen. Er lebt heute in Boulder, Colorado, wo er weiterhin als Coach und Berater tätig ist. Sein Einfluss auf den Triathlonsport ist unermesslich und seine Leistungen und sein Engagement haben weltweit Generationen von Athleten inspiriert. Als einer der Pioniere des Triathlons und einer der größten Athleten aller Zeiten bleibt Scott ein Vorbild für die gesamte Triathlon-Community.

7.2.3 PAULA NEWBY-FRASER (USA)

Paula Newby-Fraser wurde am 2. Juni 1962 in Südrhodesien (heute Simbabwe) geboren. Sie ist eine der herausragendsten Langdistanz-Triathletinnen der Geschichte. Ihre beeindruckende Karriere und ihre zahlreichen Erfolge haben ihr den Titel „Queen of Kona" eingebracht.

Newby-Fraser wuchs in Südafrika auf, wohin ihre Familie zog, als sie vier Jahre alt war. Schon in jungen Jahren zeigte sie ihr sportliches Talent im Schwimmsport. Im März 1986, im Alter von 23 Jahren, entschied sie sich, nach San Diego in Kalifornien zu ziehen, um sich vollständig auf den Triathlonsport zu konzentrieren. Bereits 1993 nahm sie die US-amerikanische Staatsbürgerschaft an.

1986 trat Paula zum ersten Mal beim legendären Ironman Hawaii an und gewann diesen auf Anhieb. Dabei profitierte sie von der Disqualifikation der Erstplatzierten Patricia Puntous wegen Draftings. Dieser Sieg war der Beginn einer beeindruckenden Serie von Erfolgen bei diesem Wettkampf: Insgesamt konnte Newby-Fraser den Ironman Hawaii achtmal gewinnen (1986, 1988, 1989, 1991, 1992, 1993, 1994 und 1996), was bis heute unerreicht ist. Deshalb wird sie auch als „Queen of Kona" bezeichnet.

Neben ihren Erfolgen auf Hawaii dominierte sie auch den Triathlon Longue Distance de Nice, den sie viermal in Folge von 1989 bis 1992 gewann. 1994 stellte Paula beim Ironman Europe in Roth eine Weltbestzeit über die Ironman-Distanz auf. Mit einer Zeit von 8:50:53 Stunden hielt sie diesen Rekord über 14 Jahre lang. Insgesamt gewann sie 24 Ironman-Rennen, eine beeindruckende Zahl, da es in den 1980er- und 1990er-Jahren noch deutlich weniger Ironman-Wettbewerbe gab.

Ihre Erfolge wurden nicht nur durch ihre physischen Fähigkeiten bestimmt, sondern auch durch ihre Innovationsfreude. So verwendete sie spezielle Radschuhe, die die Belastung auf die Oberschenkel verlagerten, um ihre Wadenmuskulatur für den Laufteil des Wettkampfs zu schonen. 1996 wurde Paula Newby-Fraser von der World Triathlon Corporation (WTC) in deren Hall of Fame aufgenommen, eine von vielen Ehrungen, die sie im Laufe ihrer Karriere erhielt. Im Oktober 2005 heiratete sie Paul Huddle, einen ehemaligen US-Profi-Triathleten und ihren Trainer.

7.2.4 LUC VAN LIERDE (BEL)

Luc Van Lierde ist ein ehemaliger belgischer Triathlet. Er ist vor allem bekannt für seine außergewöhnlichen Leistungen auf der Langdistanz. So prägte er die Triathlonwelt in den 1990er-Jahren und darüber hinaus.

Seine Karriere begann Van Lierde 1990, als er bei seinen ersten internationalen Triathlon-Wettbewerben antrat. Bereits Mitte der 1990er-Jahre gehörte er zu den dominierenden Athleten auf der Olympischen Distanz. Im Oktober 1995 machte er erstmals international auf sich aufmerksam, als er beim Triathlon International de Nice Vizeweltmeister auf der Langdistanz wurde.

Ein Jahr später, 1996, trat Van Lierde als amtierender Europameister und Vizeweltmeister auf der Olympischen Distanz mit einer Wildcard beim Ironman Hawaii an. Bei seinem Debüt auf der Ironman-Distanz gelang ihm etwas Außergewöhnliches: Er wurde der erste europäische Sieger dieses prestigeträchtigen Rennens. Während des Wettbewerbs konnte er als einziger Athlet auf dem Rad mit Thomas Hellriegel mithalten, der damals einen Radstreckenrekord aufstellte. Trotz einer dreiminütigen Zeitstrafe in der Wechselzone gelang es Van Lierde, Hellriegel auf den letzten Kilometern des Marathons zu überholen und als Rookie am Alii Drive zu triumphieren. Dabei unterbot er den bisherigen Streckenrekord um mehr als drei Minuten, eine Bestzeit, die erst 2011 von Craig Alexander übertroffen wurde.

Die Jahre 1998 und 1999 waren weitere Höhepunkte in Van Lierdes Karriere, als er zweimal in Folge ITU-Weltmeister auf der Langdistanz wurde. 1997 stellte er zudem beim Ironman Europe in Roth eine Weltbestzeit auf der Ironman-Distanz auf. Mit einer Gesamtzeit von 7:50:27 Stunden, bestehend aus 44:51 Minuten Schwimmen, 4:28:47 Stunden Radfahren und 2:36:49 Stunden Laufen, hielt er diesen Rekord 14 Jahre lang. Diese Zeit wurde erst 2011 von Marino Vanhoenacker in Klagenfurt und kurz darauf von Andreas Raelert in Roth unterboten. 1999 siegte Luc Van Lierde nochmals auf Hawaii.

Ungeklärte Fragen gab es rund um den Ironman Hawaii im Jahr 2000, als der Belgier schon zur Titelverteidigung nach Big Island gereist war, dann aber schnell wieder die Insel verließ. Der Grund für den Rückzieher sollen angekündigte verschärfte Dopingkontrollen des Veranstalters gewesen sein.

Nach einer erfolgreichen Karriere beendete Luc Van Lierde 2009 seine aktive Laufbahn als Triathlet und widmete sich dem Coaching. Seit 2010 ist er als Trainer tätig und arbeitete u. a. mit Athleten wie Michelle Vesterby, Alexandra Tondeur und Marino Vanhoenacker zusammen. Besonders erfolgreich war seine Zusammenarbeit mit dem belgischen Triathleten Frederik Van Lierde, der 2013 den Ironman Hawaii gewinnen konnte, mit dem er jedoch nicht verwandt ist.

7.2.5 NATASCHA BADMANN (SUI)

Natascha Badmann begann ihre sportliche Karriere vergleichsweise spät. In ihren Zwanzigern war sie eine berufstätige Mutter, die mit Übergewicht und einer Rauchergewohnheit kämpfte. Sie begann erst zu joggen, um Gewicht zu verlieren, und hatte keine Erfahrung im Schwimmen, Radfahren oder Laufen. Alles änderte sich, als sie Toni Hasler, ihren späteren Ehemann und Trainer, kennenlernte. Er erkannte ihr Potenzial und bereitete sie darauf vor, eine der erfolgreichsten Langdistanz-Triathletinnen der Geschichte zu werden.

1996 trat Badmann zum ersten Mal bei den Ironman-Weltmeisterschaften in Kona auf Hawaii an. Obwohl sie als Außenseiterin galt, beeindruckte sie die Zuschauer mit ihrer Energie und ihrem Lächeln. Trotz ihres zweiten Platzes hinter der „Königin von Kona", Paula Newby-Fraser, war dieser Auftritt der Beginn einer glanzvollen Karriere. Einen Dämpfer gab es 1997, als sie in Kona entkräftet aufgeben musste. Bereits im folgenden Jahr kehrte sie nach Kona zurück und gewann ihren ersten Weltmeistertitel mit einer Zeit von 9:24:16. Sie war damit die erste Europäerin, die als Siegerin am Alii Drive einlief.

Natascha Badmann sollte noch viele Male nach Kona zurückkehren und das Rennen noch fünf weitere Male gewinnen (2000, 2001, 2002, 2004 und 2005). Besonders beeindruckend war ihr Sieg im Jahr 2005, als sie trotz eines zehnminütigen Rückstands auf die Australierin Michellie Jones gewann. Ihre Fähigkeit, nach einem Rückschlag zurückzukommen, zeigte sich auch in ihrer Leistung, nachdem sie eine Zeitstrafe wegen Windschattenfahrens erhalten hatte.

Auch Natascha Badmann erlebte in ihrer Karriere Rückschläge. 2006 litt sie bei den Weltmeisterschaften unter Magenproblemen und landete auf dem zehnten Platz. Ein Jahr später erlitt sie einen schweren Sturz beim Radfahren, der zu einem gebrochenen Schlüsselbein und mehreren Operationen führte. Trotzdem kehrte sie 2012 beeindruckend zurück und fuhr im Alter von 45 Jahren die schnellste Radzeit aller Frauen.

Badmann blieb auch in den letzten Jahren ihrer Karriere eine beeindruckende Athletin. 2014 gewann sie im Alter von 48 Jahren den Ironman South Africa und belegte beim Ironman Switzerland den zweiten Platz. Lediglich ihre Landsfrau und Nachfolgerin Daniela Ryf konnte sie dabei schlagen. 2016 trat sie zum letzten Mal in Kona an und kündigte ihren Rückzug aus dem Profisport an. Dennoch blieb sie dem Sport treu und genießt weiterhin die Teilnahme an Wettkämpfen.

7.2.6 CHRIS MCCORMACK (AUS)

Der Aussie Chris „Macca" McCormack gilt als einer der vielseitigsten und erfolgreichsten Triathleten aller Zeiten. Mit Weltmeistertiteln über jede Triathlon-Distanz untermauert er seinen Ruf als vollendeter Multisportler und prägte eine neue Ära im Triathlon, die sich durch perfekte Beherrschung des Schwimmens, Radfahrens und Laufens auszeichnet.

McCormack begann seine sportliche Laufbahn in der Schule, wo er zahlreiche australische Leichtathletik- und Crosslauf-Titel gewann. Nach dem Gewinn von zwei australischen Juniorenmeistertiteln im Triathlon und einem abgeschlossenen Studium der Wirtschaftswissenschaften mit Schwerpunkt Rechnungswesen und Marketing, tauschte er eine kurze Karriere im Bankwesen gegen das Leben als Profisportler ein. Im Jahr 1996 zog er nach Europa, um seinen Traum zu verfolgen. Dort angekommen, gewann er sowohl den WM-Titel auf der Olympischen Distanz und den ITU-Gesamtweltcup – als erster männlicher Triathlet überhaupt.

Seine herausragende Karriere im Triathlon auf der Langdistanz begann mit einem Sieg beim Ironman Australia im Jahr 2002, den er insgesamt fünfmal gewinnen konnte. McCormack ist bekannt für seine vier Ironman-Zieleinläufe unter acht Stunden – eine Leistung, die er als erster Nicht-Europäer und auf verschiedenen Strecken erreichte. Seine zwei Siege bei der Ironman-Weltmeisterschaft in Kona zählen zu den Höhepunkten seiner sportlichen Laufbahn. Am meisten in Erinnerung bleibt der knappe Sieg vor Andreas Raelert im Jahr 2010.

Danach verfolgte McCormack das Ziel, nochmals auf die Olympische Distanz zurückzukehren und sich für die Olympischen Spiele in London zu qualifizieren. „Macca" musste allerdings einsehen, dass er mit seinen 39 Jahren nicht mehr mit den jungen Athleten mithalten konnte.

Neben seinen sportlichen Erfolgen zeichnete sich McCormack auch durch sein geschäftliches Geschick aus. Er gründete Macca Incorporated (MINC), ein Unternehmen, das er selbst als CEO leitete und das heute ein Imperium im Bereich des Athletenmanagements darstellt. McCormack war nicht nur im sportlichen Bereich erfolgreich, sondern auch ein Meister des Marketings und der Verhandlungen, was ihm lukrative Verträge und eine einflussreiche Position in der Welt des Sports sicherte.

7.2.7 CRAIG ALEXANDER (AUS)

Craig „Crowie" Alexander ist eine weitere Legende des Triathlons, dessen beeindruckende Karriere von unglaublicher Vielseitigkeit und Beständigkeit geprägt ist. Seine sportliche Reise begann in seiner Jugend, als er eine Vielzahl von Sportarten ausübte. Darunter finden sich Sportarten wie Fußball, Kricket, Wasserball, Golf und Tennis. Fußball war immer seine große Leidenschaft.

Obwohl Alexander erst im Alter von 20 Jahren seinen ersten Triathlon bestritt, inspirierte ihn der Sieg von Greg Welch bei den Ironman-Weltmeisterschaften in Hawaii 1994 dazu, den Sport ernsthafter zu betreiben. Sein professionelles Debüt gab er 1995 beim ITU World Cup in Sydney, wo er den achten Platz belegte.

Alexander, der 1997 an der Universität Sydney einen Bachelor-Abschluss in Physiotherapie erwarb, konzentrierte sich zunächst auf Olympische Distanzen und Half-Ironman-Rennen, insbesondere in Europa und Asien/Ozeanien. Ein entscheidender Wendepunkt in seiner Karriere war das Jahr 2002, als er nach einer schweren Krankheit die Qualifikation für die Commonwealth Games verpasste. Daraufhin verlagerte er seinen Fokus auf den lukrativen US-Rennzirkus, wo er für das nächste Jahrzehnt eine dominante Kraft sein sollte.

Er gewann zahlreiche prestigeträchtige Rennen über die Olympische Distanz in den USA, darunter mehrmals die Rennen in Chicago, Los Angeles und Boston. 2004 sicherte er sich die „Triple Crown" mit Siegen in Chicago, Los Angeles und den US Pro Championships. 2005 gewann er den Lifetime Fitness „Battle of the Sexes" Triathlon in Minnesota, der damals das höchste Preisgeld in der Geschichte dieses Sports bot.

Nach einer langen, ungeschlagenen Serie auf der Half-Ironman-Distanz gewann „Crowie" 2006 seine erste Ironman-70.3-Weltmeisterschaft. Dieser Sieg qualifizierte ihn für die Ironman-Weltmeisterschaften auf Hawaii, wo er 2007 bei seinem Debüt sofort den zweiten Platz belegte. In den Jahren 2008 und 2009 gewann er die Ironman-Weltmeisterschaften und verteidigte seinen Titel, was zuvor nur den US-Amerikanern Dave Scott, Mark Allen und Tim DeBoom gelang.

2011 gelang ihm ein historischer Doppelsieg: Er gewann erneut die Ironman-70.3-Weltmeisterschaften und zum dritten Mal den Ironman Hawaii, wobei er in 8:03:56 Stunden den 15 Jahre alten Streckenrekord brach. Mit diesem Sieg wurde er der älteste Athlet, der jemals die Ironman-Weltmeisterschaft gewonnen hat.

2014 zog sich Alexander aus dem Ironman-Rennsport zurück und gründete seine eigene Marke, Sansego, zusammen mit einer Gruppe von Spitzentrainern im Ausdauerbereich. Sie bieten Coaching, Beratung und Trainingslager an.

7.2.8 CHRISSIE WELLINGTON (GBR)

Chrissie Wellington gilt als eine der größten Langstrecken-Triathletinnen aller Zeiten trotz ihrer vergleichsweise kurzen Karriere. Die Britin startete ihre professionelle Triathlonkarriere in einem relativ hohen Alter. Mit 29 Jahren gewann sie ihre Altersklasse bei den ITU-Weltmeisterschaften 2006. Nach dem Sieg gab sie ihre Stelle im Staatsdienst auf, um sich voll und ganz dem Triathlon zu widmen. Diese Entscheidung sollte sich als richtig erweisen. Innerhalb von fünf Jahren holte sie viermal den Sieg beim Ironman Hawaii in Kona und gewann jeden Ironman-Wettbewerb, an dem sie teilnahm (insgesamt zehn Siege). Dazu kommen drei Siege bei der Challenge Roth. Das bedeutet, dass Wellington in ihrer Profikarriere niemals in einer Langdistanz von einer Konkurrentin geschlagen wurde.

Ihr außerordentliches Talent und ihre Dominanz im Sport zeigten sich besonders in ihren rekordbrechenden Leistungen. Wellington stellte mehrere Weltbestzeiten auf und brach einige Kursrekorde. Ihr vielleicht beeindruckendster Sieg war der Kona-Weltmeisterschaftstitel 2011. Diesen konnte sie trotz schwerer Verletzungen erringen, die sie sich kurz vor dem Rennen bei einem Fahrradunfall zugezogen hatte. Ihre Leistungen wurden immer wieder ungläubig beäugt, da sie des Öfteren bei ihren Siegen auch Profimänner hinter sich ließ. So wie 2011 in Roth, wo sie in 8:18:13 Stunden eine neue Weltbestzeit aufgestellt und im Männerfeld damit auf Rang fünf gelandet wäre. Nur der Männersieger Andreas Raelert lief an diesem Tag einen schnelleren Marathon als Wellington.

Nach ihrer aktiven Karriere zog sich Wellington 2012 aus dem Wettkampfsport zurück und widmete sich anderen Bereichen. Sie schrieb ein Bestseller-Buch und war als Kommentatorin für die Olympischen Spiele in London für die BBC tätig. Ihre Erfahrungen und Erkenntnisse aus dem Sport teilt sie weiterhin als inspirierende Rednerin und durch ihr Engagement für wohltätige Zwecke.

Für ihre herausragenden Leistungen im Triathlonsport und ihr Engagement außerhalb der Wettkampfstätten wurde Wellington 2010 mit dem Titel Member of the British Empire ausgezeichnet, das 2016 zu einem Officer aufgewertet wurde.

7.2.9 DANIELA RYF (SUI)

Daniela Ryf folgt der Tradition erfolgreicher Schweizer Triathletinnen. Sie ist Stand heute eine der erfolgreichsten Langstrecken-Triathletinnen aller Zeiten. Mit fünf Weltmeistertiteln im Ironman und ebenso vielen auf der Ironman-70.3-Distanz hat sie mehr Titel gesammelt als die frühere Rekordhalterin Chrissie Wellington. Ryf wird oft als „Angry Bird" bezeichnet, weil ihre fokussierte Miene während des Rennens an die Comicvögel aus dem gleichnamigen Videospiel erinnert. Sie dominierte den Triathlon jenseits der Olympischen Distanz von 2014 bis 2019. Ihre Dominanz in diesen Jahren war so ausgeprägt, dass sie 2015, 2017 und 2018 sowohl das Double aus Ironman-Hawaii- und Ironman-70.3-WM-Sieg schaffte.

Nach einigen auch verletzungsbedingt schwierigen Jahren meldete sich Ryf im Jahr 2022 mit einem beeindruckenden Sieg bei der aufgrund von Covid-19 verschobenen Ironman-Weltmeisterschaft in St. George zurück und bewies erneut ihre außergewöhnliche Form. 2023 erwischte sie bei der Challenge Roth einen absoluten Sahnetag, als sie in einer bis dahin eher durchwachsenen Saison in 8:08:21 Stunden die zwölf Jahre alte Weltbestzeit von Wellington regelrecht pulverisierte. Bei ihrem Sieg in Rekordzeit war einmal mehr das Radfahren, wie bei all ihren großen Siegen, der Schlüssel zum Erfolg.

Ihre Karriere umfasst mehr als 30 Siege bei Mittel- und Langdistanzrennen. Diese Leistungen brachten ihr auch Anerkennung außerhalb der Triathlonwelt ein. So wurde sie 2015 und 2018 zur Schweizer Sportlerin des Jahres gekürt und war 2018 für den Laureus World Sportswoman of the Year Award nominiert. Ryf nutzt ihren Erfolg auch, um anderen zu helfen, indem sie sich als Patin des Triathlon- und Duathlon-Regionalentwicklungszentrums Solothurn engagiert. Dort gibt sie ihr Wissen an zukünftige Athleten weiter. Abseits des Triathlons interessiert sie sich für Ernährung und studierte „Food Sciences & Management".

Abseits des Wettkampfs reflektierte Ryf in einem Interview 2021 über die Unterbrechung ihrer Rennkarriere und ihre persönlichen Prioritäten während der COVID-Pandemie. Sie betonte die Bedeutung des persönlichen Glücks und des offenen Umgangs mit ihrer Beziehung zu einer Frau, nachdem sie zuvor Beziehungen zu Männern hatte. Ryf möchte mit ihrer Offenheit ein Beispiel setzen und für ein Leben plädieren, das Toleranz und Ehrlichkeit hochhält. Zum Beginn der Saison 2024 hatte die 36-Jährige angekündigt, ihre Profikarriere zum Saisonende zu beenden. Hartnäckige Verletzungsprobleme führten allerdings dazu, dass Ryf bereits im August 2024 den sofortigen Rücktritt verkündete.

7.3 AKTUELLE DEUTSCHE WELTKLASSE-TRIATHLETEN AUF DER MITTEL- UND LANGDISTANZ

In der Auflistung sind die deutschen Athletinnen und Athleten aufgeführt, die zum Stichtag 1. Juni 2024 in den Top 30 des PTO World Rankings platziert waren bzw. sich für die Ironman-WM 2024 in Nizza und Kona qualifiziert haben.

7.3.1 PATRICK LANGE

Triathlon-Leidenschaft am Limit: Mit diesem Motto pushte sich Patrick Lange bis zum Ironman-Hawaii-Sieg. Auf den längeren Triathlon-Distanzen erfolgreich zu sein, bedeutet immer wieder an die Grenzen zu gehen. Als 12-Jähriger lief er häufiger in der Marathontrainingsgruppe seines Vaters mit, was ihn zum Ausdauersport brachte. Mit 14 Jahren wechselte er aber auf das Mountainbike. Lange war er als Jugendlicher Deutscher MTB-Meister, musste jedoch nach einem schweren Sturz eine Auszeit einlegen. Er fand durch Zufall den Weg zum Triathlon, als sein erster Trainer Martin Zülch sein Potenzial erkannte.

Patrick Lange wurde langsam aufgebaut. 2009 wurde er Militär-Weltmeister und sammelte erste Erfolge im Duathlon. Bei nationalen Triathlon-Wettkämpfen machte er auf sich aufmerksam. 2012 startete er beim Ironman 70.3 Wiesbaden erstmals auf der Mitteldistanz und wurde Siebter. Ein Jahr später stand er in Luxemburg als Zweiter auf dem Podium. Für die Saison 2016 bereitete er sich unter den Fittichen von Faris Al-Sultan auf sein Langdistanz-Debüt vor. Dieses fand in den Woodlands beim Ironman Texas statt. Lange gewann das beim Radfahren aufgrund von Baustellen etwas verkürzte Rennen auf Anhieb und stellte in 2:40:01 Stunden einen neuen Laufrekord auf.

Damit erfüllte er sich den Traum vom Start beim Ironman Hawaii. Bei seinem ersten Hawaii-Start 2016 legte Lange nach. Er rannte die Marathonstrecke in 2:39:45 Stunden, was ein neuer Laufstreckenrekord war, und katapultierte sich damit als Dritter sogar aufs Podium hinter Jan Frodeno und Sebastian Kienle. 2017 startete er in Kona auf der Laufstrecke erneut eine sensationelle Aufholjagd, gewann als sechster Deutscher in der Geschichte des Ironman Hawaii mit einer neuen Streckenbestzeit von 8:01:40 Stunden.

2018 verteidigte Lange seinen Titel in Kona und blieb damit als erster Athlet in der Geschichte des Ironman Hawaii unter der magischen 8-Stunden-Marke. 2019 musste er als Titelverteidiger auf der Radstrecke aufgeben. Nach dem Coronajahr 2020 kehrte Lange 2021 äußerst stark zurück und gewann sowohl den Ironman Tulsa als auch die Challenge Roth. 2022 laborierte Lange nach einem Radsturz an einer komplizierten Schulterverletzung und konnte erst spät in die Saison starten. Beim Ironman Hawaii bremste ihn eine Drafting-Penalty aus. Das Rennen konnte er so nur auf Rang zehn beenden. Kurz danach gewann er den Ironman Israel und lief als erster Athlet in der Triathlon-Langdistanz-Geschichte einen Marathon in 2:30 Stunden. Gleiches gelang ihm 2023 bei der Challenge Roth. Bei der Ironman-WM-Premiere in Nizza zeigte Lange erneut eine herausragende Laufleistung und lief trotz großem Rückstand nach dem Radfahren noch bis auf Rang zwei nach vorne.

7.3.2 ANNE HAUG

Die Zeiten, in denen Anne Haug Bayerische Meisterin im Badminton war, sind vorbei. Heute gehört die Bayreutherin zur Weltspitze im Triathlon. Der Weg dorthin wurde von ihrem heutigen Trainer geebnet. So hat Dan Lorang sie während ihres Studiums an der TU München gefragt, ob sie nicht nach einem Trainingsplan von ihm trainieren möchte. Nach zwei Deutschen Meistertiteln im Duathlon fand Anne Haug allmählich im Triathlon Fuß. 2011 holte sie beim Europa-Cup in Quarteira ihren ersten internationalen Sieg, danach folgten weitere Erfolge.

2012 war ein herausragendes bzw. das beste Jahr für Haug auf der Kurzdistanz. Sie beendete die ITU World Triathlon Series auf Rang zwei. Bei den Olympischen Spielen in London wurde sie jedoch nur Elfte, da ein schwaches Schwimmen und fehlende Teamtaktik der DTU-Athletinnen ein besseres Ergebnis verhinderten. 2013 kämpfte Haug erneut um den Titel in der ITU World Triathlon Series, doch im Finalrennen in London lief es im Schwimmen wieder schlecht. Am Ende musste sie sich mit Rang drei im Jahresendklassement begnügen. Verletzungen verhinderten in den folgenden Jahren weitere Topleistungen. 2016 platzte dann der Knoten rechtzeitig vor den Olympischen Spielen in Rio, doch auch an der Copacabana verlor sie beim Schwimmen früh ihre Chancen auf eine vordere Platzierung.

2017 kehrte Anne Haug mit einem Knall zurück. Beim Ironman 70.3 Lanzarote feierte sie einen Sieg und beendete das Jahr mit Rang zwei beim Ironman 70.3 Bahrain. 2018 folgte beim Ironman Frankfurt ihre erste Langdistanz. Trotz eines Reifendefekts qualifizierte sie sich für Kona. Bei ihrer Ironman-Hawaii-Premiere erreichte sie als Dritte sofort das Podium. Mit dem Erfolg war der erfolgreiche Umstieg auf die lange Distanz endgültig vollzogen. 2019 folgte dann mit dem Sieg auf Hawaii die Krönung zur Queen of Kona. Anne Haug wurde zur ersten deutschen Ironman-Hawaii-Siegerin.

Nach dem nahezu komplett ausgefallenen Coronajahr 2020 stand 2021 der erste Start bei der Challenge Roth auf dem Programm. Die amtierende Ironman-Weltmeisterin gewann auch hier. 2022 wiederholte Haug ihren Erfolg in Roth und wurde in Hawaii Dritte hinter Chelsea Sodaro. 2023 begann für Anne Haug mit einer Siegesserie, die erst bei der Challenge Roth durch Daniela Ryf beendet wurde. Beim Ironman Hawaii 2023 wurde die mittlerweile 40-Jährige Zweite und stellte mit 2:48:23 Stunden einen neuen Laufstreckenrekord auf.

Auch in der Saison 2024 macht die nimmermüde Bayreutherin trotz anfänglicher gesundheitlicher Probleme dort weiter, wo sie aufgehört hat. Im Mai konnte sie den Ironman Lanzarote mit neuem Streckenrekord gewinnen. Anschließend entschied sie sich kurzfristig, doch noch an der Challenge Roth teilzunehmen. Eine Entscheidung, die in die Triathlon-Geschichtsbücher eingehen sollte. Sie triumphierte mit einer neuen Streckenrekordzeit von 8:02:38 Stunden und unterbot die im Vorjahr an gleicher Stelle von Daniela Ryf aufgestellte Weltbestzeit um fast sechs Minuten. Zudem lief sie den abschließenden Marathon in 2:38:52 Stunden und unterbot die 2:40er-Schallmauer, was bisher noch keiner Frau vor ihr im Rahmen eines Langdistanz-Triathlons gelang.

7.3.3 LAURA PHILIPP

Alles begann mit einem Paar Laufschuhe und einem Hund – so könnte man den Beginn von Laura Philipps Karriere beschreiben. Die Physiotherapeutin aus Schwäbisch Gmünd kam durch das Laufen mit ihrem Hund zum Ausdauersport. Zuvor hielt sie sich vor allem beim Klettern fit. Auch dort zeigte sie ihr Bewegungstalent mit einer 9+ als höchste erklommene Schwierigkeit. Irgendwann stellte sich ihr die Frage, warum sie mit Bus und Bahn zur Schule fahren sollte, wenn sie die 30 Kilometer auch mit dem Fahrrad zurücklegen konnte. Von dort war es nur ein kleiner Schritt zum ersten Triathlon, den sie trotz eines Radsturzes gleich gewann. Daraufhin entschied sie sich, auch mit dem Schwimmen anzufangen.

Obwohl sie anfänglich Schwierigkeiten im Schwimmen hatte, arbeitete sie sich schnell in die regionale Spitze von Baden-Württemberg und bald auch in die deutsche Spitze vor. Ihren ersten großen Profisieg über die Mitteldistanz feierte sie 2015 bei der Challenge Heilbronn. Ihr Markenzeichen war damals der blaue Trisuit des Teams Erdinger Alkoholfrei. In diesem entwickelte sie sich aus dem Nachwuchsteam hin in das Profiteam.

In den Saisons 2016, 2017 und 2018 war Philipp eine der dominierenden Athletinnen auf der Ironman-70.3-Distanz. 2017 konnte sie vier Siege verzeichnen und erreichte den dritten Platz bei der Ironman-70.3-WM in Chattanooga (USA). 2018 folgten fünf Ironman-70.3-Siege und eine beeindruckende Langdistanz-Premiere beim Ironman Barcelona, den sie in 8:34:57 Stunden gewann; damit stellte sie einen neuen Ironman-Rookie-Rekord für Frauen auf.

2019 begann die Saison für Laura vielversprechend, doch eine langwierige Verletzung warf sie zurück. Erst im letzten Moment erhielt sie die Freigabe für die Teilnahme am Ironman Hawaii. Dort wurde sie als Kona-Rookie mit einem sensationellen vierten Platz am Alii Drive belohnt.

In der Coronasaison 2020 wagte Laura einen Abstecher in den Cross-Triathlon und gewann nach dem Wechsel zum „hep sports"-Team den Xterra Czech. Bei der PTO Championship in Daytona Beach setzte sie als Dritte ein weiteres Ausrufezeichen.

Mit ihrem Markenzeichen „Kick Ass" mischte sie auch 2021 ganz vorne mit. Zwei Ironman-Siege in Finnland bei der EM und in Klagenfurt zeigten, dass Laura Philipp zur absoluten Weltelite auf der Langdistanz zählt. 2022 startete sie furios: Beim Ironman 70.3 Dubai entthronte sie Daniela Ryf und stellte bei ihrem Sieg in 3:53:03 Stunden eine neue Weltbestzeit auf. Beim Heim-Ironman in Hamburg lief Philipp zum Ironman-Europameistertitel in 8:18:20 Stunden – nur sieben Sekunden von der Weltbestzeit von Chrissie Wellington entfernt, die sie bei einem Toilettenstopp liegen ließ.

In Kona hatte die Heidelbergerin das Podium im Visier, doch eine fragwürdige 5-Minuten-Penalty raubte ihr früh die Chancen. Trotz allem konnte sie ihren vierten Platz aus dem Jahr 2019 wiederholen. Das Jahr 2024 startete für sie mit einem Sieg beim Heim-70.3-Ironman im Kraichgau mitsamt Streckenrekord sehr gut, sodass noch einiges im Verlauf der Saison von ihr zu erwarten ist.

7.3.4 ANNE REISCHMANN

Anne Reischmann wuchs in einer sportbegeisterten Familie in Ravensburg auf und zeichnete sich früh als talentierte Läuferin aus. Ihre Laufkarriere führte sie bis zu einem Stipendium an der University of Iowa, wo sie auf internationaler Ebene bei den Crosslauf-Europameisterschaften für Deutschland antrat. Im Jahr 2013 wurde sie Zweite bei den deutschen U23-Meisterschaften über 5000 Meter. Doch eine Knieverletzung Anfang 2016 brachte ihre Pläne durcheinander und zwang sie, sich neu zu orientieren.

Um ihre Fitness zu erhalten, während sie sich von ihrer Verletzung erholte, begann sie, viel zu schwimmen und Rad zu fahren. Dies weckte ihr Interesse am Triathlon. Nach nur wenigen Monaten Vorbereitung nahm sie an ihrem ersten Triathlon teil und gewann den Ravensburger Triathlon – ein Erfolg, der ihr klarmachte, dass sie im Triathlon eine neue sportliche Heimat gefunden hatte.

Nach Abschluss ihres Studiums in Latein und Sport an der Universität Konstanz im Jahr 2018 entschied sie sich, ihre Leidenschaft zum Beruf zu machen und sich als Profi-Triathletin zu versuchen. Diese Entscheidung erwies sich als goldrichtig. Seit 2019 war sie im Hep Sports Team aktiv und wird vom Schweizer Coach Reto Brändli trainiert.

Reischmann etablierte sich schnell auf der Ironman-70.3-Distanz. Im Jahr 2019 erreichte sie bemerkenswerte Platzierungen: Sie wurde Zweite in Les Sables d'Olonne und Vierte in Weymouth, Rapperswil und Pays d'Aix. Bei den Ironman-70.3-Weltmeisterschaften in Nizza belegte sie den 20. Platz. 2021 gewann sie ihr erstes Ironman-70.3-Rennen in Les Sables-d'Olonne. Im selben Jahr wurde sie Zehnte bei den Ironman 70.3 World Championships in St. George. 2022 setzte sie ihre Erfolgsserie fort und erreichte den dritten Platz beim Ironman 70.3 Pays d'Aix in Frankreich. Ihr erster Start auf der Langdistanz im Ironman Mexico 2022 brachte ihr den vierten Platz ein.

Im Herbst 2023 folgte beim Ironman Cascais in Portugal der zweite Langdistanz-Start. Mit Rang zwei qualifizierte sich Anne Reischmann für die Ironman-WM 2024 auf Hawaii.

Ihre Leidenschaften abseits des Triathlons umfassen Beach-Volleyball, Kraftausdauerintervalle am Berg und ausgedehnte Radfahrten. Sie liebt die Berge, die ihr eine Quelle der Ruhe und Energie sind, und ist begeisterte Geschichtenerzählerin über die Römer. Anne Reischmann ist auch bekannt für ihre Akribie in der Vorbereitung: Auf jeder Reise hat sie eine Wärmflasche im Gepäck und ihre Räder tragen liebevoll vergebene Namen wie „le Bleu" und „Cicero".

7.3.5 SVENJA THOES

Die vierfache Ironman-Siegerin Svenja Thoes ist eine der besten Triathletinnen, wenn der Kurs anspruchsvoller ist. Ihr Weg zur Weltklasseathletin begann jedoch eher ungewöhnlich, denn der Zufall spielte eine große Rolle. Sie entdeckte ihre Leidenschaft für den Triathlonsport erst vergleichsweise spät. 2012 gewann sie durch ein Gewinnspiel einen Startplatz beim Ironman 70.3 auf Mallorca. Obwohl sie nur drei Monate Zeit zur Vorbereitung hatte, belegte sie den zweiten Platz in ihrer Altersklasse. Mit diesem Ergebnis qualifizierte sie sich für die Ironman-70.3-Weltmeisterschaften in Las Vegas. Diese Leistung war ein erster Hinweis auf ihr außergewöhnliches Talent. Im Jahr 2014 wurde die Saarländerin in Spanien Europameisterin auf der Triathlon-Mitteldistanz in der Altersklasse 20 bis 24. Zwei Jahre später triumphierte sie als Altersklassen-Siegerin (25 bis 29) beim legendären Ironman Hawaii und erzielte einen sensationellen 15. Platz im Gesamtfeld aller Frauen (inklusive Profis).

Seit 2017 startet Svenja Thoes als Profiathletin. Ihr erster großer Erfolg folgte im November 2018, als sie den Ironman Mexico in Cozumel gewann. Dieser Sieg qualifizierte sie für die Ironman-Weltmeisterschaften 2019 und markierte den Beginn einer Serie beeindruckender Leistungen. Im Jahr 2019 erzielte sie mehrere Top-Platzierungen, darunter den dritten Platz beim Ironman 70.3 in der Schweiz und den zweiten Platz beim Ironman 70.3 in Luxemburg. Ihre Saison 2019 wurde jedoch durch einen schweren Sturz beim Ironman Mexico unterbrochen, der sie zur Aufgabe zwang.

Das Jahr 2022 war besonders erfolgreich für Svenja Thoes. Nach einer verletzungsbedingt sehr schwierigen 2021er-Saison gewann sie die Premiere der Challenge Malta und sicherte sich den Sieg beim Ironman France in Nizza. Im selben Jahr triumphierte sie auch beim Ironman Irland und beim Ironman Italy, womit sie ihre Qualifikation für die Ironman-Weltmeisterschaft auf Hawaii sicherstellte. Allerdings musste sie auf die Bestätigung des Sieges in Irland ein halbes Jahr warten, da sie zu Unrecht disqualifiziert wurde.

2023 bestätigte Thoes mit ihrem 14. Rang beim Ironman Hawaii, dass sie zur erweiterten Weltspitze im Langdistanz-Triathlon zählt. Wenige Wochen nach dem Rennen in Kona qualifizierte sie sich mit Rang zwei beim Ironman Cozumel frühzeitig für die Ironman-WM 2024.

Svenja Thoes kombinierte ihre Karriere als Profi-Triathletin mit ihrer Tätigkeit als Flugbegleiterin bei Condor Airlines. Ihr Lebensmotto „Eat, train, sleep. Repeat." beschreibt treffend ihren engagierten und disziplinierten Lebensstil, den Profiathleten im Triathlon haben.

7.3.6 FREDERIC FUNK

Frederic Funk hat das Triathlon-Gen in die Wiege gelegt bekommen. Schon seine Eltern Heike und Harald waren erfolgreiche Triathleten. Funk wuchs im oberbayerischen Grassau auf und zeigte früh sein Triathlon-Talent. Bereits 2011 wurde er in die leistungssportlichen Strukturen des Bayerischen Triathlonkaders aufgenommen. Von 2012 bis 2016 war er Mitglied des Bundeskaders und konnte schon so einige nationale und internationale Erfolge feiern. Funk schloss sein letztes Jahr bei den Junioren als Deutscher Meister ab und qualifizierte sich für die Weltmeisterschaften. Allerdings fehlte ihm im Schwimmen das Format, um auf den kurzen Distanzen ganz vorne aus dem Wasser zu kommen. Deshalb versuchte er sich schon sehr früh an der Mitteldistanz.

Sein Talent und sein Potenzial für dieses Wettkampfformat wurde bereits 2018 deutlich, als er bei vier Mitteldistanz-Rennen vier Podiumsplätze erzielte und das erstmals als Inhaber einer Profilizenz. Zu seinen bedeutendsten Erfolgen gehört der Sieg beim Ironman 70.3 Lanzarote im Jahr 2019. Frederic Funk setzte seine Erfolgsserie in den folgenden Jahren fort, indem er sich auf der Mitteldistanz weiter etablierte und mehrere Siege erzielte. Besonders hervorzuheben ist sein Triumph bei der Challenge Kaiserwinkl-Walchsee im Jahr 2022 und sein Europameistertitel auf der Halbdistanz im Jahr 2021.

Die Saison 2023 markierte den bisherigen Höhepunkt in Funks Karriere. Er sicherte sich den Vizeweltmeistertitel bei der Ironman-70.3-Weltmeisterschaft im finnischen Lahti und zeigte damit erneut, dass er zu den besten Athleten der Welt über die halbe Ironman-Distanz zählt. Mit den konstant guten Ergebnissen qualifizierte sich Funk als 14. des PTO World Rankings der Saison 2023 für die neue T100 Triathlon World Tour.

Der gebürtige Oberbayer ist bekannt für seinen fokussierten und optimistischen Ansatz. Er verbringt etwa 10 bis 15 Stunden pro Woche auf dem Rad und liebt es, dabei neue Strecken zu erkunden. Seine Regenerationsphasen gestaltet er mit viel Kaffee, gutem Essen und Netflix. Zudem verbringt er gerne Zeit mit seiner Freundin und seiner Familie. Er legt großen Wert darauf, Spaß an dem zu haben, was er tut, und verfolgt das Motto: „Do what you love, love what you do." Neben seiner sportlichen Karriere verfolgt Frederic Funk auch akademische Ziele. Er studierte International Management und schloss sein Studium erfolgreich ab.

7.3.7 JAN STRATMANN

Jan Stratmann ist als Ältester von vier Brüdern in einer sportbegeisterten Familie aufgewachsen und zeigte dabei schon früh Interesse an verschiedenen Sportarten. Seine Leidenschaft für den Triathlon entdeckte er jedoch erst nach einem Skiunfall im Jahr 2011. Dieser zwang ihn, im Rahmen der Rehabilitation neue Sportarten auszuprobieren. Das wiederum veranlasste ihn, mit Schwimmen, Radfahren und Laufen zu beginnen.

In seiner Jugend startete Jan Stratmann mehrfach im Rahmen des Europacups sowie in der Triathlon-Bundesliga. Nach Abschluss der Schule im Jahr 2013 begann er ein Studium im Bereich Sportmanagement an der Ruhr-Universität Bochum und schloss dieses 2017 mit einem Bachelor-Abschluss ab. Danach setzte er seine akademische Laufbahn mit einem Masterstudium in General Management an der Internationalen Hochschule Bad Honnef fort. Seit 2019 kann Jan Stratmann seine Leidenschaft als Beruf ausüben und startete als Profi-Triathlet. Seinen Profi-Einstand gab er beim Ironman 70.3 in Gdynia, wo er mit einem beeindruckenden vierten Platz debütierte. In den darauffolgenden Jahren etablierte er sich schnell in der Triathlonszene und zeigte konstant starke Leistungen.

Im Juni 2021 erreichte Jan Stratmann den dritten Platz bei den Ironman 70.3 European Championships in Elsinore. Wenige Monate später, im August 2021, feierte er beim Ironman 70.3 Zell am See-Kaprun seinen ersten großen Sieg bei einem Ironman-70.3-Rennen. Dieser Erfolg markierte einen wichtigen Meilenstein in seiner Karriere und zeigte sein Potenzial, sich gegen die besten Athleten der Welt zu behaupten. Ein weiterer Höhepunkt seiner Karriere folgte im August 2023, als er bei den Ironman-70.3-Weltmeisterschaften in Lahti den dritten Platz hinter seinen Landsleuten Rico Bogen und Frederic Funk belegte und für das erste rein deutsche Podium bei einer Ironman-70.3-WM sorgte.

Jan Stratmann lebt seit 2020 in Hennef, nahe der ehemaligen deutschen Bundeshauptstadt Bonn, wo er ideale Trainingsbedingungen gefunden hat. Die hügelige Landschaft und die zahlreichen Trainingsmöglichkeiten bieten ihm die perfekte Umgebung, um sich auf seine Wettkämpfe vorzubereiten. Neben dem Sport ist er auch ein leidenschaftlicher Kaffeeliebhaber und bezeichnet sich selbst als „Barista".

7.3.8 MIKA NOODT

Mika Noodt ist ein weiterer herausragender deutscher Nachwuchstriathlet, der bereits in jungen Jahren sowohl auf der Kurz- als auch auf der Mitteldistanz beeindruckende Erfolge erzielt hat. Seit 2018 startet der Wolfsburger für das Bundesligateam des DSW Darmstadt und hat sich seitdem kontinuierlich in Richtung Weltspitze entwickelt.

Er begann seine Triathlon-Karriere im Jahr 2013 und zeigte schnell großes Talent. Für sein Studium der Informationssystemtechnik an der TU Darmstadt zog er aus Niedersachsen nach Hessen. Dies bot ihm die Möglichkeit, Spitzensport und akademische Karriere miteinander zu verbinden. Seit seinem Wechsel zum DSW Darmstadt im Jahr 2018 hat Mika Noodt bemerkenswerte Fortschritte gemacht. Er etablierte sich in der 1. Triathlon Bundesliga und erreichte 2020 einen fünften Platz als bestes Ergebnis. Seine Leistungen in der Liga verbesserten sich im Folgejahr weiter. Dies zeigte u. a. ein dritter Platz beim Bundesliga-Rennen in Nürnberg. Sein Durchbruch auf der Mitteldistanz kam im Juli 2021, als er den Ironman 70.3 Les Sables d'Olonne in Frankreich gewann. Dabei besiegte er überraschend den US-amerikanischen Mitteldistanz-Spezialisten Rudy von Berg und beeindruckte mit einem schnellen Halbmarathon in 1:12:43 Stunden. Weitere Siege folgten beim Heidelbergman und dem Frankfurt City Triathlon. Im selben Jahr wurde er bei seiner WM-Premiere auf der Mitteldistanz starker Elfter.

Im Oktober 2022 sorgte Mika Noodt weiter für Aufsehen, als er bei der Ironman-70.3-Weltmeisterschaft in St. George den vierten Platz belegte. Er lief die drittschnellste Laufzeit des Tages und bewies damit erneut sein außergewöhnliches Talent. Bereits zuvor hatte er 2022 die Challenge Gran Canaria gewonnen, obwohl er zwischenzeitlich mit einer Verletzung im Hüft-Beckenbereich zu kämpfen hatte. Der breiten Öffentlichkeit in Deutschland ist Noodt nach dem dramatischen Video von seinem Zieleinlauf bei der Challenge Vieux Bocau aus dem Jahr 2023 bekannt. Dort geriet er kurz vor dem Ziel aufgrund starker Erschöpfung ins Stolpern und musste sich trotz eines beherzten Zielsprungs dem Franzosen Mathis Margirier um wenige Zentimenter geschlagen geben.

Durch seine konstant starken Leistungen erhielt Mika Noodt in der Saison 2024 eine Wildcard für einige Rennen der T100 Triathlon World Tour, wo er nach drei der acht Rennen auf Position sechs lag.

7.3.9 RICO BOGEN

Rico Bogen krönte sich mit gerade einmal 22 Jahren zum jüngsten Ironman-70.3-Weltmeister aller Zeiten und setzte damit einen neuen Meilenstein in seiner noch jungen Karriere. So klaute er den Titel des jüngsten Weltmeisters niemand geringerem als dem Norweger Gustav Iden.

Rico Bogen wuchs in einer sportbegeisterten Familie auf. Schon seine Eltern waren begeisterte Hobby-Triathleten. So lag es nahe, dass sowohl Rico als auch seine Schwester Bianca in ihre Fußstapfen traten. Der junge Leipziger begann seine Triathlon-Karriere im Alter von zehn Jahren und zeigte schnell großes Talent. Sein erster großer internationaler Erfolg kam 2019, als er den Sprint-Duathlon beim Powerman Mallorca gewann und damit auf sich aufmerksam machte. Seit 2020 startet Rico für den SV Halle Triathlon und hat sich kontinuierlich verbessert. Der Durchbruch als Profiathlet gelang ihm 2022, als er bei der Europameisterschaft auf der Triathlon-Mitteldistanz in Spanien den dritten Platz belegte. Im Mai 2023 feierte er seinen ersten Profisieg beim Ironman 70.3 Kraichgau. Dieser Erfolg war es, der seine Ambitionen und sein Potenzial deutlich machte.

Der Höhepunkt seiner bisherigen Karriere kam im August 2023 bei der Ironman-70.3-Weltmeisterschaft im finnischen Lahti. Mit einer herausragenden Zeit von 3:32:22 Stunden setzte sich Rico gegen starke Konkurrenz durch und gewann das Rennen mit mehr als einer Minute Vorsprung vor seinen deutschen Landsleuten Frederic Funk und Jan Stratmann. Diese Leistung machte ihn nicht nur zum jüngsten Ironman-70.3-Weltmeister aller Zeiten, sondern sorgte auch für einen historischen deutschen Dreifach-Erfolg bei einer 70.3-WM.

Rico Bogen schätzt die Nähe zu seiner Familie und seinen Freunden in Leipzig sehr. Trainiert wird vor allem in seiner Heimatstadt, oft im Auwald oder auf dem Damm Richtung Schkeuditz. Während der Vorbereitung zur Triathlon-WM in Lahti absolvierte er zudem zeitweise ein Höhentrainingslager in den Alpen. Seine Schwester Bianca, ebenfalls eine erfolgreiche Triathletin, unterstützte ihn stets und ist mächtig stolz auf seinen Erfolg.

Obwohl der WM-Sieg ihn theoretisch für den weltbekannten Ironman in Hawaii qualifiziert, plant Rico Bogen, sich noch mehr Zeit zu nehmen, um sich optimal auf diese Langstrecke vorzubereiten. Für 2024 hat er jedoch bereits ein festes Ziel vor Augen: die Verteidigung seines WM-Titels im Dezember 2024 in Neuseeland.

Dass der 2023er-WM-Erfolg keine Eintagsfliege war, bewies der Sachse bereits im Frühsommer 2024. Beim dritten Stopp der T100 Triathlon World Tour in San Francisco, der auf den legendären Strecken des Escape from Alcatraz Triathlons stattfand, war Rico Bogen einer der rennbestimmenden Athleten und musste sich als Dritter nur denkbar knapp dem Belgier Marten Van Riel sowie Kyle Smith aus Neuseeland geschlagen geben.

7.3.10 LAURA ZIMMERMANN

Im Alter von 21 Jahren entdeckte die gebürtige Allgäuerin Laura Zimmermann den Triathlon für sich. Ursprünglich in einer Vielzahl von Sportarten wie Turnen, Fußball, Tennis und Schwimmen aktiv, begann sie während ihres Zahnmedizinstudiums in Würzburg mit dem Joggen in den Weinbergen, um fit zu bleiben. Ein zufälliges Treffen mit einem Triathleten führte sie zum Schwimmtraining, und von da an war sie Feuer und Flamme für den Triathlonsport. Trotz der Herausforderungen des Studiums gelang es ihr, täglich ein bis zwei Trainingseinheiten zu absolvieren. Ihre Leidenschaft und ihr Talent führten schnell zu Erfolgen in ihrer Altersklasse, einschließlich nationaler und europäischer Meistertitel über die Mitteldistanz. 2016 entschied sie sich, den Schritt ins Profi-Lager zu wagen, obwohl sie in diesem Jahr ihr Examen absolvierte.

Laura Zimmermanns erste Langdistanz-Erfahrung beim Ironman Barcelona 2019 war sofort ein großer Erfolg: Sie belegte den zweiten Platz mit einer beeindruckenden Zeit von 8:49:12 Stunden. Dieses Topergebnis bestätigte ihr Potenzial und stärkte ihren Willen, sich weiter auf die Langdistanz zu konzentrieren. 2021 markierte einen Wendepunkt in Zimmermanns Karriere. Sie gewann den Ironman Hamburg und stellte einen neuen Streckenrekord auf, obwohl sie das Rennen kurzfristig in ihre Planung aufgenommen hatte. Ein weiterer dritter Platz beim Ironman Florida im November 2021 sicherte ihr die Qualifikation für die Ironman-Weltmeisterschaften in St. George und Kona im Jahr 2022. Mit der Befreiung von ihrem Teilzeitjob als Zahnärztin Ende 2021 konnte sich Laura vollständig auf ihren Sport konzentrieren. Bei ihren bisherigen zwei Ironman-Hawaii-Starts wurde sie 23. (2022) und 22. (2023).

7.3.11 LEONARD ARNOLD

Leonard Arnold ist ein bemerkenswerter Athlet, der es neben dem Leistungssport schaffte, noch ein Studium zu absolvieren. Der gebürtige Sauerländer studierte an der Technischen Universität Chemnitz Sports Engineering und strebte neben seinem akademischen Abschluss auch sportliche Höchstleistungen an. Arnold begann seine sportliche Karriere vergleichsweise spät. Mit 14 Jahren meldete er sich in seiner Heimatstadt Hagen beim Laufverein an und wechselte bald darauf zum Triathlon, inspiriert von einem Freund. Diese Entscheidung erwies sich als goldrichtig, denn bereits kurz nach seinem Einstieg zeigte er beachtliche Fortschritte. Heute trainiert Arnold unter Anleitung seines ehemaligen Laufkumpels, der inzwischen nicht nur sein Trainer, sondern auch sein Mitbewohner ist.

Die sportliche Laufbahn von Leonard Arnold ist beeindruckend. Trotz des späten Einstiegs in den Triathlonsport gelang es ihm, kontinuierlich aufzusteigen. 2021 debütierte er in der 1. Bundesliga und sicherte sich den Sieg beim Frankfurt City Triathlon sowie den zweiten Platz beim Leipzig Triathlon. Diese Erfolge belegen, dass er sich in der deutschen Triathlon-Spitze etabliert hat. Neben seiner sportlichen Karriere verfolgte Arnold auch ambitionierte akademische Ziele weiter. So konnte er beispielsweise aus einem Studienprojekt zur Aerodynamik beim Radfahren wertvolle Erkenntnisse für sein eigenes Training gewinnen.

Die Unterstützung durch die TU Chemnitz als „Partnerhochschule des Spitzensports" erleichterte Arnold den Spagat zwischen Studium und Sport. Flexibilität bei der Stundenplangestaltung und individuell abgestimmte Prüfungstermine ermöglichen es ihm, beide Karrierewege erfolgreich zu verfolgen.

Sein Einstand in der internationalen Ironman-Szene glich im Sommer 2023 einem Paukenschlag. Beim Ironman Switzerland in Thun lag er lange auf Siegkurs und wurde für sein mutiges Rennen mit Rang zwei belohnt, was ihm auch die Qualifikation für die Ironman-WM in Nizza einbrachte. Und das alles mit dem geliehenen Rad seiner Freundin, da sein eigenes nach einem Radunfall im direkten Vorfeld des Rennens nicht einsatzbereit war.

Das WM-Rennen an der Côte d'Azur beendete er mit einem 19. Platz. Dies war gleichbedeutend mit dem zweitbesten Resultat aus deutscher Sicht. Der nächste Erfolg sollte nicht lange auf sich warten lassen. Im

Frühjahr 2024 qualifizierte sich Leonard Arnold mit seinem vierten Platz beim Ironman in Südafrika für die WM auf Hawaii.

7.3.12 PAUL SCHUSTER

Der Darmstädter Paul Schuster fliegt in der medialen Berichterstattung zumeist etwas unter dem Radar. Dabei ist er mit einer beeindruckenden Größe von 1,91 Meter und einem Gewicht von 79 Kilogramm ein kaum zu übersehender Modelathlet. Doch noch viel wichtiger in diesem Zusammenhang ist wohl, dass er eigentlich seit Jahren konstant gute Ergebnisse auf der Mittel- und Langdistanz sammelt.

Seine sportliche Laufbahn begann früh, stark beeinflusst durch seine sportbegeisterte Familie und insbesondere durch seinen Vater, einen ambitionierten Triathleten. Schon als Kind liebte Paul jede sportliche Betätigung, egal ob Fußball, Fahrradfahren oder Basketball. Diese Vielseitigkeit und die Begeisterung für den Sport führten ihn schließlich zum Triathlon. Sein Wechsel zum TuS Griesheim in der Jugendzeit markierte den Beginn seiner professionellen Laufbahn. Über den hessischen D-Kader entwickelte er sich stetig weiter und trat bis 2013 in Rennen des Europacups und in der 1. und 2. Triathlon-Bundesliga an.

2014 wagte Schuster den Schritt auf die Mitteldistanz und machte international erstmals auf sich aufmerksam. Ein bemerkenswerter zweiter Platz beim Ironman 70.3 in der Türkei 2015 und ein 20. Platz bei der Ironman-70.3-WM 2016 waren die ersten großen Erfolge. Sein Debüt auf der Langdistanz gab er 2018 bei der Challenge Roth, wo er in 8:14 Stunden den zehnten Platz erreichte. Ein weiterer Meilenstein folgte kurz darauf mit dem dritten Platz bei den Deutschen Meisterschaften im Rahmen des Ironman Hamburg.

Sein bislang größter Erfolg war der Gewinn des Titels „Deutscher Meister Langdistanz" im Jahr 2019. Internationale Rennen in China, der Ironman Frankfurt und der Ironman Cozumel zeigten, dass er zu den besten Athleten auf der Langdistanz gehört. Besonders beeindruckend war seine Leistung beim Ironman Cozumel 2021, wo er mit einer persönlichen Bestzeit von 7:41 Stunden den dritten Platz belegte.

Doch Paul Schusters Karriere war nicht frei von Rückschlägen. Eine unverschuldete Kollision mit einem Auto beim Radtraining in den USA im Jahr 2022 verhinderte seine Teilnahme beim Ironman Hawaii und zwang ihn zu einer längeren Wettkampfpause. Dennoch kehrte er stärker denn je zurück. Beim Ironman Texas 2024 erreichte er einen beeindruckenden sechsten Platz und zeigte damit, dass er wieder in Topform ist.

7.4 AKTUELLE DEUTSCHE WELTKLASSE-TRIATHLETEN AUF DER OLYMPISCHEN DISTANZ UND IM PARATRIATHLON

Der Triathlonsport in Deutschland hat sich in den vergangenen Jahren rasant entwickelt und einige herausragende Athleten hervorgebracht, die auf der internationalen Bühne auf der Olympischen Distanz für Furore sorgen. Mit beeindruckenden Leistungen und bemerkenswerter Konstanz haben deutsche Triathleten wie Laura Lindemann, Jonas Schomburg und Tim Hellwig bewiesen, dass sie zur aktuellen Weltspitze gehören. In diesem Kapitel werfen wir einen genaueren Blick auf die Karrieren, Erfolge und Herausforderungen der aktuellen deutschen Weltklasse-Triathleten auf der Olympischen Distanz.

7.4.1 JONAS SCHOMBURG

Der Hannoveraner Jonas Schomburg zeigte bereits in jungen Jahren großes Interesse am Triathlon, inspiriert durch seinen Vater Arnd Schomburg, der selbst ein erfolgreicher Triathlet war, und in den 1990er-Jahren der DTU-Nationalmannschaft angehörte. Sein Debüt auf internationaler Bühne feierte Jonas 2013 beim ATU-Cup in Kapstadt. Der Durchbruch gelang ihm jedoch erst 2016, als er U23-Weltmeister im Aquathlon wurde und Silber bei den World Triathlon University Championships holte. In der gleichen Saison erzielte er mit einem siebten Platz bei der ITU World Triathlon Series in Leeds sein bis dato bestes Ergebnis.

2014 bis 2016 startete Schomburg für die Türkei, um sich einen Startplatz für die Olympischen Spiele in Rio de Janeiro zu sichern. Nach einer Saison unter neutraler Flagge kehrte er 2017 wieder unter die deutsche Flagge zurück. Die Saison 2019 verlief vielversprechend. Schomburg erreichte bei mehreren Rennen der World Triathlon Series Top-Ten-Platzierungen, darunter ein zehnter Platz in Leeds. Zudem sicherte er sich beim olympischen Testevent in Tokio mit einem zehnten Platz das Ticket für die Olympischen Spiele 2020, die dann aufgrund der Coronapandemie erst im Jahr 2021 stattfanden. In Tokio belegte er den 38. Platz im Einzel und den sechsten Platz im Mixed-Relay. Auch 2022 und 2023 zeigte Schomburg starke Leistungen. Bei den Heim-Europameisterschaften 2022 in München belegte er den siebten Platz und war damit bester Deutscher. 2023 stand er mit einem dritten Platz im tschechischen Karlsbad erstmals auf einem Weltcup-Podium und gehörte zum deutschen Team, das das Mixed-Relay-Rennen beim olympischen Testevent in Paris gewann. Im World-Triathlon-Olympia-Qualifikations-Ranking stand Schomburg am Ende des Qualifikationszeitraums auf Rang 16 und wurde für die Olympischen Spiele in Paris nominiert, nachdem er sich lange ein teaminternes Duell mit Lasse Nygaard Priester um den dritten deutschen Olympia-Startplatz geliefert hatte.

Im Einzelrennen setzte sich der Blondschopf mehrmals gekonnt in Szene und führte das olympische Triathlon-Rennen sogar kurzzeitig nach dem zweiten Wechsel an. Im Endklassement wurde es dann Rang 24. In der siegreichen Mixed-Relay wurde der 30-Jährige nicht eingesetzt.

7.4.2 LASSE LÜHRS

Lasse Lührs wurde am 16. Mai 1996 in der Nähe von Cuxhaven geboren. Seine Karriere begann in seinem niedersächsischen Heimatort bereits 2006, als er erstmals mit dem Triathlon in Berührung kam. Später zog er nach Potsdam, um unter der Leitung von des dortigen Stützpunkttrainers

Ron Schmidt zu trainieren. Bereits mit 17 Jahren gab Lührs sein internationales Debüt beim Junioren-Europacup im türkischen Antalya. Dies war im Sommer 2013. Ein Jahr nach seinem Debüt gewann Lührs bei der Europameisterschaft in Kitzbühel Gold im Mixed-Relay-Rennen. 2015 feierte er seinen bisher größten Erfolg als Junioren-Europameister in Genf.

2016 durfte Lührs erstmals für Deutschland in der ITU World Triathlon Series starten. Zwei Jahre später, im Juli 2018, gewann er den DM-Titel über die Sprintdistanz in Düsseldorf und qualifizierte sich für die U23-WM an der australischen Gold Coast. Dort belegte er einen hervorragenden sechsten Platz. 2019 setzte Lührs seine Erfolgsserie fort. Er erreichte Top-30-Platzierungen bei mehreren Rennen der World Triathlon Series, darunter der 24. Platz in Montreal und den 23. Platz auf den Bermudas. Besonders beeindruckend war sein 14. Platz beim Heimrennen in Hamburg. Im Weltcup konnte er ebenfalls überzeugen, u. a. mit einem zweiten Platz in Madrid und einem fünften Platz im kasachischen Nur-Sultan.

Im Coronajahr 2020 erreichte Lührs mit dem zwölften Platz bei der Sprint-WM in Hamburg sein bisher bestes Ergebnis bei einer WM. Ein Jahr später belegte er beim gleichen Rennen den 13. Platz und wurde Vizeeuropameister im Mixed-Relay mit dem deutschen Team. 2022 erzielte er sein bisher bestes internationales Einzelergebnis mit dem dritten Platz beim WTCS-Rennen in Leeds und gewann erneut den DM-Titel auf der Sprintdistanz.

2023 war ein entscheidendes Jahr für Lasse Lührs. Nach einem schwierigen Start qualifizierte er sich mit einem beeindruckenden fünften Platz beim WTCS-Finale im spanischen Pontevedra für die Olympischen Spiele 2024 in Paris. Dieser Erfolg krönte ein Jahr, in dem er auch zwei Weltcup-Rennen gewann und mit dem deutschen Team Gold bei der Heim-WM in Hamburg in der Mixed-Relay holte.

Bei den Olympischen Spielen in Paris blieb Lührs mit Rang 21 etwas hinter den eigenen Erwartungen zurück und haderte anschließend mit der eintägigen Verschiebung des Rennens, die aufgrund der schlechten Wasserqualität der Seine notwendig wurde. Lührs erhielt aber das Vertrauen der DTU-Teamleitung für die Mixed-Staffel, wo er an dritter Position perfekte Vorarbeit für Schlussathletin Laura Lindemann leistete, die das deutsche Staffel-Oympiagold perfekt machte.

Lasse Lührs lebt heute in Bonn und wird von Christoph Großkopf und Dan Lorang trainiert. Er ist 2024 Teil des Olympiakaders der Deutschen Triathlon Union (DTU) und strebt nach weiteren Erfolgen auf internationaler Ebene.

7.4.3 TIM HELLWIG

Tim Hellwig hat trotz seines jungen Alters von 25 Jahren schon einige bemerkenswerte Resultate erzielt. So wurde er u. a. U23-Vizeweltmeister und Deutscher Meister auf der Sprintdistanz. Der in Neustadt an der Weinstraße geborene Hellwig begann seine Triathlonkarriere im Jahr 2011 beim BASF-Cup in Ludwigshafen. Sein internationales Debüt gab er 2016 beim Junioren-Europacup in Tabor, wo er sofort den ersten Platz belegte. In den folgenden Jahren sammelte er weiterhin Titel und Erfahrungen, darunter zwei Silbermedaillen bei der Junioren-EM 2018 im estnischen Tartu (Einzel und Mixed-Relay-Rennen).

Obwohl Tim Hellwig 2019 verletzungsbedingt erst spät in die Saison einsteigen konnte, sicherte er sich in Berlin den Deutschen Meistertitel in der U23. Im Herbst desselben Jahres erreichte er seinen ersten Podestplatz bei einem Continental-Cup-Rennen in Funchal und debütierte im Weltcup in Lima, wo er den 20. Platz belegte. Eine Woche später erzielte er einen starken elften Platz beim Weltcup in Santo Domingo.

Das Jahr 2020 war aufgrund der Coronapandemie kurz, aber Hellwig nutzte die wenigen Wettkämpfe effektiv und erreichte den 17. Platz bei der WM in Hamburg und den siebten Platz beim Weltcup in Arzachena. 2021 war dann das Jahr, in dem Tim Hellwig endgültig zur erweiterten Weltspitze im Triathlon aufstieg. Er gewann den Deutschen Meistertitel auf der Sprintdistanz, sicherte sich jeweils Silber bei den U23-Europameisterschaften und -Weltmeisterschaften. Außerdem feierte er einen spektakulären Sieg beim WTCS-Rennen in Hamburg. Diesen Erfolg krönte er tags darauf mit dem deutschen Team, das das Mixed-Relay-Rennen in Hamburg gewann.

2023 war ein weiteres erfolgreiches Jahr für Hellwig. Er wurde Deutscher Vizemeister auf der Sprintdistanz und belegte beim Grand Final der WTCS in Pontevedra den zweiten Platz, was ihm den achten Rang in der Gesamtwertung der WM-Rennserie einbrachte. Zudem gewann er zwei Weltcup-Rennen und führte das deutsche Team bei der Olympia-Generalprobe in Paris zum Sieg in der Mixed-Relay. Das wohl wichtigste Rennen für Hellwig war das Einzelrennen beim Pariser Olympia-Test. Hellwig lief als Siebter auf der Pont Alexandre III Brücke ein und schaffte damit die direkte Qualifikation für Paris 2024.

2024 richtete Hellwig dann alles auf das am 30. Juli angesetzte olympische Einzelrennen aus und reiste erst drei Tage zuvor direkt aus dem Höhentrainingslager in St. Moritz an. Beim dann um einen Tag verschobenen Olympia-Rennen lag der 25-Jährige lange Zeit auf Kurs Top-Ten-Platzierung, bevor ihn auf der Laufstrecke die Kräfte verließen und er noch bis auf Rang 18 zurückfiel. Die Wiedergutmachung folgte fünf Tage später in der Mixed-Relay. Tim Hellwig zeigte als Startathlet ein perfektes Rennen und übergab nur ganz knapp als Zweiter hinter Einzel-Olympiasieger Alex Yee an Lisa Tertsch – der Grundstein für den deutschen Staffel-Olympiasieg war gelegt.

7.4.4 LISA TERTSCH

Die Triathletin Lisa Tertsch machte erstmals im Jahr 2016 im Alter von 18 Jahren auf sich aufmerksam. In dieser Saison wurde sie Deutsche Junioren-Meisterin auf der Triathlon-Sprintdistanz und gewann im September Silber bei den Junioren-Weltmeisterschaften im mexikanischen Cozumel. Nach diesen Erfolgen entschied sich Tertsch, eine Pause vom Triathlon einzulegen, um an der Harvard University in den USA Economics und Evolutionsbiologie zu studieren.

Nach einer dreijährigen Pause kehrte Tertsch 2019 eindrucksvoll in den Triathlonsport zurück. Sie gewann zwei Europacup-Rennen und ein Weltcup-Rennen auf der Triathlon-Kurzdistanz. Im August 2019 belegte sie den dritten Platz bei der U23-Weltmeisterschaft auf der Olympischen Distanz, bevor sie nur einen Monat später U23-Europameisterin wurde. Im Oktober folgte ein weiterer Sieg bei einem Triathlon-Europacup-Rennen in Portugal.

Neben ihren Triathlon-Erfolgen glänzte Lisa Tertsch auch im Crosslauf. Im Dezember 2019 wurde sie 14. bei den U23-Crosslauf-Europameisterschaften und gewann mit dem deutschen Team die Goldmedaille. 2020 war ein weiteres erfolgreiches Jahr für Tertsch. Trotz der Einschränkungen durch die Coronapandemie konnte sie den zweiten Platz beim Europacup in Olsztyn und den 16. Platz bei der Weltmeisterschaft in Hamburg erreichen. 2021 setzte sie ihre Erfolgsgeschichte fort und wurde Deutsche Meisterin über die Triathlon-Sprintdistanz.

2022 lief es noch besser. Ein Weltcup-Sieg in Valencia und ein zweiter Platz in Pontevedra sowie der dritte Platz beim Heim-WTCS-Rennen in Hamburg machten aus ihr eine Kandidatin für einen Olympia-Startplatz.

Beim Olympia-Testrennen im August 2023 verpasste sie dieses Ziel als Neunte noch knapp, bevor es wenige Wochen später beim Finale der WTCS in Pontevedra mit Rang vier so weit sein sollte. Die für den DSW Darmstadt startende Lisa Tertsch hatte die Olympia-Qualifikation in der Tasche und zeigte, dass auch in der Olympiasaison 2024 mit ihr zu rechnen ist. Auf Sardinien wurde sie Zweite beim WM-Serien-Rennen hinter der großen französischen Olympiahoffnung Cassandre Beaugrand und überzeugte dabei einmal mehr mit der besten Laufzeit.

Im olympischen Einzelrennen wurde Lisa Tertsch dann unter Wert geschlagen. Bestens in der Spitzengruppe platziert, stürzte die Darmstädterin in einer Kurve auf dem vom Regen äußerst rutschigen Straßenbelag und war anschließend chancenlos, um in die Medaillenvergabe mit einzugreifen. Es wurde Rang neun, verbunden mit der großen Hoffnung auf ein Happy End in der Staffel. Am 5. August sollte dann alles passen. Lisa Tertsch präsentierte sich an der zweiten Staffelposition in körperlicher sowie taktischer Topform und brachte die deutsche Mixed-Staffel sogar in Führung. Eine gute halbe Stunde später durfte sie sich als Olympiasiegerin feiern lassen.

7.4.5 LAURA LINDEMANN

Die Potsdamerin Laura Lindemann ist die derzeit führende deutsche Triathletin auf der Sprint- und Kurzdistanz. Ihre Karriere begann im Schwimmsport, wo sie als Mitglied der Wasserfreunde Spandau 04 aktiv war. Aufgrund der Empfehlung einer Vereinskollegin wechselte sie zur Eliteschule des Sports in Potsdam und spezialisierte sich auf Brustschwimmen. Doch nach Einschätzung ihres Trainers hatte sie in dieser Disziplin ihr Leistungsmaximum erreicht, weshalb sie 2012 zum Triathlon wechselte.

Bereits ein Jahr später erzielte Lindemann erste internationale Erfolge, als sie Vizeeuropameisterin bei den Junioren wurde und bei der Weltmeisterschaft die Bronzemedaille gewann. 2014 und 2015 setzte sie ihre Siegesserie fort und holte jeweils Gold bei den Junioren-Europameisterschaften und den -Weltmeisterschaften. Diese Erfolge legten den Grundstein für ihre beeindruckende Karriere im Elitebereich. Im Jahr 2016 gewann Laura Lindemann die U23-Weltmeisterschaft in Cozumel und nahm an den Olympischen Spielen in Rio de Janeiro teil, wo sie den 28. Platz belegte. Ein Jahr später krönte sie sich zur Triathlon-Europameisterin der Elite und stieg beim Heimrennen in Hamburg als Dritte erstmals auf das Podium der World Triathlon Championship Series (WTCS).

2018 setzte sie ihren Erfolgskurs fort, indem sie bei den Deutschen Meisterschaften in Düsseldorf ihren Titel auf der Sprintdistanz verteidigte und in Hamburg den zweiten Platz belegte – ihr bisher bestes Ergebnis in der WTCS. Ein unverschuldeter Sturz kostete sie möglicherweise eine weitere EM-Medaille. Dennoch bewies sie ihre Spitzenklasse, indem sie in Glasgow den vierten Platz über die Kurzdistanz erreichte.

2019 festigte Laura ihre Position in der Weltspitze, indem sie beim Weltcup in Chengdu ihren ersten Sieg feierte und bei mehreren anderen Rennen auf dem Podium stand. Ihre herausragende Form führte sie in der Gesamtwertung der WTCS auf den zehnten Platz und im Olympic Qualification Ranking auf Platz sechs. Beim Testevent in Tokio sicherte sie sich als Sechste ihr Ticket für die Olympischen Spiele 2020.

Im Jahr 2020 erreichte Laura Lindemann ihren bisher größten Erfolg im Elitebereich, als sie bei der aufgrund der Coronakrise auf ein Rennen reduzierten Weltmeisterschaft in Hamburg die Bronzemedaille gewann. 2021 folgten weitere Erfolge: Sie wurde Europameisterin auf der Supersprint-Distanz und siegte beim WTCS-Rennen in Hamburg sowohl im Einzel als auch im Mixed-Relay. Bei den Olympischen Spielen in Tokio belegte sie im Einzel den achten Platz und im Mixed-Relay den sechsten Platz.

Auch 2022 war ein erfolgreiches Jahr für Lindemann. Sie gewann zweimal EM-Silber – über die Olympische Distanz und im Mixed-Relay. 2023 qualifizierte sie sich gleich bei der ersten Möglichkeit für die Olympischen Spiele 2024 und erreichte zwei Top-Ten-Platzierungen in der WTCS. Zudem gewann sie den Weltcup in Rom und führte Deutschland als Schlussathletin zur Goldmedaille bei der WM in der Mixed-Relay sowie beim vorolympischen Staffelwettkampf in Paris.

Bei ihren dritten Olympischen Spielen erlebte Laura Lindemann im Einzelrennen eine herbe Enttäuschung. Die Potsdamerin lag in der Spitzengruppe auf Medaillenkurs, als sie kurz vor dem Radziel in einer Kurve auf dem regennassen Asphalt stürzte. Aus dem Medaillentraum wurde nur Rang acht. Fünf Tage später war aller Frust vergessen, als Laura Lindemann mit einem unwiderstehlichen Schlussspurt die deutsche Mixed-Staffel zu Olympiagold führte.

7.4.6 NINA EIM

Nina Eim ist eine Triathletin aus dem hohen Norden Deutschlands, die sich durch ihre bemerkenswerten Leistungen in der internationalen Triathlonszene einen Namen gemacht hat. Aufgewachsen in Itzehoe, begann Nina Eim bereits im Alter von acht Jahren mit dem Triathlontraining unter der Anleitung von André Beltz beim SC Itzehoe. Ihre frühe Leidenschaft für den Sport führte sie zu beeindruckenden Erfolgen und einem stetigen Aufstieg in der Triathlonwelt. Im Jahr 2015 nahm Nina Eim erstmals an internationalen Wettkämpfen teil und gewann den Junioren-Europacup in Tulcea, was ihren internationalen Durchbruch markierte. In den folgenden

Jahren setzte sie ihre beeindruckende Entwicklung fort und qualifizierte sich 2018 für die U23-Weltmeisterschaft an der Gold Coast in Australien. Dort belegte sie im Einzelrennen einen hervorragenden zehnten Platz und gewann mit der deutschen Staffel die Silbermedaille im Mixed-Relay.

Nina Eims Karriere erreichte 2019 neue Höhen. Sie erzielte mehrere Top-Ten-Platzierungen im Weltcup, darunter einen zweiten Platz in Cagliari, einen fünften Platz in Nur-Sultan und einen sechsten Platz in Antwerpen. Ihre herausragende Form krönte sie mit einem neunten Platz bei der Europameisterschaft in Weert und Silbermedaillen im Mixed-Relay bei den Europa- und Weltmeisterschaften.

2020 war ein Jahr mit gemischten Gefühlen. So konnte sie den ATU Triathlon African Cup im März des Jahres gewinnen. Doch dann begannen die Herausforderungen durch die COVID-19-Pandemie und einer Verletzung, die sie im Juli erlitt. Aufgrund eines Syndesmosebandrisses musste sie ihr Training stark einschränken, insbesondere beim Laufen und Radfahren. Dennoch bewies sie ihren Kampfgeist und arbeitete hart daran, ihre Form zurückzugewinnen.

Im Jahr 2022 erreichte Nina Eim bei den kontinentalen Meisterschaften herausragende Ergebnisse. Sie gewann die Europameisterschaft über die Sprintdistanz, belegte den vierten Platz über die olympische Distanz und sicherte sich die Silbermedaille im Mixed-Relay. Ihre beste Platzierung in der WTCS erzielte sie mit einem neunten Platz in Hamburg.

Ihre Erfolge setzten sich 2023 fort, als sie sich beim Olympischen Testevent in Paris den sechsten Platz sicherte und sich damit einen Startplatz für die Olympischen Spiele 2024 in Paris erkämpfte. Trotz einer längeren Ausfallzeit im Frühsommer gelangen ihr zwei Top-Ten-Platzierungen in der WTCS sowie der Sieg beim Weltcup in Rom.

Bei ihrer Olympiapremiere hatte Nina Eim beim Schwimmen große Probleme mit der starken Strömungsgeschwindigkeit der Seine und verpasste so eine vordere Radgruppe. Die gebürtige Itzehoerin gab aber nicht auf und schaffte es noch auf Gesamtrang 12. In der Gold-Staffel wurde Eim nicht eingesetzt.

7.4.7 MARTIN SCHULZ

Der Leipziger Martin Schulz ist der erfolgreichste deutsche Paratriathlon-Athlet. Seit dem Jahr 2012 ist der 1990 im sächsischen Oschatz geborene Schulz in der internationalen Paratriathlon-Szene aktiv, nachdem er zuvor als Schwimmer unterwegs war. Schulz fehlt von Geburt an der linke Unterarm. Mit dieser Beeinträchtigung gehört er aktuell der Startklasse PTS5 (leichte Bewegungseinschränkungen) an.

Die größten Erfolge von Martin Schulz sind seine zwei paralympischen Goldmedaillen. Im Jahr 2016 gewann er bei der Triathlon-Paralympics-Premiere an der Copacabana in Rio, wo er auf dem Rad den Grundstein für den Sieg legte. Mit der gleichen Taktik schaffte er 2021 in Tokio die Wiederholung und holte erneut Gold bei den Paralympics.

Seine Ausnahmestellung in der Paratriathlon-Szene zeigen auch seine weiteren Erfolge. Seit dem Jahr 2012 gewann er durchgängig Gold bei der Europameisterschaft im Paratriathlon und sicherte sich viermal die Goldmedaille bei der Paratriathlon-WM.

Schulz zeigt dabei eindrucksvoll, wie echte Inklusion im Behindertensport möglich ist. Immer wieder sieht man den Athleten vom SC DHfK Leipzig an der Startlinie ganz normaler Triathlons. Sogar in der 1. Triathlon-Bundesliga behauptete er sich im Feld der Nichtbehinderten, wo auf seine Einschränkung keine Rücksicht genommen wurde.

7.5 AKTUELLE INTERNATIONALE WELTKLASSE-ATHLETEN

7.5.1 ALISTAIR BROWNLEE (GBR)

Alistair Brownlee, geboren und aufgewachsen in Leeds, ist ein stolzer Yorkshireman. Er hat sich zu einem der erfolgreichsten Triathleten auf der Olympischen Distanz entwickelt. Brownlee ist bekannt für seine ultrakompetitive Art. Wenn er an der Startlinie stand, wussten die anderen Athleten, dass ein harter Wettkampf bevorstand. So hat sein Team z. B. Javier Gomez bei einem WTCS-Rennen beim Schwimmen hart attackiert und abgedrängt, um seinen Titel zu sichern. Oft waren es jedoch nicht die Konkurrenten, sondern die physischen Grenzen seines eigenen Körpers, die ihm die größten Schwierigkeiten bereiteten.

Von Beginn des Schwimmens an war Brownlee oft ganz vorne zu finden, häufig knapp hinter dem slowakischen Spitzenschwimmer und regelmäßigen Trainingspartner Richard Varga. Auf dem Rad arbeitete er oft mit seinem jüngeren Bruder Jonathan zusammen, um das Feld aufzubrechen. Dabei gab er nicht selten lautstark Kommandos an seine Mitstreiter. Nach dem zweiten Wechsel war dann seine Zeit gekommen, um selbst anzugreifen. Denn er war in der Lage, unglaublich schnell anzulaufen und dieses Tempo in Richtung Ziel zu halten.

Neben seiner sportlichen Karriere sind Brownlees Fähigkeiten und Interessen vielseitig. Vor seiner Zeit als Spitzensportler studierte er Medizin an der Universität Cambridge. Dies tat er, bevor er an die University of Leeds wechselte, um Sportwissenschaft und Physiologie zu studieren. Er hat auch zwei Bücher veröffentlicht. Das erste trägt den Titel „Swim, Bike, Run: Our Triathlon Story" und wurde gemeinsam mit seinem Bruder verfasst. Wie der Titel erahnen lässt, beschreibt es ihren Aufstieg an die Spitze des Sports. Sein zweites Buch „Relentless" zeigt auf, was sportliche Größe ausmacht. Dafür hat er Interviews mit Stars aus verschiedenen Sportarten geführt.

Im Oktober 2020 wurde bekannt, dass er als Investor und strategischer Berater bei INCUS Performance tätig ist, und im Oktober 2021 wurde er in die Athletenkommission des Europäischen Olympischen Komitees gewählt. Kurz nach seinem Erfolg bei den Olympischen Spielen 2012 gründeten er und sein Bruder Jonny die Brownlee Foundation, die darauf abzielt, Kinder aller Hintergründe für Sport zu begeistern und dessen Vorteile zu nutzen.

Alistair Brownlee gilt mit Jan Frodeno und Kristian Blummenfelt als bester Triathlet aller Zeiten. Zu seinen besonderen Erfolgen gehören zwei olympische Goldmedaillen, zwei Weltmeistertitel in der Einzelwertung der ITU 2009 und 2011 sowie in der Mixed-Team-Staffel 2011 und 2014. Darüber hinaus wurde er Europameister 2010, 2011, 2014 und 2019 und gewann zwei Goldmedaillen bei den Commonwealth Games 2014 (Einzel und Staffel). In seinen Palmares finden sich zudem zahlreiche prestigeträchtige Einzelsiege, einschließlich der legendären Rennen in Kitzbühel und Edmonton.

Seit Rio 2016 hat sich Alistair Brownlee der Mitteldistanz zugewandt und wurde im Jahr 2018 bei der Ironman-70.3-WM in Südafrika Zweiter hinter Jan Frodeno. Beide gelten in der Szene als „ziemlich beste Freunde", was 2019 beim Ironman Hawaii auch das deutsche TV-Publikum live mitbekam, als Brownlee Frodeno während seines Interviews im hr-Fernsehen enttäuscht im Zielbereich anrempelte. Brownlee war zuvor in der Hitze Konas richtig hochgegangen und kam beim Sieg seines deutschen Erzrivalen erst auf Rang 21 ins Ziel.

2022 und 2023 wurde der Brite immer wieder von Verletzungen und Erkrankungen ausgebremst, wodurch er auch die Teilnahme bei den Ironman-WM-Rennen verpasste. 2024 ist Alistair Brownlee als sogenannter „Hot Shot" in der neuen T100 Triathlon World Tour dabei.

7.5.2 LUCY CHARLES-BARCLAY (GBR)

Lucy Charles-Barclay ist eine der aktuell herausragenden Figuren auf und neben der Rennstrecke im Triathlonsport. Mit ihrem markanten „battle braids"-Haarstil und ihrer außergewöhnlichen Athletik hat sie sich bereits als Ironman-70.3-Weltmeisterin und Ironman-Weltmeisterin einen Namen gemacht. Ihre sportliche Karriere begann jedoch weit entfernt vom Triathlon, denn Lucy war beinahe als Freiwasserschwimmerin für die Olympischen Spiele 2012 qualifiziert und erzielte 2021 den zweiten Platz über 1500 Meter bei den britischen olympischen Schwimm-Trials.

Ihre Schwimmstärke verschafft ihr regelmäßig einen Vorteil in der Triathlon-Auftaktdisziplin. Regelmäßig kommt sie mit einem beträchtlichen Vorsprung aus dem Wasser und setzt ihre Konkurrentinnen so früh unter Druck. Entgegen der Norm, dass Elite-Triathleten üblicherweise von der Kurzdistanz zur Langdistanz wechseln, hat sie zunächst Erfolge auf der Langdistanz gefeiert, bevor Sie sich auch vereinzelt auf kürzeren Strecken versucht hat. Doch es ist nicht nur ihre Schwimmfähigkeit, die Charles-Barclay auszeichnet. Sie hat bewiesen, dass sie auch auf dem Rad und beim Laufen über mittlere und lange Distanzen zur Weltspitze zählt. Ihr Lauftalent zeigte sie u. a. bei einem 5-Kilometer-Lauf im Jahr 2019, bei dem sie eine beeindruckende Zeit von 16:25 Minuten erreichte.

Ihr Erfolg kommt allerdings nicht ohne harte Arbeit und Widrigkeiten. Sie spricht offen über die Realitäten des Lebens als Profi-Triathletin und teilt regelmäßig Einblicke in ihr Training auf ihrem professionellen YouTube-Kanal. Ihre Trainingseinheiten absolviert sie oft unter den rauen Bedingungen im heimischen Großbritannien, in ihrer voll ausgestatteten Pain Cave oder im windigen, aber warmen Lanzarote.

Wie zuvor erwähnt, begann ihre Triathlon-Laufbahn im Jahr 2013, als sie sich für den Ironman UK anmeldete. Schon bald darauf machte sie auf sich aufmerksam, als sie 2014 den zweiten Platz in ihrer Altersgruppe beim Ironman UK in Bolton belegte. Nach weiteren beeindruckenden Erfolgen in der Altersgruppe, einschließlich des Gewinns ihrer Kategorie (18 bis 24 Jahre) sowohl bei der Ironman-70.3-Weltmeisterschaft als auch bei der Ironman-Weltmeisterschaft auf Hawaii, zog sie ihre Profilizenz. Diese wurde ihr zuvor jedoch durch den Britischen Triathlon Verband mehrfach verweigert. Ihre professionelle Karriere begann vielversprechend mit einem dritten Platz beim Ironman Lanzarote, auch wenn ihre 2016er-Debütsaison als Profiathletin durch eine Stressfraktur unterbrochen wurde.

Ihr Weg war somit nicht immer einfach. Eine Stressfraktur im Hüftbereich ließ sie auch die meiste Zeit der Saison 2022 pausieren, dennoch kam sie zurück und beendete das Rennen in Kona zum vierten Mal in Folge auf dem zweiten Platz. Im Jahr 2023 wurde ihre Vorbereitung durch einen gebrochenen Mittelfußknochen unterbrochen, was sie jedoch nicht davon abhielt, den größten Sieg ihrer Karriere zu erringen. Endlich bog sie als Erste auf den legendären Alii Drive ein und durfte sich als Ironman-Hawaii-Siegerin 2023 feiern lassen.

Lucy Charles-Barclay bleibt nicht nur aufgrund ihrer sportlichen Leistungen, sondern auch durch ihre offene und authentische Art eine inspirierende Figur des Triathlonsports. Zusammen mit ihrem Ehemann und Trainer Reece, ebenfalls ein professioneller Triathlet, bildet sie ein starkes Team, das durch ihre Leidenschaft für den Sport und ihre gemeinsamen Ziele vereint ist. Lucy zeigt, dass Erfolg im Triathlon eine Familienangelegenheit sein kann, unterstützt durch ihren Partner, ihre Schwester und sogar ihren Hund Lola.

Nachdem sie sich 2024 zunächst voll auf die neue T100 Triathlon World Tour konzentrieren wollte und dafür sogar auf eine mögliche Titelverteidigung ihres Ironman-WM-Titels verzichten wollte, folgte im Juni die Kehrtwende. Lucy Charles-Barclay trat beim Ironman France in Nizza an, um unter Wettkampfbedingungen den WM-Kurs kennenzulernen. Ihr gelang ein überlegener Start-Ziel-Sieg.

7.5.3 KRISTIAN BLUMMENFELT (NOR)

Der Norweger Kristian Blummenfelt hat sich in der Welt des Triathlons als einer der vielseitigsten und zugleich erfolgreichsten Athleten etabliert und ist zurecht in der Diskussion um den besten Triathleten aller Zeiten. Seine beeindruckende Karriere umfasst herausragende Erfolge über verschiedene Distanzen hinweg – vom olympischen Triathlon bis hin zu Ironman-Wettkämpfen. Blummenfelt begann seine sportliche Laufbahn als Schwimmer und Fußballspieler, bevor er sich dem Triathlon zuwandte. Schon vor seinem 20. Lebensjahr erlangte er nationale Aufmerksamkeit, als er nationale Meisterschaften gewann. Jedoch dauerte es eine Weile, bis er auf der internationalen Bühne der World Triathlon Championship Series (WTCS) den Durchbruch schaffte. Erst 2019 erzielte er seinen ersten großen WTCS-Sieg beim Grand Final in Lausanne.

Sein erstes Ausrufezeichen in der Ironman-Szene erfolgte bereits 2017, als er den Ironman 70.3 in Bahrain vor äußerst namhaften Konkurrenten gewinnen konnte. 2018 und 2019 siegte er erneut in Manama und stellte dabei zweimal die bis dato weltweit schnellste Zeit über die 70.3-Distanz auf (2018: 3:29:04 / 2019: 3:25:21).

Bummenfelts Karriere erreichte ihren vorläufigen Höhepunkt, als er bei den Olympischen Spielen 2021 in Tokio Gold gewann, was zudem die erste olympische Triathlon-Medaille für Norwegen bedeutete. Kurz darauf sicherte er sich auch den Titel in der Gesamtwertung der World Triathlon Championship Series 2021. Doch damit nicht genug, denn Blummenfelt setzte seine beeindruckenden Leistungen fort und gewann auch seinen allerersten Ironman über die volle Distanz in Cozumel. Die Siegerzeit lag bei 7:21:10 Stunden und wäre eine neue Weltbestzeit gewesen, doch das Schwimmen war zu sehr strömungsbegünstigt.

2022 schrieb der aus Bergen stammende Blummenfelt nochmals Geschichte, indem er der erste Triathlet wurde, der als amtierender Olympiasieger den Ironman-WM-Titel beim Hawaii-Ersatzrennen in St. George gewann. Beim Showdown in Kona selbst musste er sich dann allerdings seinem Landsmann Gustav Iden und dem Franzosen Sam Laidlow geschlagen geben. Doch mit einer Niederlage wollte Blummenfelt die Saison nicht beenden und so gewann er auch noch die spät angesetzte Ironman-70.3-WM. Auch noch ins Jahr 2022 passte sein geglückter Rekordversuch beim Sub7-Projekt auf dem Lausitzring, wo er mit Teamunterstützung und Laborbedingungen einen Langdistanz-Triathlon in 6:44:25 Stunden absolvierte.

Blummenfelts Trainingsethik ist unter Triathleten längst legendär, auch wenn sein eher gedrungener Körperbau dies vielleicht nicht unbedingt vermuten lässt. 74 Kilogramm Körpergewicht bei 1,74 Meter Körpergröße sind nicht die Triathlon-Gardemaße, wie sie im Lehrbuch stehen. Er trainiert oft mehr als acht Stunden täglich und hat sich damit den Ruf eines der härtesten trainierenden Triathleten der Welt erworben. So war er beispielsweise in der Raceweek des Ironman Hawaii 2022 sechs Tage vor dem Rennen noch einmal nahezu über die komplette Rad- und Laufdistanz in der Nähe der Wettkampfgeschwindigkeit unterwegs.

Mit dem Beginn der Saison 2023 konzentrierte sich Blummenfelt auf die Olympia-Qualifikation für die Spiele in Paris. Er schaffte die Qualifikation, allerdings gelang ihm in der Vorbereitung keine einzige Podiumsplatzierung und bei Olympia wurde er im Einzelrennen nur Zwölfter. Anschließend ging es sofort auf die Langdistanz zurück, mit einem Sieg beim Ironman Frankfurt in neuer Rekordzeit (7:27:21).

7.5.4 GUSTAV IDEN (NOR)

Gustav Iden wurde wie Blummenfelt in der malerischen Stadt Bergen an der Südwestküste Norwegens geboren. Er hat innerhalb kurzer Zeit die Triathlon-Weltspitze erklommen und zeigt ein außergewöhnliches Talent, das ihn von nationalen Meisterschaften bis hin zum Weltmeistertitel geführt hat. Idens Karriere begann 2014, als er seine ersten nationalen Titel im Triathlon und Duathlon gewann. Dies war der Grundstein für eine vielversprechende sportliche Laufbahn. Sein Talent als Junior wurde durch einen Top-Ten-Platz bei den Junioren-Weltmeisterschaften 2015 weiter unterstrichen, wobei dort noch nicht abzusehen war, dass er als einer der zukünftigen Stars des Sports bekannt werden würde.

Der Übergang zum Elite-Rennsport stellte sich für Iden zunächst als Herausforderung dar. Allerdings hat er sich 2017 im Profizirkus eingefunden und holt seinen ersten Sieg beim World Cup im tschechischen Karlsbad. In der Saison 2018 ging es weiter voran. So begann er die Saison mit einem Top-Ten-Platz in Abu Dhabi und einem denkwürdigen dritten Platz in Bermuda, wo er Teil eines rein norwegischen Podiums war. Es war ein Novum, dass drei Athleten aus einer Nation das Männer-Podium bei einem Rennen der World Triathlon Championship Series stellen.

Iden setzte seine beeindruckende Leistung fort mit World-Cup-Siegen in Lausanne und Weihai sowie einem bemerkenswerten zweiten Platz bei den Ironman-70.3-Meisterschaften des Middle East in Bahrain.

Diese Erfolge stellten hohe Erwartungen für 2019, denen Iden mit bemerkenswertem Erfolg auch gerecht wurde. Er sicherte sich einen dritten Platz beim ITU World Triathlon in Bermuda und einen vierten Platz beim ITU World Triathlon Grand Final in Lausanne. Der Höhepunkt seiner Saison 2019 war jedoch sein Sieg bei den Ironman-70.3-Weltmeisterschaften in Nizza, wo er als bis dahin jüngster Ironman-70.3-Weltmeister aller Zeiten die versammelte Weltelite hinter sich ließ. 2021 konnte er den WM-Titel in St. George zudem verteidigen, nachdem 2020 aufgrund der Coronapandemie kein WM-Rennen stattfinden konnte.

2022 folgte dann die Krönung der Triathlon-Karriere von Gustav Iden, als er die prestigeträchtige Ironman-Weltmeisterschaft in Kailua-Kona gewann.

Anschließend ging Iden den gleichen Weg wie sein Trainingskumpel Kristian Blummenfelt und hatte die Qualifikation für die Olympischen Spiele in Paris im Blick. Hartnäckige Verletzungsprobleme und der Tod seiner Mutter führten dazu, dass Gustav Iden in der Saison 2023 nicht ansatzweise an die Leistungen der Vorjahre herankam und Anfang 2024 auch einsehen musste, dass der Traum von Olympia geplatzt ist.

Gustav Iden ist nicht nur für seine beeindruckenden sportlichen Leistungen bekannt, sondern auch für seine Glücksbringer-Baseball-Kappe, die er in jedem Rennen beim Laufen trägt. Diese ist zu einem markanten Teil seines Images geworden. Iden hatte die Mütze mit den taiwanesischen Schriftzeichen während einer Wettkampfreise in Japan auf der Straße gefunden. Die Mütze spiegelt seine lockere und zugängliche Persönlichkeit wider und hat sich zu einem Erkennungsmerkmal entwickelt, das Fans und Medien gleichermaßen lieben.

7.5.5 SAM LAIDLOW (FRA)

Ironman-Weltmeister Sam Laidlow wurde im kleinen Oakley in Großbritannien geboren und zog bereits im zarten Alter von drei Jahren mit seinen Eltern nach Frankreich. Schon als Kind hegte er den Wunsch Triathlon-Profi zu werden, inspiriert von einer Familie, die tief in der Welt des Triathlons verwurzelt war. Unter der Anleitung seines Vaters Richard, der zugleich sein Trainer ist, begann er mit der Verwirklichung seines Traums. Bereits mit 14 Jahren startete er in der französischen Grand-Prix-Serie, einem Sprungbrett für eine Karriere als Triathlon-Profi.

Mit 18 Jahren wagte er sich an seine erste Langdistanz beim Bearman, einem anspruchsvollen Wettkampf in den Pyrenäen, den er prompt gewann. Dies war nur der Beginn einer vielversprechenden Karriere. 2019, mit gerade mal 20 Jahren, beeindruckte er erneut die Triathlon-Welt, als er bei seinem ersten Ironman in Barcelona mit einer Zeit von 8:05:40 Stunden in einem starken Profifeld Siebter wurde.

2021 erreichte er beim Ironman UK einen weiteren Meilenstein. Mit Rang zwei sicherte er sich den Startplatz für die Ironman-WM. Bei der WM-Premiere in St. George im Mai 2022 musste Laidlow im Marathon die Konkurrenz noch ziehen lassen und wurde Achter. Fünf Monate später in Kailua-Kona war der Franzose lange der bestimmende Athlet. Als jüngster

Profiathlet des Feldes fuhr er in 4:04:36 Stunden einen neuen Radstreckenrekord. Anschließend musste er nur den Norweger Gustav Iden im Marathon ziehen lassen und lief als Zweiter am Alii Drive ins Ziel.

2023 folgte dann das Meisterstück. Bei der kritisch beäugten reinen Männer-Ironman-WM in Nizza bestimmte Sam Laidlow erneut mit seiner aggressiven Renntaktik den Rennverlauf und ging mit großem Vorsprung in den Marathon auf der Promenade des Anglais. Angefeuert von den heimischen Fans lief er mit der französischen Trikolore in den Händen zum Ironman-WM-Sieg, der zugleich historisch war. Noch nie zuvor hatte ein Franzose die Ironman-WM gewinnen können. Gleichzeitig wurde der 24-Jährige damit auch der jüngste Sieger des Wettbewerbs.

7.5.6 MAGNUS DITLEV (DEN)

Der 1,95 Meter große Däne Magnus Ditlev wird aufgrund seiner beeindruckenden Leistungen auch „The Machine" genannt. Er hat sich in kürzester Zeit in die Weltelite des Triathlons gekämpft. Sein Weg in die Weltspitze des Triathlons begann eher ungewöhnlich und wurde von mehreren Herausforderungen begleitet, die seinen Charakter und seine Entschlossenheit nur noch stärker formten. Magnus Ditlev wuchs in Dänemark auf und war als Kind an verschiedenen Mannschaftssportarten wie Football, Badminton, Handball, Tischtennis und Tennis interessiert. Erst als einige seiner Freunde ins Ausland gingen und sich somit die Teams auflösten, fand er den Weg zum Laufen und später zum Triathlon. 2016 beschloss er, an einem Mitteldistanzrennen teilzunehmen, das direkt an seinem Haus vorbeiführte. Obwohl er bei diesem Rennen nicht erfolgreich war, hatte er Spaß und entdeckte seine Leidenschaft für den Triathlonsport.

Ditlev machte 2020 erstmals international auf sich aufmerksam. Sein Sieg beim Ironman 70.3 Gdynia im Sommer desselben Jahres, bei dem er die Konkurrenz auf dem Rad deklassierte, war der Beginn seiner steilen Karriere. Sein Debüt auf der Langdistanz gab er im April 2022 beim Ironman Texas, wo er sich den zweiten Platz sichern konnte. Nur wenige Monate später triumphierte er bei der Challenge Roth und blieb nur knapp über Jan Frodenos Streckenrekord. Magnus Ditlev ist bekannt für seine analytische Herangehensweise an den Sport. Mit einem Bachelor im Chemieingenieurwesen nutzt er seine Fähigkeiten, um komplexe Zusammenhänge zu verstehen und seine Rennen sorgfältig zu planen. Er beobachtet die Zeiten seiner Konkurrenten und kalkuliert an den Wendepunkten seine Vorsprünge, um taktisch kluge Entscheidungen zu treffen. Diese Herangehensweise hat ihm bereits bei mehreren Rennen, darunter den PTO US Open in Dallas und der Challenge Roth, große Erfolge beschert.

Die Karriere von Ditlev war nicht ohne Rückschläge. Im Jahr 2018, kurz vor seinem ersten Profirennen, erlitt er einen schweren Radunfall, bei dem er sich mehrere Brüche zuzog. Die Ärzte prognostizierten, dass er seinen Arm nicht mehr vollständig bewegen und keinen Profisport mehr betreiben können würde. Doch Ditlev gab nicht auf und verbrachte 125 Tage auf dem Indoor-Bike, um sich wieder in Form zu bringen. Diese Zeit des intensiven Trainings zahlte sich aus und er konnte seine Leistungen auf dem Rad und in den anderen Disziplinen sogar verbessern.

Gerade das Rennen im fränkischen Roth kann man mittlerweile als Lieblingsrennen des lang aufgeschossenen Dänen bezeichnen. Nach dem Premierensieg 2022 folgte 2023 die gelungene Titelverteidigung. Aber nicht nur das. In 7:24:40 Stunden pulverisierte er regelrecht die Frodeno-Bestzeit aus dem Jahr 2016. Beim seinen 2024er-Roth-Auftritt war Magnus Ditlev nochmals eine gute Minute schneller unterwegs und drückte bei seinem dritten Roth-Sieg in Serie die Langdistanz-Weltbestzeit auf 7:23:24 Stunden.

Sein Fokus liegt nun auf den kommenden Herausforderungen, insbesondere dem Ironman Hawaii, wo er als vielversprechender Sieganwärter gilt. Sein Motto „Fokus auf meine eigene Entwicklung" und seine technische Affinität, die ihn dazu bringt, ständig an seiner Ausrüstung und seiner Taktik zu feilen, werden ihm sicherlich dabei helfen, seine Ziele zu erreichen.

★ 8 ★

TRAINING IM TRIATHLON

Das Triathlon-Training ist bekanntermaßen äußerst zeitintensiv, da es sich um eine Kombination aus drei komplett verschiedenen Sportarten handelt: Schwimmen, Radfahren und Laufen. Triathleten vertiefen sich in die Trainingslehre oft mit dem gleichen Ehrgeiz wie in das tägliche Training. Dies tun sie, da sie verstehen, dass eine sorgfältige Planung und Ausführung entscheidend für den Erfolg in diesem anspruchsvollen Sport ist. Gespräche unter Triathleten können manchmal jedoch durch die Verwendung verschiedener Synonyme und Fachbegriffe verwirrend sein. In diesem Kapitel soll etwas Licht ins Dunkel gebracht werden, um die Grundlagen des Triathlon-Trainings zu erklären. Für diejenigen, die es jedoch wirklich genau wissen möchten, sei das im Meyer & Meyer Verlag erschienene Buch „Triathlon – Erfolg auf der Langdistanz" von Mario Schmidt-Wendling empfohlen. Hier finden Interessierte detaillierte Einblicke und wertvolle Informationen, um ihr Training in den drei Triathlon-Disziplinen zu optimieren oder sich tiefer in die Materie einzuarbeiten.

8.1 DAS TRAININGSJAHR

Das Trainingsjahr im Triathlon reicht häufig von November bis in den September des Folgejahres, ausgehend von einer Wettkampfphase in den mitteleuropäischen Sommermonaten. Es ist eine sorgfältig geplante und strukturierte Zeitspanne. Sie dient dazu, Athleten auf die Herausforderungen verschiedener Wettkampfphasen vorzubereiten. Dabei wird das Jahr häufig in vierwöchige Trainingsblöcke unterteilt. Innerhalb dieser Blöcke wird in den ersten drei Wochen die Trainingsbelastung kontinuierlich von Woche zu Woche gesteigert. Die vierte und letzte Woche dient der Erholung, weshalb die Gesamtbelastung nicht so hoch ist. Dies soll den Körper in eine gute Verfassung für den kommenden Trainingsblock bringen. Bei älteren Athleten kann alternativ mit dreiwöchigen Blöcken gearbeitet werden, da sie aufgrund des Alters meist eine schlechtere Regenerationsfähigkeit aufweisen. Dieses Prinzip ist jedoch für den September außer Kraft gesetzt. Denn der September markiert oft den Beginn der Off-Season im Triathlon. Es ist eine Phase, in der Athleten nach einer intensiven Wettkampfsaison eine geplante Ruhe- und Erholungszeit einleiten. Während dieser Monat als Übergangszeit betrachtet wird, nutzen Triathleten die Off-Season, um sich physisch zu regenerieren und mentale Frische zurückzugewinnen. Darüber hinaus können eventuelle Verletzungen auskuriert und neue Trainingsziele in Form von Wettkämpfen für die kommende Saison geplant werden.

Diese Jahresplanung berücksichtigt die Zyklen der Triathlon-Disziplinen (Schwimmen, Radfahren, Laufen) sowie Ruhe- und Wiederaufbauphasen, um eine optimale Leistungsfähigkeit und eine kontinuierliche Entwicklung zu gewährleisten. Denn so viel sei schon verraten, die absolute Höchstleistung kann nicht über das ganze Jahr gehalten werden. Aus diesem Grund wird die Form behutsam aufgebaut, bis man im Zeitraum von zwei Wochen um den geplanten Hauptwettkampf am leistungsfähigsten ist. Während Amateurathleten sich meist ein großes Saison-Highlight herauspicken, bei dem sie ihre individuelle Höchstform erreichen wollen, wird im Profibereich die Saison oft auf zwei Hauptwettkämpfe (Langdistanz) bzw. zwei Hauptwettkampfphasen (kürzere Wettkampfdistanzen) ausgerichtet.

8.2 AUFBAU EINER TRAININGSEINHEIT

Häufig sind es die einfachen Dinge, die man sich immer mal wieder in Erinnerung rufen muss. So verhält es sich auch mit dem grundsätzlichen Aufbau einer einzelnen Trainingseinheit. Diese sollte aus drei Teilen bestehen: Aufwärmen, Hauptteil und Cool-Down. Jede Trainingseinheit sollte mit einem sanften Aufwärmen beginnen, um den eigenen Körper und Geist optimal auf die kommenden Herausforderungen vorzubereiten. Denn häufig ist man zu Beginn des Trainings noch mit den Gedanken bei der Arbeit oder bei anderen Aktivitäten. Dies erhöht die Gefahr von Verletzungen signifikant. Ein gutes Warm-up für ein Lauftraining ist leichtes Joggen oder dynamische Laufschulübungen (z. B. vorwärts, rückwärts oder seitwärts laufen). Beim Radfahren ist es ein lockeres Pedalieren mit hoher Trittfrequenz und beim Schwimmen kann zwischen den verschiedenen Schwimmlagen gewechselt werden. Die Aufwärmphase sollte in der Regel 10 bis 15 Minuten dauern und nie mehr als 50 Prozent der eigenen Leistungsfähigkeit überschreiten (Ausnahme sind kurze Sprints, wie bei Steigerungen). Die Belastung sollte in diesem Zeitraum progressiv gesteigert werden. Es ist besonders sinnvoll, Koordinationsübungen in das Warm-up einzubauen, da diese am effektivsten sind, wenn der Kopf noch frisch ist.

Nachdem der Körper gut aufgewärmt ist, geht es weiter mit dem Hauptteil des Trainings. Hier liegt der Fokus auf den spezifischen Bewegungen der trainierten Sportart. Ferner ist es möglich, Wettkampfsituationen zu simulieren und gezielt an der Verbesserung der sportlichen Fähigkeiten zu arbeiten. Üblicherweise konzentriert man sich in jeder Einheit auf die Entwicklung einer spezifischen Fähigkeit wie Schnelligkeit, Koordination, Kraft oder Ausdauer. Es ist wichtig zu beachten, dass z. B. nach einem intensiven Kraft-Anteil im Training keine Höchstleistungen mehr im Ausdauerbereich erbracht werden können. In einer Trainingseinheit, in der mehrere Fähigkeiten angesprochen werden, ist es ratsam, eine bestimmte Reihenfolge einzuhalten: Zuerst Schnelligkeit, dann Koordination, gefolgt von Kraft und schließlich Ausdauer. Gerade Schnelligkeit kann immer nur zu Beginn eines Hauptteils wirkungsvoll trainiert werden, da nur dann die nötige Frische im neuronalen System gegeben ist. Beweglichkeitstraining, insbesondere Dehnübungen, sind am besten in einer separaten Einheit aufgehoben. Diese kann dann z. B. entspannt neben dem abendlichen Fernsehen stattfinden.

Zum Abschluss des Trainings sollte sich Zeit für ein Cool-Down genommen werden. Dies hilft, die Körperfunktionen sanft herunterzufahren und bereitet den erschöpften Körper auf die folgende Ruhephase vor. Einige Minuten lockeres Joggen oder Gehen helfen, die Herzfrequenz zu senken, während sanftes Dehnen dazu beiträgt, die Muskeln zu entspannen und auf ihre ursprüngliche Länge zurückzuführen. Darüber hinaus sollte ein freudebetonter Abschluss geschaffen werden, damit die Trainingseinheit mit einem guten Gefühl beendet wird. Dadurch erhöht sich die Compliance für die folgenden Einheiten. Eigentlich gibt es noch einen vierten Anteil einer Trainingseinheit. Denn nach dem Training sollte sich der Sportler oder sein Trainer mit der absolvierten Einheit beschäftigen. Nur ein nachbereitetes Training zeigt, was gut und was weniger gut gelaufen ist. Dies ermöglicht es in folgenden Trainings den Plan gezielt anzupassen und Fehler nicht zu wiederholen.

8.3 GRUNDLAGEN DER TRAININGSPLANUNG

Die Kunst, Training im Sport zu planen, ist eine faszinierende Reise durch das Verständnis, wie der menschliche Körper auf systematische Belastungen reagiert, sich anpasst und daraus lernt. Viele Athleten trauen sich jedoch nicht an die Planung des Trainings, da diese zu kompliziert und zeitaufwendig erscheint. Dabei gibt es in der Sportwissenschaft einen Rezeptkasten mit vierzehn Zutaten, der alles umfasst, was zur Planung benötigt wird. Grundlegend basiert die Trainingsplanung auf verschiedenen sportlichen Prinzipien, die als Leitfaden dienen, um effektive und effiziente Trainingsprogramme zu erstellen. Prinzipien heißen sie deshalb, weil sie eine hohe Allgemeingültigkeit haben. Je nach Autor werden die Trainingsprinzipien in drei bis vier Gruppen eingeteilt. Für dieses Buch wählen wir die Einteilung in vier Kategorien: Prinzipien der Belastung, Zyklisierung, Spezialisierung und Proportionalisierung.

Prinzipien der Belastung beziehen sich auf die Grundlagen zur Trainingsintensität und Trainingsdauer. Darüber hinaus beschreiben sie die Notwendigkeit der Progression im Training. Das wichtigste Prinzip in dieser Gruppe ist vielleicht das Prinzip des trainingswirksamen Reizes. Dieses besagt, dass eine kritische Belastungsschwelle im Training überschritten werden muss, damit Anpassungen ausgelöst werden. Dementsprechend ist die Pendelfahrt zum Bäcker vielleicht gut für den Kopf, hat aber für das Training normalerweise keinerlei Effekt. Ein weiteres ist das Prinzip der progressiven Belastungssteigerung. Dies besagt, dass die Trainingsintensität und/oder -dauer im Laufe der Zeit schrittweise erhöht werden muss, um weitere Anpassungen auszulösen und Leistungsplateaus zu vermeiden.

Die Prinzipien der Zyklisierung bieten einen Anhaltspunkt, wie das Training langfristig gestaltet werden muss. So ermöglicht das Prinzip der Periodisierung eine systematische Variation der Trainingsbelastung und -intensität. Diese Variation vermeidet Übertraining und bereitet den Athleten auf Wettkämpfe oder Leistungshöhepunkte vor. Besonders wichtig ist auch das Prinzip der kontinuierlichen Belastung in diesem Themenverbund. Dieses besagt, dass wir eine regelmäßige Trainingsfolge benötigen, um die Leistung immer weiter zu verbessern. Gerade Anfänger im Triathlon starten hochmotiviert in eine Woche, um dann in der nächsten Woche nur sehr wenig zu trainieren. Sinnvoller wäre in diesem Fall lieber die zwei Wochen mittelmäßig viel zu trainieren und die Einheiten gleichmäßig auf die Tage zu verteilen. Darüber hinaus gibt uns dieses Prinzip auch mentale Sicherheit, sollte man einmal verletzt oder krank sein. Denn es besagt zudem, dass die Geschwindigkeit vom Aufbau unseres Leistungsniveaus in etwa der des Abbaus gleicht. Trainieren wir nun drei Jahre kontinuierlich, fallen ein oder zwei Wochen Trainingsausfall gar nicht negativ auf.

Unter den Prinzipien der Spezialisierung und Spezifizierung des Trainings verbergen sich die Prinzipien, die eine längere Lebensspanne betrachten. So sollte Training immer altersgemäß sein. Wobei das Alter aus dem Personalausweis weniger von Interesse ist als das biologische Alter des Sportlers. So kann das Training in einer Gruppe Kinder mitunter sehr heterogen gestaltet sein, da manche von ihnen schon weiter in der körperlichen Entwicklung als andere sind. Darüber hinaus sollten in diesem Zusammenhang die sensiblen Entwicklungsphasen berücksichtigt werden. Gerade kleine Kinder können extrem gut an der Koordination arbeiten und so einen breiten Erfahrungsschatz an Bewegungen ansammeln. Von diesem können sie dann ein Leben lang profitieren. Dafür sollte mit ihnen kein Krafttraining mit Gewichten vor Erreichen des 14. Lebensjahres durchgeführt werden.

Der letzte thematische Verbund an Prinzipien wird durch die Prinzipien der Proportionalisierung gebildet. Hier kann unter Triathlon-Aspekten das Prinzip der optimalen Entwicklung der Leistungskomponenten betrachtet werden. Dieses besagt, dass es eine Wechselwirkung von Training der Kondition (Ausdauer, Schnelligkeit, Kraft und Beweglichkeit), Technik und Kognition gibt. Gerade der Anteil der Kondition gegenüber Technik wird dabei häufig überschätzt. Dies sollte durchaus jeder muskelbepackte Schwimmanfänger bestätigen können. Denn auch wenn gute Kraftniveaus in der Regel zu schnelleren Schwimmzeiten führt, macht gerade eine effiziente Technik den Langzeitgenuss beim Schwimmen aus. Doch auch innerhalb der Kondition finden wir Wechselwirkungen. Positiv kann sein, dass unser Krafttraining auch eine Verbesserung der Schnelligkeit mit sich bringen kann. Negativ hingegen könnte in diesem Zusammenhang sein, dass der erhöhte Muskelquerschnitt zu einer geringeren Durchblutung und damit einer geringeren Ausdauer führt. Denn durch die Zunahme in der Breite können die vorhandenen kleinen Blutgefäße den Muskel schlechter mit Sauerstoff versorgen. Diesen Umstand muss man sich immer vor Augen führen bei der Planung von Training.

Zusammenfassend lässt sich sagen, dass die Prinzipien der Trainingsplanung einen umfassenden, aber flexiblen Rahmen bieten. Innerhalb dieses Rahmens können Athleten und Trainer individuelle Trainingspläne erstellen. Indem sie diese Prinzipien befolgen, können sie sicherstellen, dass das Training nicht nur effektiv, sondern auch nachhaltig und sicher ist. Dies führt letztendlich zu einer kontinuierlichen Verbesserung und zur Erreichung von Höchstleistungen, wobei es jedoch wichtig ist, im Hinterkopf zu behalten, dass eine wissenschaftliche Abklärung nicht bei allen Prinzipien gegeben ist. (Grosser, Starischka & Zimmermann, 2015)

8.4 BASE-PHASE

In der klassischen Trainingslehre stellt die Grundlagenphase, auch bekannt als Base-Phase, einen zentralen Baustein in der traditionellen Periodisierung dar. Nach einer Erholungsphase in der Off-Season beginnt das Training jedoch zunächst mit der Vorbereitungsperiode. In dieser stehen leichtes Training zum Spaß oder Schwerpunkte wie Krafttraining und Mobilität im Vordergrund. Danach beginnt die entscheidende Phase der Grundlagenausbildung. Das Hauptziel dieser Phase ist es, durch Trainingseinheiten mit geringer Intensität, aber hohem Volumen eine solide aerobe Ausdauer und Belastbarkeit zu entwickeln. Diese Grundlage ist essenziell, um den Körper auf die folgenden Trainingseinheiten mit höherer Intensität vorzubereiten. Während der Grundlagenphase werden Herzfrequenz, Leistung und Tempo in der Regel unterhalb der anaeroben Schwelle gehalten, um die aerobe Basis ohne übermäßige Ermüdung aufzubauen.

Ein typisches Merkmal dieser Phase ist das Einbeziehen von allgemeinem aeroben Training in andere Sportarten. Im Winter können dies z. B. Skilanglaufen oder Indoor-Rudern sein. Diese Aktivitäten tragen nicht nur zur Verbesserung der aeroben Fitness bei, sondern fördern auch die Vielseitigkeit und minimieren das Risiko von Überlastungsschäden. Gerade Überlastungen können durch monoton wiederholte Bewegungen bei hohem Umfang entstehen. Gleichzeitig bietet die Grundlagenphase eine ausgezeichnete Gelegenheit, an technischen Fähigkeiten zu arbeiten. Das langsame Tempo sorgt dafür, dass ausreichend Aufmerksamkeit für die eigene Bewegungsausführung vorhanden ist. Darüber hinaus können erste Ernährungsstrategien entwickelt werden, die schließlich die sportliche Leistung im Hauptwettkampf des Jahres unterstützen. Ein weiterer wichtiger Aspekt der Base-Phase ist das parallele Krafttraining. Da das Training in dieser Phase hauptsächlich aus niedrigintensiven Einheiten besteht, ist es eher unwahrscheinlich, dass Muskelschmerzen bzw. Muskelkater aus dem Krafttraining die aeroben Trainingseinheiten negativ beeinflussen. Das Krafttraining während der Grundlagenphase trägt zur Entwicklung eines guten Kraftniveaus sowohl in der Halte- als auch in der Bewegungsmuskulatur bei. Dieses Grundniveau verbessert nicht nur die allgemeine Leistungsfähigkeit, sondern verringert auch die Verletzungsanfälligkeit des Athleten.

Zusammenfassend lässt sich sagen, dass die Grundlagenphase eine wichtige Rolle in der Vorbereitung von Ausdauersportlern spielt. Sie dient vornehmlich dazu, eine solide aerobe Basis zu schaffen, die für das Erreichen von Spitzenleistungen unerlässlich ist. Durch die Integration von Alternativtraining, technischem Training, Ernährungsplanung und Krafttraining wird eine umfassende Vorbereitung gewährleistet. Allerdings ist hier anzumerken, dass sich auch andere Ansätze neben der klassischen Periodisierung bewährt haben, da gerade für verletzungsanfällige Sportler die hohen Umfänge der klassischen Vorbereitung im Frühjahr zu Verletzungen führen können. Dementsprechend ist es von großer Bedeutung, in Zusammenarbeit mit dem eigenen Trainer das optimale Konzept auszuwählen. Schließlich kann es bei großen Ausfällen im Grundlagentraining bei der Vorbereitung auf eine Langdistanz sinnvoll sein, auf den Übergang in die nächste Phase der Zyklisierung zu verzichten und stattdessen einen weiteren vierwöchigen Zyklus der Base-Phase zu absolvieren. Dadurch soll die ausreichende Grundlage für das harte Training gegeben sein. Darüber hinaus sorgt eine gute Grundlage auch für eine schnelle Regeneration zwischen den einzelnen Trainingseinheiten einer Woche. (Weineck, 2019)

8.5 BUILD-PHASE

Nach Abschluss der Base-Phase beginnt in der Regel die Aufbau- oder Build-Phase im Trainingszyklus. In dieser Phase verlagert sich der Fokus vom Aufbau einer möglichst hohen aeroben Grundlagenausdauer hin zur Steigerung der Intensität und der gezielten Arbeit an den spezifischen Limitierungen des Athleten. Das Trainingsvolumen wird in dieser Phase in der Regel beibehalten oder sogar leicht bis mäßig reduziert. Zu Beginn der Aufbauphase werden Intervalle in der Nähe der Laktatschwelle sowie gleichmäßige Tempoeinheiten integriert. Mit fortschreitender Phase werden auch kürzere und intensivere Intervalle ins Training eingebaut. Die genaue Dosierung ist jedoch abhängig von den Bedürfnissen des Athleten und den spezifischen Anforderungen des Wettkampfs. Die intensiveren Intervalle können sogar oberhalb der Laktatschwelle bis hin zu maximalen Intensitäten durchgeführt werden. Diese dienen der Verbesserung von Kraft, Leistung und anaerober Ausdauer.

Allgemein wird das Training in der Aufbauphase zunehmend spezifischer auf den Wettkampf ausgerichtet. Beispielsweise können für hügelige Rennen Bergwiederholungen in das Training einfließen. Außerdem nimmt der Anteil des Koppeltrainings zu. Auch die Ernährung während des Rennens sollte in dieser Phase optimiert werden. Gerade in den Intervallen, die im angestrebten Wettkampftempo absolviert werden sollen, lohnt es sich, eine Eins-zu-eins-Umsetzung der Ernährungsstrategie zu testen. Mit diesem Vorgehen sollten Magenschmerzen und Durchfall kein Faktor am Wettkampftag mehr sein. Der Fokus des Krafttrainings verschiebt sich hin zur Erhaltung, da die Intensität des sonstigen Trainings zunimmt. (Weineck, 2019)

8.6 RACE/TAPERING

Nach den Base- und Build-Phasen folgt die Taper-Phase im Trainingszyklus. Diese wird manchmal auch in Peak- und Race-Wochen aufgeteilt. Während der Taper-Phase werden die Dauer und das Volumen der Trainingseinheiten (typischerweise um 20 bis 50 Prozent pro Woche) reduziert, um sich auf den Hauptwettkampf des Jahres vorzubereiten. Jedoch wird nur der Umfang reduziert, die Intensität im Training bleibt hoch und rennspezifische Intensitäten sollten sich alle paar Tage im Trainingsplan wiederfinden. Das Ziel ist, Fitness zu erhalten und gleichzeitig Ermüdung zu verringern. Dies wiederum verbessert dann die Wettkampfleistung, wenn es zählt. Die Länge der Taper-Phase beträgt in der Regel ein bis drei Wochen. Üblicherweise ist die Länge der Taper-Phase direkt proportional zur Länge des Rennens. Das bedeutet, dass für Ironman-Rennen eher drei Wochen angesetzt werden sollten, während eine Sprintdistanz eher eine Woche Tapering benötigt. Doch zugegebenermaßen ist das Tapering bis zu einem gewissen Grad eine Kunst, da jeder Athlet anders auf diese reagiert. Weniger fitte Athleten oder Anfänger im Ausdauersport profitieren möglicherweise von mehr Training und einer kürzeren Taper-Phase. Dies liegt daran, dass sie noch nicht sonderlich viel Trainingsmüdigkeit angesammelt haben. Auch erfahrene Athleten mit einer starken aeroben Grundlage fühlen sich manchmal mit einer zu langen Taper-Phase unwohl. Auf den kurzen Wettkampfstrecken spielt auch der Zeitraum zwischen den Wettkämpfen eine wichtige Rolle. So kann es sinnvoll sein, eine kurze Taperingphase vor dem ersten Wettkampf zu haben, um die Form über den gesamten Wettkampfzeitraum möglichst hoch zu halten.

Nach einem Rennen stellt sich die Frage, was weiter trainiert werden sollte. Es sollten mindestens fünf bis sieben Tage als Erholungsphase nach einem Hauptwettkampf eingeplant werden. Eine grobe Orientierung können die Laufkilometer sein. In der Leichtathletik gilt: Für jeden Wettkampfkilometer bedarf es einen Tag Erholung, wobei in der Erholungsphase weiterhin trainiert werden kann. Die Intensität sollte sich hauptsächlich im Grundlagenbereich befinden. Wenn der Zeitraum zwischen den Rennen einige Monate beträgt, durchläuft man die Grundlagen- und Aufbauphasen entsprechend den Bedürfnissen erneut. War es der letzte Wettkampf des Jahres, kann man in den Off-Season-Modus wechseln. (Weineck, 2019)

8.7 TRAINING LOAD

Im Triathlon ist das Monitoring der Trainingsbelastung ein entscheidender Faktor für die Optimierung der eigenen Leistung sowie der Prävention von Verletzungen. Da Verletzungen oft durch eine unangepasste Trainingsbelastung hervorgerufen werden, ist die Implementierung von effektiven Monitoringsystemen im Triathlon von besonders großer Bedeutung. Ein geeignetes und praktikables Instrument in diesem Kontext ist das Verhältnis von akuter zu chronischer Trainingsbelastung (ACWR).

Das Konzept des ACWR hilft dabei, ein Gleichgewicht zwischen „Fitness" und „Müdigkeit" zu schaffen. Dabei verfolgt es das Ziel, die Leistungsfähigkeit der Athleten zu steigern, ohne sie übermäßig zu ermüden oder zu überlasten. Vereinfacht dargestellt setzt sich Leistung im Modell folgendermaßen zusammen

Leistung = Fitness - Müdigkeit

Dementsprechend kann ein weniger fitter Sportler einen deutlich leistungsfähigeren Sportler schlagen, wenn er nur deutlich weniger ermüdet ist. Das sollte einem jeden Sportler aus Duellen mit Trainingskollegen bekannt vorkommen. Die akute Trainingsbelastung (Acute Training Load, ATL) reflektiert die kurzfristige Belastung, welche typischerweise über eine Woche gemessen wird. Sie schließt sowohl das Training als auch Wettkampfbelastungen mit ein. Dies ist im Triathlon von besonderer Bedeutung, da Athleten oft in allen drei Disziplinen plus Krafttraining trainieren. Dementsprechend werden alle Belastungen einer Woche zusammengerechnet. Doch es wird nicht nur die einfache Trainingszeit aller absolvierter

Einheiten addiert, da z. B. hochintensive Einheiten normalerweise kürzer sind, aber mehr Regenerationszeit benötigen. Deshalb wird die Trainingsdauer mit der Anstrengung nach der Borg-Skala multipliziert. Die Borg-Skala bewertet das subjektive Empfinden einer Belastung mithilfe einfacher Zahlenwerte. Die chronische Trainingsbelastung (Chronic Training Load, CTL) dagegen bietet einen Einblick in die durchschnittliche Belastung der letzten vier Wochen und steht für die Belastungstoleranz oder „Fitness" des Athleten. Es gibt zwar verschiedene Modelle zur Berechnung, aber der klassische Weg ist einfach in der Anwendung. Dafür wird das arithmetische Mittel aus den letzten vier Trainingswochen gebildet. Dieser Wert stellt die chronische Trainingsbelastung dar.

Das Verhältnis von akuter zu chronischer Trainingsbelastung stellt dann den eigentlich interessanten Wert für das Training dar. Er ermöglicht es Trainern und Athleten im Triathlon, eine Momentaufnahme der aktuellen Trainings- und Wettkampfbelastung zu erhalten und somit die Wettkampfbereitschaft und das Verletzungsrisiko besser einzuschätzen. Ein optimales ACWR-Verhältnis liegt zwischen 0,8 und 1,3. Es deutet darauf hin, dass die Trainingsbelastung im idealen Bereich ist, um das Verletzungsrisiko gering zu halten. Werte über 1,5 hingegen signalisieren eine erhöhte Verletzungsgefahr für den Athleten. Es ist jedoch wichtig zu verstehen, dass die ACWR-Werte lediglich Richtwerte bieten. Diese müssen im Kontext weiterer individueller Faktoren wie der Trainings- und Verletzungshistorie, dem Leistungsniveau und dem Alter des Athleten interpretiert werden. Die Überwachung der Trainings- und Wettkampfbelastung mittels ACWR stellt somit ein wertvolles Tool dar, um die Trainingssteuerung im Triathlon zu verbessern und Verletzungen effektiv vorzubeugen. (Maupin, Schram, Canetti & Orr, 2020)

8.8 LEISTUNGSDIAGNOSTIK

Die Leistungsdiagnostik ist ein komplexes Thema im Bereich von Steuerung und Regelung von Training. Vorab sei gesagt, dass es nicht den perfekten Test für alle Sportler gibt. Aus diesem Grund findet sich eine große Anzahl von Testprotokollen, Auswertemethoden und Anbietern auf dem Markt. Dennoch ist die Leistungsdiagnostik im Ausdauersport ein unverzichtbares Werkzeug, um die Fortschritte durch Training zu evaluieren. Dadurch hilft sie Sportlern und Trainern, Trainingspläne präzise auf die persönlichen Ziele und Bedürfnisse zuzuschneiden und gegebenenfalls anzupassen. Grundsätzlich unterteilt sich die Leistungsdiagnostik in zwei Hauptkategorien: invasive und nicht-invasive Methoden, die jeweils ihre spezifischen Anwendungsgebiete, Vorteile und Nachteile haben.

Invasive Methoden, wie Laktattests, nutzen direkte Blutentnahmen im Ohrläppchen oder der Fingerbeere. Dabei soll die Laktatkonzentration während schrittweiser gesteigerter Belastung gemessen werden. Laktat ist ein Metabolit des Glukoseabbaus unter Sauerstoffmangel. Das bedeutet, dass es bei intensiven Belastungen in der Muskelzelle durch Spaltung von Zucker gebildet wird. Diese Methode bietet wertvolle Aufschlüsse über den aeroben und anaeroben Stoffwechsel des Athleten. Indem die Laktatkonzentration im Blut bei verschiedenen Intensitäten gemessen wird, lässt sich die individuelle Laktatschwelle identifizieren. Diese anaerobe Schwelle markiert den Punkt, an dem die Laktatproduktion die Laktatelimination übersteigt und ein deutlicher Anstieg des Laktats im Blut messbar ist. Die Standardmethode in der Laktatdiagnostik ist der Stufentest. Dieser beginnt mit einer Aufwärmphase auf einem Laufband oder Ergometer, je nach Sportart, um den Körper auf die Belastung vorzubereiten. Nach dem Aufwärmen startet der eigentliche Test, bei dem die Intensität der Belastung schrittweise in festgelegten Zeitintervallen (zumeist um die drei Minuten) erhöht wird. Am Ende jeder Belastungsstufe wird eine kleine Blutprobe entnommen, um die Laktatkonzentration zu messen. Zusätzlich werden oft Herzfrequenz und die subjektive Anstrengungsempfindung des Athleten erfasst. Der Test wird fortgeführt, bis ein vorher definierter maximaler Belastungsgrad erreicht wird oder bis der Sportler die Belastung nicht weiter aufrechterhalten kann. Dies tritt häufig ein, wenn ein sprunghafter Anstieg der Laktatkonzentration eine starke anaerobe Belastung anzeigt. Durch die Interpretation der resultierenden Kurve können die aerobe und anaerobe Schwelle des Sportlers bestimmt werden. Diese

Schwellenwerte sind entscheidend für die Festlegung von Trainingszonen und das Monitoring des Trainingsfortschritts. Allerdings ist zu erwähnen, dass es eine Vielzahl von Auswertemethoden gibt, die zu teils massiven Unterschieden in der Einschätzung der Leistungsfähigkeit resultieren.

Nicht-invasive Verfahren bieten eine attraktive Alternative, um Leistungsparameter zu bestimmen. Da bei diesen keine Blutprobe entnommen werden muss, sind sie günstiger und leichter durchzuführen. Es gibt eine Vielzahl von Verfahren, die Anwendung in der Praxis finden. Der FTP-Test (Functional Threshold Power) im Radsport misst beispielsweise die durchschnittliche Leistung, die ein Athlet über 20 Minuten aufrechterhalten kann. Diese gibt dann Aufschluss über die aerobe Leistungsgrenze. Bei diesem Test wird nach einem Aufwärmprogramm versucht, die maximale konstante Leistung zu erbringen. Gerade Anfänger im Ausdauersport brauchen häufig einige Versuche, bis sie nicht zu schnell oder zu langsam in den Test starten, was die Aussagekraft für diese etwas einschränkt. Darüber hinaus neigt der FTP-Test dazu, die Schwellenleistung der Athleten um 2 bis 15 Prozent zu überschätzen. Aus diesem Grund sollte die Durchschnittsleistung mit 0,95 multipliziert werden, um eine bessere Abschätzung der anaeroben Schwelle für die Berechnung von Trainingszonen zu haben. Die Spiroergometrie wiederum misst die maximale Sauerstoffaufnahme (VO_2max) und die ventilatorischen Schwellen. Das Protokoll wird mit einer rampenförmig ansteigenden Belastung durchgeführt, ohne dass eine Blutprobe erforderlich ist. Dabei werden die Atemgase analysiert, was Rückschlüsse auf die ablaufenden Stoffwechselprozesse erlaubt. Die Durchführung ist zwar nicht-invasiv, dennoch muss ein Labor aufgesucht werden. Im Schwimmen kann ein Critical Swim Speed Test (CSS) durchgeführt werden. Dieser bestimmt die Schwimmgeschwindigkeit, die ohne Ermüdung über längere Zeit gehalten werden kann. Beim Test werden zwei Time Trials (meist 200 Meter und 400 Meter) geschwommen. Mithilfe einer Formel wird dann die Durchschnittspace für ein 1500-Meter-Rennen bestimmt. Dies kann vereinfacht gesagt als FTP des Schwimmens angesehen werden.

Abschließend lässt sich Folgendes sagen: Gerade FTP und CSS sind oft einfacher durchzuführen, erfordern weniger spezialisiertes Equipment als invasive Tests. Sie können darüber hinaus von den Athleten selbst oder mit minimaler Unterstützung vorgenommen werden. Sie bieten die Möglichkeit, regelmäßig Leistungschecks durchzuführen, um Fortschritte zu dokumentieren oder Trainingsanpassungen vorzunehmen. Allerdings können die Ergebnisse dieser Tests durch externe Faktoren wie Motivation, Tagesform, Wetterbedingungen oder Ausrüstung beeinflusst werden. Dies wiederum kann ihre Aussagekraft im Vergleich zu invasiven Methoden potenziell einschränken.

8.9 LEISTUNGSZONEN

Im Ausdauersport spielen verschiedene Zonenmodelle eine wichtige Rolle für das Training. Denn sie definieren die Intensitätsbereiche, die zur Steuerung des Trainings herangezogen werden. Die Anwendung von Zonenmodellen zur Definition unterschiedlicher Trainingsintensitäten stellt ein zentrales Instrument dar, um Trainingsprozesse präzise zu planen und individuell anzupassen. Diese Modelle ermöglichen es, die vielfältigen physiologischen Anpassungsmechanismen gezielt anzusprechen und sowohl die aerobe als auch anaerobe Leistungsfähigkeit systematisch zu entwickeln. Zwei der gängigsten Modelle sind das Drei-Zonen-Modell und das Fünf-Zonen-Modell.

Das Drei-Zonen-Modell unterteilt die Trainingsintensität in drei Bereiche: niedrige Intensität (Zone 1), moderate Intensität (Zone 2) und hohe Intensität (Zone 3). Diese Einteilung basiert oft auf physiologischen Markern wie den ersten und zweiten ventilatorischen Schwellen oder Laktatschwellen. Zone 1 umfasst Trainingseinheiten mit einer Intensität, die unterhalb der ersten ventilatorischen Schwelle liegt, was einem stabilen, niedrigen Laktatspiegel entspricht. Zone 2 liegt zwischen der ersten und zweiten ventilatorischen Schwelle und umfasst Intensitäten, die eine moderate Herausforderung darstellen, aber noch aerob bewältigt werden können.

Zone 3 umfasst hochintensive Trainingseinheiten, die oberhalb der zweiten ventilatorischen Schwelle liegen und eine hohe Laktatproduktion zur Folge haben. Das Fünf-Zonen-Modell bietet eine feinere Abstufung der Trainingsintensität, indem es fünf Intensitätsbereiche definiert. Die Intensitäten können sich an der Herzfrequenz, an der VO_2max, an Leistungswerten oder an Laktatspiegeln orientieren. Diese Einteilung ermöglicht eine präzisere Steuerung des Trainings, insbesondere im Hinblick auf spezifische Trainingsziele und die Entwicklung unterschiedlicher physiologischer Kapazitäten.

Beide Modelle haben ihre Vor- und Nachteile. Das Drei-Zonen-Modell ist einfacher und übersichtlicher, was es besonders für Amateure und Einsteiger attraktiv macht. Es bietet klare Richtlinien für die Gestaltung von Trainingsprogrammen und hilft, Übertraining in der hochintensiven Zone zu vermeiden. Allerdings kann es für fortgeschrittene Athleten zu grob sein, um alle Aspekte der Leistungsentwicklung optimal zu steuern. Das Fünf-Zonen-Modell hingegen ermöglicht eine differenziertere Trainingssteuerung. Es ist besonders für erfahrene Athleten und Trainer von Vorteil, die ein gezieltes Training für spezifische energetische Systeme und Wettkampfanforderungen planen möchten. Der Nachteil dieses Modells liegt in seiner Komplexität, die eine genauere Überwachung und Kenntnis der physiologischen Reaktionen des jeweiligen Athleten erfordert. Abschließend lässt sich sagen, dass beide Modelle als Grundlage für eine erfolgreiche Trainingssteuerung gewählt werden können. Denn unabhängig vom gewählten Zonenmodell ist es entscheidend, dass das Training auf den individuellen Athleten abgestimmt wird. Regelmäßige Leistungstests und eine sorgfältige Überwachung der Trainingsreaktionen bzw. des Trainingszustands sind notwendig, um die Zonen korrekt zu definieren und das Training effektiv zu gestalten. (Seiler & Tønnessen, 2009)

8.10 VERLETZUNGEN DURCH ÜBERLASTUNG

Triathlon fordert nicht nur den Körper, sondern auch den Geist und hat in den vergangenen Jahrzehnten Tausende von Sportbegeisterten in ihren Bann gezogen. Doch mit der Leidenschaft für den Sport und dem Streben nach persönlicher Bestleistung gehen auch Risiken einher – insbesondere das Risiko von Verletzungen. In diesem Kapitel beschäftigen wir uns mit der Welt der typischen Triathlon-Verletzungen, um zu verstehen, warum sie auftreten, wie man sie vermeidet und was zu tun ist, wenn man doch einmal von ihnen eingeholt wird. Dabei richtet sich der Fokus auf Verletzungen, die aufgrund von (systematischer) Überlastung des eigenen Körpers entstehen und die nicht durch zufällige Ereignisse, wie ein Radsturz oder das Umknicken beim Laufen, entstehen.

8.10.1 ÜBERTRAINING

Eine besonders große Gefahr für ambitionierte oder auch übermotivierte Triathleten stellt das Übertraining dar. Durch den Umstand, dass Triathlon aus drei Sportarten besteht, ist es für Athleten möglich, große Umfänge auf mehrere Sportarten zu verteilen, ohne eine orthopädische Überlastung zu riskieren. Doch damit öffnet sich die Möglichkeit, sich leicht zu überfordern. Denn Übertraining beschreibt einen Zustand, der aus einem Missverhältnis zwischen Training und Erholung resultiert. Es kann zu Leistungseinbußen, erhöhter Verletzungsanfälligkeit und psychischen Beeinträchtigungen führen. Übertraining ist in zwei Hauptformen zu unterteilen: das sympathische und das parasympathische Übertraining. Die sympathische Form äußert sich häufig in erhöhter Ruheherzfrequenz, Schlafstörungen und Unruhe. Besonders gefährlich bei diesem ist der Fakt, dass sowohl Trainingsbereitschaft als auch Trainingsleistung lange auf relativ hohem Niveau bleiben. Die parasympathische Form hingegen geht oft mit anhaltender Müdigkeit, verringerter Trainingsleistung und Motivationsverlust einher. Übertraining darf aber nicht mit einem

„functional overreaching“, also einer gewollten Ermüdungsaufstockung durch Training, verwechselt werden.

Die Entstehung von Übertraining ist komplex und kann durch zu hohes Trainingsvolumen, zu hohe Trainingsintensität ohne ausreichende Erholungsphasen, psychischen Stress sowie unzureichende Ernährung und Schlaf begünstigt werden. Zur Messung und Identifizierung eines Übertrainingssyndroms werden oft Kombinationen aus physiologischen, biochemischen und psychologischen Tests herangezogen, einschließlich Herzfrequenzvariabilität, Bluttests und psychometrischen Fragebögen. Gerade die Herzfrequenzvariabilität ist ein für Athleten leicht zugänglicher Wert, da moderne Sportuhren diese über längere Zeit aufzeichnen und auswerten. Dabei gilt der Grundsatz, dass ein gestresstes Herz immer mehr wie ein Metronom schlägt.

Bei Anzeichen von Übertraining ist es wichtig, sofort Maßnahmen zu ergreifen. Dazu gehören eine Reduzierung des Trainingsumfangs und der -intensität. Darüber hinaus sollte eine Fokussierung auf Schlaf und Ernährung erfolgen. Gegebenenfalls ist es sinnvoll, sich psychologische Unterstützung zu ersuchen. Alternativtraining, wie z. B. Yoga oder sanftes Ausdauertraining, kann helfen, die körperliche Kondition ohne zusätzliche Belastung aufrechtzuerhalten. Die schrittweise Wiederaufnahme des Trainings sollte individuell und unter Berücksichtigung der Erholungsfähigkeit des jeweiligen Athleten erfolgen. In einigen Fällen kann eine vollständige Trainingspause notwendig sein, um eine vollständige Erholung zu gewährleisten. Im schlimmsten Fall kann ein ausgeprägter Übertrainingszustand zu einer Beendigung der sportlichen Laufbahn führen. Aus diesem Grund sollte man die Erholung ernst nehmen und nicht mit diesem Zustand spaßen. Die Prävention von Übertraining durch einen ausgewogenen Trainingsplan, der ausreichende Erholungsphasen beinhaltet, und das aktive Management von Stress und Ernährung sind Schlüssel zur Aufrechterhaltung der Gesundheit und Leistungsfähigkeit im Triathlon.

8.10.2 ERMÜDUNGSBRUCH

Ermüdungsbrüche oder Stressfrakturen sind kleine Risse im Knochen, die durch wiederholte Belastung und Überbeanspruchung entstehen. Diese Art von Verletzung resultiert aus einem Ungleichgewicht zwischen dem Abbau und Aufbau von Knochengewebe, wobei der Knochenabbau überwiegt. Im Wesentlichen kann der Knochen dem wiederholten Stress nicht mehr standhalten, was letztendlich zu einem Bruch führt. Ermüdungsbrüche sind besonders heimtückisch, da sie schleichend beginnen und oft erst erkannt werden, wenn die ersten Schmerzen auftreten und die Vorstufe bereits fortgeschritten ist.

Trotz der Vielseitigkeit im Training sind Triathleten ebenfalls gefährdet. Dies liegt vor allem an der hohen Trainingsbelastung und der vielfältigen Beanspruchung des Körpers. Während man während des Schwimmens in der Regel weniger anfällig für derartige Verletzungen ist, sind die Lauf- und Radbelastung die Gefahr. Durch die repetitive Belastung für den Bewegungsapparat bei diesen Sportarten ist das Risiko erhöht. Somit sind im Triathlon Ermüdungsbrüche am häufigsten in den unteren Extremitäten zu finden. Insbesondere sind hier die Metatarsalknochen (Mittelfuß), der Tibia (Schienbein) und der Femur (Oberschenkelknochen) zu nennen. Berühmte Beispiele wie Lucy Charles-Barclay und Jan Frodeno zeigen auch, dass das Becken gefährdet ist.

Die Symptome eines Ermüdungsbruchs entwickeln sich allmählich. Anfänglich kann es sich um einen leichten Schmerz handeln, der während der Belastung auftritt und nach dem Training wieder verschwindet. Mit fortschreitender Verletzung verstärkt sich der Schmerz und kann schließlich zu einem Punkt führen, an dem sportliche Aktivitäten unmöglich werden. Die Diagnose wird oft durch bildgebende Verfahren wie Röntgenaufnahmen oder MRT bestätigt, da Ermüdungsbrüche in frühen Stadien auf einem Standard-Röntgenbild oft nicht sichtbar sind.

Die Behandlung eines Ermüdungsbruchs erfordert vor allem Ruhe und eine Reduktion der belastenden Aktivität, um dem Knochen die Möglichkeit zur Heilung zu geben. Dies bedeutet nicht zwangsläufig eine komplette Sportpause, denn Aktivitäten wie Schwimmen oder Radfahren können in moderater Form oft weiterhin ausgeführt werden, solange sie keine Schmerzen verursachen. Laufen kann alternativ im Wasser als Aquajogging ausgeführt werden, um den Aufprall aus der Landung zu nehmen. Zusätzlich kann die Physiotherapie unterstützend wirken, um die betroffenen Bereiche zu stärken und die Wiederherstellung zu fördern. Wichtig ist auch, die Ursache der Überbelastung zu identifizieren und gegebenenfalls das Training anzupassen, um zukünftige Verletzungen zu vermeiden. Dementsprechend ist Prävention in diesem Fall besonders wichtig. Dazu gehören angemessene Ruhephasen, eine ausgewogene Ernährung und ein sorgfältig geplantes Trainingsprogramm. Dieses sollte eine allmähliche Steigerung der Belastung vorsehen.

8.10.3 SEHNENENTZÜNDUNG

Sehnenentzündungen sind Entzündungen oder Reizungen einer Sehne, welche die Muskeln mit den Knochen verbindet. Diese Art von Verletzung tritt häufig aufgrund von Überbelastung oder wiederholten Bewegungen auf. Die Folgen sind Schmerzen, Schwellungen und eine eingeschränkte Beweglichkeit im betroffenen Bereich. Auch bei dieser Art der Verletzung ist die repetitive Art des Trainings entscheidend für das Auftreten von Verletzungen.

Sehnenentzündungen im Triathlon betreffen häufig die Achillessehne, die Sehnen im Schulterbereich sowie die Patellasehne im Knie. Diese Entzündungen resultieren oft aus einer Kombination von Überbeanspruchung, mangelnder Erholungszeit und unzureichender Technik und Beweglichkeit. Zum Beispiel kann das kontinuierliche Radfahren in einer suboptimalen Position zu einer Überlastung der Sehne im Knie führen. Beim Schwimmen werden die Sehnen des Schultergelenks strapaziert. Besonders gefährlich wird es für die Schulter, wenn falsche Technik, zu große Paddles oder im schlimmsten Fall beides gleichzeitig zusammenkommt. Die Achillessehne ist besonders beim Laufen gefährdet. Dies gilt vor allem für Läufer mit einer Vorgeschichte von Überpronation oder bei plötzlicher Steigerung der Laufintensität oder -distanz.

Die Behandlung einer Sehnenentzündung erfordert in erster Linie Ruhe und die Reduzierung der Aktivitäten, die die Schmerzen auslösen. Eisauflagen können in der akuten Phase zur Linderung von Schmerzen und Schwellungen beitragen. Physiotherapie ist ein wesentlicher Bestandteil der Rehabilitation, um die betroffene Sehne zu stärken und Flexibilität sowie den Bewegungsumfang wiederherzustellen. Spezifische Übungen zur Kräftigung und Dehnung können das Risiko für zukünftige Verletzungen minimieren. Hierbei ist jedoch die Compliance des Athleten von großer Bedeutung. Des Weiteren kann die Anpassung der Sporttechnik oder des Equipments (z. B. Schuhe oder Fahrradeinstellung) präventiv wirken. Abstand genommen werden sollte von einer übermäßigen Verwendung von Cortisonspritzen, da sie den Schmerz zwar rasch lindern, die Sehne bei mehrfacher Anwendung jedoch weiter schädigen.

Alternativtraining kann eine Möglichkeit sein, die Fitness aufrechtzuerhalten, ohne die Heilung zu beeinträchtigen. Wassergymnastik, Schwimmen (mit angepasster Technik und ohne Paddles) oder Radfahren auf einem Ergometer mit niedriger Belastung und korrekter Sitzposition können hilfreiche Optionen sein. Es ist wichtig, auf den Körper zu hören und bei Schmerzen das Training zu stoppen oder die Intensität zu reduzieren. Zur Prävention sollte wieder auf ausreichende Ruhephasen im Training geachtet werden. Darüber hinaus ist es wichtig Muskeln und Sehnen mit einer geeigneten Aufwärmroutine auf die folgende Trainingsbelastung vorzubereiten. Ferner sollten große Sprünge beim Trainingsumfang vermieden werden. Schließlich ist die Arbeit mit Techniktrainern, Bikefittern und Orthopädietechnikern sinnvoll, um frühzeitig Fehler in der Bewegungsausführung zu erkennen. Sehnenentzündungen im Triathlon sind zwar häufig, können aber mit dem richtigen Management, Präventionsstrategien und einer angepassten Trainingsroutine erfolgreich behandelt und vermieden werden.

8.10.4 SONNENBRAND

Die Aufführung von Sonnenbrand als Überlastungsverletzung mag für einige Leser verwirrend sein. Doch auch beim Sonnenbrand handelt es sich um eine Überbeanspruchung der Haut, die auf gar keinen Fall unterschätzt werden darf. Sonnenbrand entsteht, wenn die Haut zu lange und ungeschützt der ultravioletten (UV) Strahlung der Sonne ausgesetzt wird. Diese UV-Strahlung schädigt die DNA in den Hautzellen; das kann zu Entzündungen, Rötungen und Schmerzen führen. Bei intensiver oder wiederholter Sonneneinstrahlung ohne angemessenen Schutz kann dies nicht nur zu sofortigem Unbehagen führen, sondern auch langfristig das Risiko für Hautkrebs erheblich erhöhen. Da Triathlon im Freien und oft über mehrere Stunden hinweg stattfindet, sind Athleten einem erhöhten Risiko ausgesetzt, einen Sonnenbrand zu erleiden. Dies gilt insbesondere für Wettbewerbe in sonnenreichen Gebieten oder während der Sommermonate, wenn die UV-Strahlung am intensivsten ist. Besonders anfällige Bereiche am Körper sind dabei das Gesicht, der Nacken und die Unterarme, welche in allen drei Disziplinen der Sonne ausgesetzt sind.

Bei der Behandlung eines Sonnenbrands steht zunächst die Linderung der Schmerzen und der Entzündung im Vordergrund. Kühle, feuchte Umschläge oder Aloe-vera-Gel können eine sofortige Erleichterung bieten. Wichtig ist es, die betroffene Haut vor weiterer Sonneneinstrahlung zu schützen und ausreichend zu hydratisieren, da Haut mit vorhandenem Sonnenbrand nahezu keinen Schutz vor weiterer Schädigung hat. Bei schweren Sonnenbränden, die mit Blasenbildung, starken Schmerzen oder allgemeinem Unwohlsein einhergehen, sollte sofort ärztliche Hilfe in Anspruch genommen werden.

Um einen Sonnenbrand zu vermeiden, ist präventives Handeln von großer Bedeutung. Dies beinhaltet das konsequente Auftragen eines hochwertigen Sonnenschutzmittels mit einem hohen Lichtschutzfaktor (LSF 30 oder höher). Dies sollte auch wasserfest sein, damit es beim Schwimmen Schutz bietet und nicht abgewaschen wird. Im Wettkampf lohnt es sich, kleine Tuben in die Wechselbeutel zu legen, damit die Möglichkeit des Nachcremens besteht. Das Tragen von UV-schützender Kleidung wie z. B. einer Kappe oder einer Sonnenbrille kann zusätzlichen Schutz bieten. Es empfiehlt sich auch, das Training in den frühen Morgenstunden oder späten Nachmittagsstunden zu planen, wenn die Sonnenstrahlung weniger intensiv ist. Zusammengefasst ist die Prävention von Sonnenbrand im Triathlon von entscheidender Bedeutung. Dies gilt nicht nur, um kurzfristige Unannehmlichkeiten zu vermeiden, sondern auch um langfristige Gesundheitsrisiken in Form von Hautkrebs zu minimieren.

8.10.5 HERZMUSKELENTZÜNDUNG

Eine Herzmuskelentzündung ist eine ernsthafte Erkrankung. Die Gefahr, an ihr zu erkranken wird von einigen Sportlern jedoch auf die leichte Schulter genommen. Sie kann durch verschiedene Faktoren ausgelöst werden, z. B. durch Viren, Bakterien und sogar durch bestimmte Medikamente oder Autoimmunerkrankungen. Eine Herzmuskelentzündung kann die elektrische Leitfähigkeit des Herzens stören und zu einer Vielzahl von Symptomen führen. Zu diesen zählen Brustschmerzen, Atemnot, Ermüdung, Arrhythmien oder sogar Herzversagen. In seltenen Fällen kann eine Herzmuskelentzündung ohne vorherige Symptome zum plötzlichen Herztod führen. Die Gefahr besteht insbesondere unter Athleten, die trotz der Erkrankung weiterhin intensiv trainieren.

Die Entstehung einer Herzmuskelentzündung im Zusammenhang mit intensivem Training ist oft das Resultat einer nicht vollständig auskurierten viralen Infektion. Viele Athleten neigen dazu, Krankheitssymptome zu ignorieren und das Training oder die Wettkämpfe fortzusetzen, was das Risiko einer Myokarditis erhöht. Die Kombination aus hohem Trainingsvolumen und einem geschwächten Immunsystem bietet den idealen Nährboden für die Entstehung dieser Herzerkrankung. Bei Verdacht auf eine Herzmuskelentzündung ist es entscheidend, sofort ärztliche Hilfe in Anspruch zu nehmen. Die Diagnose erfolgt typischerweise durch eine körperliche Untersuchung, EKG, MRT des Herzens und Bluttests, die

Entzündungsmarker im Körper identifizieren können. Die Behandlung variiert je nach Schweregrad der Entzündung und umfasst in der Regel eine Kombination aus Ruhe, Medikamenten zur Unterstützung der Herzfunktion und zur Behandlung der Symptome.

Für Triathleten mit einer Herzmuskelentzündung ist es unerlässlich eine vollständige Genesung abzuwarten, bevor das Training wieder aufgenommen wird. Dies kann Wochen bis Monate dauern und erfordert eine enge Zusammenarbeit mit einem kardiologischen Facharzt. Der schrittweise Wiedereinstieg in das Training sollte unter ärztlicher Aufsicht erfolgen, mit regelmäßigen Kontrollen zur Überwachung der Herzfunktion. Regelmäßige medizinische Untersuchungen für Hochleistungssportler sind wichtig, um potenzielle Herzerkrankungen frühzeitig zu erkennen und zu behandeln. Aus diesem Grund ist es in vielen südeuropäischen Ländern Pflicht, bei einer Wettkampfanmeldung eine ärztliche Bescheinigung zur Sporttauglichkeit vorzulegen.

8.11 UNFÄLLE IM TRAINING UND WETTKAMPF

Leider kommt es immer wieder vor, dass in den Medien in reißerischen Headlines zu lesen ist, dass es bei einer Triathlon-Veranstaltung einen Unglücksfall mit Todesfolge gegeben hat. Auf diesen „Worst Case" werden die Teilnehmer bei der Anmeldung auch im Kleingedruckten hingewiesen. „Dem Teilnehmer ist bekannt, dass die Teilnahme an der Veranstaltung Gefahren in sich birgt und das Risiko ernsthafter Verletzungen, bis hin zum Tod, nicht ausgeschlossen ist", ist ein Passus, der in vielen Triathlon-Teilnahmebedingungen zu lesen ist.

Mit den seit der Jahrtausendwende immer größer gewordenen Starterfeldern nehmen auch immer häufiger Athletinnen und Athleten an Triathlons teil, die als Quer- und Späteinsteiger in den Sport kommen. Leider steigt damit auch die Anzahl derer an, die mit falscher Selbsteinschätzung, übertriebenem Ehrgeiz und unentdeckten Vorerkrankungen ins Rennen gehen. Die Todesfälle beim Schwimmen gehen dabei meist auf Vorerkrankungen zurück, die unter dem besonderen Wettkampfstress, verursacht durch kaltes Wasser, Wellengang und Körperkontakt zu anderen Schwimmern, zu Panikattacken mit anschließendem Kreislaufversagen führen. Trotz einer engmaschigen Absicherung der Schwimmstrecke sind diese Unglücksfälle, wie sie u. a. 2023 bei der Ironman-70.3-WM in Lahti und in den Jahren 2021/2022 beim Ironman 70.3 Duisburg vorkamen, nicht vollkommen auszuschließen. Aus Gründen der Sicherheit werden beim Schwimmen deshalb meist nur noch kleinere Startgruppen gleichzeitig ins Wasser geschickt oder es wird ein Rolling-Start in Kleingruppen durchgeführt.

Eine weitere Gefahr beim Radfahren sind die Stürze. Die meisten gehen glimpflich aus. Hautabschürfungen, Stauchungen, Prellungen oder ein Schlüsselbeinbruch sind die „normalen" Radfahrer-Sturzverletzungen, die leider fast jeder Triathlet irgendwann einmal erlebt. Sehr schwere Radunfälle sind zum Glück im Wettkampf eher eine Seltenheit, da die Wettkampfstrecke normalerweise entsprechend abgesichert ist. Trotzdem gibt es immer wieder mal Fälle, in denen unvorsichtige Zuschauer die Strecke queren oder trotz Sperrung motorisierter Verkehr den Triathleten in die Quere kommt. Weitaus größeren Unfallgefahren setzen sich Triathleten ganz sicher im alltäglichen Training im öffentlichen Verkehr aus.

Beim Laufen ist insbesondere die Dehydrierung bei Wettkämpfen unter Hitzebedingungen problematisch, die zu lebensbedrohlichen Hitzschlägen und kollapsähnlichen Zuständen führen kann. So verstarb im Jahr 2015 beim Ironman Frankfurt ein Athlet an den Folgen einer Wasservergiftung, obwohl die Veranstalter im Vorfeld des zu erwartenden Hitzerennens die Versorgung auf der Laufstrecke nochmals optimiert hatten. Allerdings hat der Athlet zu viel Wasser ohne ausreichend Elektrolyte (Natrium, Kalium, etc.) zu sich genommen. In Folge dessen hatte sich bei ihm ein Hirnödem mit fatalen Folgen gebildet.

Diese sehr traurigen und oft aufgebauschten Unglücksfälle rücken den Triathlonsport zu Unrecht in ein schlechtes Licht, da in Summe der gesundheitliche Nutzen des Triathlon-Ausdauertrainings deutlich größer ist. Vorausgesetzt, der Sport wird mit der entsprechenden Verantwortung gegenüber dem eigenen Körper betrieben. Dazu gehört eine regelmäßige sportärztliche Untersuchung, die die grundsätzliche Wettkampftauglichkeit überprüft und verdeckte Vorerkrankungen aufdecken kann, sowie ein gut ausgeprägtes Körpergefühl. Und das Wichtigste: kein übertriebener Ehrgeiz.

★ 9 ★

AUSRÜSTUNG IM TRIATHLON

Triathlon ist eine anspruchsvolle Sportart, die Schwimmen, Radfahren und Laufen in einem einzigen Wettbewerb verbindet. Dabei steht hinter jeder erfolgreichen Triathlonleistung nicht nur hartes Training und eiserne Willenskraft, sondern auch eine spezielle Ausrüstung. Diese Ausrüstung ist maßgeschneidert und optimiert für jede der drei Disziplinen. Sie reicht von aerodynamischen Rennrädern bzw. Triathlonrädern und speziell konstruierten Laufschuhen bis hin zu Neoprenanzügen, die im Wasser für Auftrieb und Geschwindigkeit sorgen. In diesem Kapitel werden wir die Schlüsselkomponenten der Triathlonausrüstung betrachten. Vorab sei gesagt, dass durch die Kombination von technologischen Innovationen und persönlichen Präferenzen die Ausrüstung im Triathlon zu einem wesentlichen Faktor für Erfolg in diesem faszinierenden Sport wird.

9.1 BASISAUSRÜSTUNG FÜR DEN WETTKAMPF

Die Basisausrüstung für einen Triathlon-Wettkampf ist nicht nur entscheidend, um die Leistung des Sportlers zu maximieren, sondern auch um

Komfort und Effizienz während des gesamten Rennens zu gewährleisten. Dabei ist es wichtig, dass die Ausrüstung sowohl funktional als auch regelkonform ist. In diesem Kapitel bieten wir einen kurzen Überblick, über die essenzielle Basisausrüstung für Triathleten, die sich auf ihren ersten Wettkampf vorbereiten oder ihre bestehende Ausrüstung optimieren möchten.

9.1.1 TRISUIT

Zunächst einmal sei erwähnt, dass es gerade in der ersten Triathlonsaison und besonders im ersten Triathlon überhaupt keine Schande ist, wenn man die Wechselzonen nutzt, um die Wettkampfkleidung komplett zu wechseln. Sobald allerdings die Ziele ambitionierter angegangen werden, sollte über die Anschaffung eines Triathlonanzug oder auch Trisuits nachgedacht werden. Dieser ist eine essenzielle Ausrüstung, die speziell dafür entwickelt wurde, um Athleten auf jeder Etappe eines Triathlons Leistungsvorteile zu bieten. Denn dieser ist so konzipiert, dass er in allen drei Disziplinen des Triathlons gleichermaßen gut funktioniert, ohne dass der Athlet die Kleidung wechseln muss. Dadurch sparen Sportler wertvolle Zeit in den Wechselzonen. Neben dieser Zeitersparnis soll durch bessere Aero- und Hydrodynamik die Endzeit der Teildisziplinen verbessert werden. Schließlich soll das im Vergleich zur normalen Radhose dünne Sitzpolster beim Laufen nicht stören.

Doch zunächst steht man vor der wichtigen Entscheidung, welche Art von Anzug es sein soll. Denn je nach Anforderung von Wettkampf und Sportler kann die Art von Anzug stark variieren. Grundsätzlich gibt es zwei Haupttypen von Trisuits: auf der einen Seite den klassischen einteiligen Anzug (Einteiler) und auf der anderen den zweigeteilten Anzug (Zweiteiler).

Zweiteiler zeichnen sich durch ihre außerordentliche Flexibilität in der Größenauswahl aus. Diese Flexibilität ist besonders vorteilhaft für Athleten mit besonderen Körperproportionen oder Vorlieben bezüglich der Kompressionswirkung am Oberkörper oder an den Beinen. Es besteht beim Zweiteiler die Möglichkeit, unterschiedliche Größen für Oberteil und Hose zu kombinieren, um die perfekte Passform für jeden Athleten individuell zu erreichen. Ein weiterer praktischer Aspekt des zweiteiligen Anzugs ist die Option, das Oberteil erst nach dem Schwimmabschnitt anzuziehen. Obwohl dies auf den ersten Blick zeitaufwändig erscheinen mag, ist der tatsächliche Zeitverlust minimal. Diese Flexibilität präferieren manche Triathleten gegenüber dem Gefühl, mit einem nassen Textil am Oberkörper zu schwimmen. Ein weiterer Vorteil von zweiteiligen Anzügen kommt auf längeren Strecken zum Tragen. Durch die separate Hose geht es deutlich schneller und ist auch leichter, einen Stopp auf dem Dixiklo einzulegen. Aus diesem Grund sind Zweiteiler auch hauptsächlich ab der Mitteldistanz im Teilnehmerfeld zu finden.

Sportler, die hingegen großen Wert auf die sogenannten „Marginal Gains" (Begriff von David Brailsford aus dem Radsport: viele kleine Verbesserungen, die addiert einen entscheidenden Einfluss auf die Gesamtleistung haben) legen, sollten den klassischen Einteiler wählen. In puncto Aerodynamik bieten einteilige Triathlonanzüge potenzielle Vorteile gegenüber den zweiteiligen Modellen. Entscheidend für die Ausschöpfung dieser Vorteile ist jedoch eine optimale Passform. Ein gut sitzender Einteiler sollte möglichst glatt am Körper anliegen und keine Falten werfen, da sonst die aerodynamischen Vorteile verloren gehen könnten und die Gefahr von Scheuerstellen steigt. Wichtig ist, dass Sie sich in Ihrem Triathlonanzug wohlfühlen. Ein Triathlon macht deutlich mehr Freude, wenn man sich vom Start bis zum Ziel komfortabel bekleidet und nicht eingeengt fühlt und auch nicht ständig den Sitz des Anzugs nachjustieren muss. Bei Einteilern gibt es je nach Wettkampfdistanz Unterschiede. Auf der Sprintdistanz wird zumeist ein ärmelloser Anzug ohne Taschen und mit Reißverschluss auf dem Rücken gewählt. Dieser ermöglicht maximale Flexibilität im Schulterbereich sowie eine optimale Hydrodynamik beim Schwimmen. Zudem können die fehlenden Taschen nicht als Bremsfallschirme im Wasser wirken. Auf längeren Distanzen ist durch das Windschattenverbot beim Radfahren die Aerodynamik ein entscheidender Faktor. Aus diesem Grund besitzen aktuelle Langstreckeneinteiler kurze Ärmel. Diese können die Luft besser um die Arme leiten als die blanke Haut. Neben Ärmeln weisen Anzüge auf diesen Strecken auch Rückentaschen auf, um Wettkampfverpflegung sicher transportieren zu können.

Ein weiterer wichtiger Punkt bei Rookies im Triathlon ist die Frage nach der Unterwäsche im Rennen. Hier gilt, dass weniger mehr ist. Wie in Radhosen wird auch beim Triathlon in der Regel keine Unterwäsche getragen. Das Sitzpolster im Anzug ist mit flachen Nähten ausgestattet und minimiert das Risiko von Hautirritationen, sodass der Anzug auch ohne zusätzliche Unterwäsche einen hohen Tragekomfort bietet. Bei Frauen bietet sich jedoch beim Laufen das Tragen eines Sport-BHs an.

9.1.2 RADHELM

Ohne den Radhelm beim Fahrradfahren gibt es keine Teilnahme an einem Triathlon. Alleine dieser Satz, welcher sich aus den Regeln herleitet, unterstreicht die Bedeutung dieses Ausrüstungsgegenstands. Allerdings müssen Anfänger nun keine Angst haben, dass sie gleich ein Modell für mehrere hundert Euro anschaffen müssen. So können durchaus auch einfache Fahrradhelme benutzt werden. Es bedarf lediglich einer Zulassung nach der EU-Norm (DIN EN 1078 CE), um auch für einen Triathlon zugelassen zu sein. Die gute Nachricht ist, dass Helme ohne Erfüllung dieser Norm in Deutschland überhaupt nicht verkauft werden dürfen. Dementsprechend gilt wie für den Triathlonanzug, dass für den ersten Triathlon einfach der eigene Radhelm genutzt werden kann. Auch bei Radhelmen können Triathleten aus einer Vielzahl von Varianten auswählen. Die Entscheidung sollte aufgrund verschiedener Aspekte getroffen werden. Mit Aspekten sind Dinge gemeint wie Aerodynamik, Tragekomfort, Belüftung und die Möglichkeit zur individuellen Anpassung.

Für Triathleten ein besonders wichtiger Faktor bei der Helmwahl ist die Aerodynamik. Hierbei kommen direkt die Bilder aus den 2000er-Jahren in den Kopf, bei denen Radprofis mit langen Eistüten auf dem Kopf über die Straßen geflogen sind. Diese Helme sind zwar recht windschnittig, wenn sie in der richtigen Position gehalten werden. Sobald der Kopf allerdings in die falsche Richtung geneigt wird, haben eben jene sogar einen negativen Einfluss auf die Aerodynamik des Sportlers. Da die allermeisten Triathleten keine Profis sind oder nur Radfahren trainieren und darüber hinaus die Wettkampfdistanzen zum Teil vier- bis fünfmal so lang wie beim Zeitfahren sind, empfiehlt es sich hier, moderne Radhelme mit kurzem oder fehlendem Schweif zu wählen. Diese können zum einen leichter in einer vorteilhaften Position gehalten werden und zum anderen fungieren sie nicht als Windfang, wenn die Aeroposition verlassen wird. Diese Zeitfahrhelme finden vor allem Anwendung in Rennen ohne Windschattenfreigabe. Dementsprechend sind die Wettkampfdistanzen in der Regel 90 Kilometer und aufwärts. Aus dieser Länge ergibt sich eine weitere wichtige Überlegung. Denn Helme sind aerodynamischer, je geschlossener die Oberfläche ist. Daher weisen Zeitfahrhelme wenige bis keine Öffnungen auf. Dies hat zur Folge, dass die Kühlung des Kopfes deutlich gemindert ist. Deshalb sollte die Temperatur beim Wettkampf und die Ambition des Athleten in die Entscheidung bei der Helmauswahl einfließen.

Da es für Anfänger und die meisten Altersklassenathleten jedoch nur um den Spaß und das Finish geht, bietet sich für sie ein aerodynamisch optimierter Straßenhelm an. Diese haben eine ausreichende Belüftung, sodass auch jenseits der 30 °C kein Hitzschlag droht. Darüber hinaus können sie im täglichen Training genutzt werden, wodurch sich ein Anschaffungspreis von ca. 150 Euro schnell rechnet. Für die Größenwahl kann der Kopfumfang mit einem Schneidermaßband gemessen werden. Doch vor dem Kauf sollte der Helm dennoch probeweise aufgesetzt werden. Er darf an keiner Stelle drücken. Ferner kann der Sitz überprüft werden, indem man die Innenschale mithilfe des Stellrades an den Kopf anpasst und bei geöffnetem Kinngurt mit dem Kopf ein wenig wackelt. Dabei sollte der Helm relativ fest in Position bleiben und nicht vom Kopf fallen.

Auch die Sicherheit sollte nicht vernachlässigt werden. Es lohnt sich auf jeden Fall, einen Radhelm mit z. B. MIPS-, WaveCell- oder SPIN-Technologie anzuschaffen. Bei diesen soll der Kopf des Trägers vor den auftretenden Rotationskräften beim Aufprall geschützt werden, wodurch die Gefahr einer Hirnverletzung minimiert wird. Ein weiterer wichtiger Punkt in Zusammenhang mit Stürzen ist die Notwendigkeit, den Helm nach einem Unfall mit Kopfaufprall unbedingt zu ersetzen, selbst wenn er äußerlich unbeschädigt erscheint. Denn auch ohne äußerliche Beschädigung kann die komplette Schutzwirkung durch einen Bruch der inneren Strukturen aufgehoben sein.

9.1.3 TRIATHLON-LENKERAUFSATZ

Auflieger oder auch Aerolenker sind im modernen Triathlon das einfachste Mittel, um bei einem Rennrad den höchsten Bonus in der Aerodynamik zu erhalten. Dieser ist von großer Bedeutung, da mit einer Verdoppelung der Geschwindigkeit eine Vervierfachung des Luftwiderstands einhergeht. Die Auflieger ermöglichen es dem Fahrer, eine aerodynamischere Position einzunehmen, indem der Körper nach vorne und unten verlagert wird. Diese Position reduziert den Luftwiderstand erheblich, was zu einer höheren Geschwindigkeit bei gleichem Kraftaufwand führt. Bei Langdistanzrennen, wie einem Ironman, kann die dadurch erzielte Energieersparnis entscheidend sein, da sie dem Athleten ermöglicht, Kraft für die abschließende Laufphase zu sparen.

Die Integration von Aufliegern am Rennrad bietet jedoch nicht nur aerodynamische Vorteile. Sie ermöglicht auch eine ergonomischere Haltung, die die Belastung auf den unteren Rückenbereich reduzieren kann. Dies ist besonders wichtig bei langen Distanzen, wo der Komfort des Athleten eine signifikante Rolle spielt. Die Armstützen und Handgriffe der Auflieger bieten eine stabile Plattform, die es dem Triathleten erlaubt, sich zu entspannen und gleichzeitig die Kontrolle über das Fahrrad zu behalten.

Es gibt verschiedene Arten von Aufliegern, die sich in Form, Länge und Einstellbarkeit unterscheiden, um verschiedenen Körpergrößen und Beweglichkeitsvoraussetzungen gerecht zu werden. Ein Bikefitting beim Spezialisten kann dabei helfen, die ideale Position auf dem Fahrrad zu finden. Diese sollte eine Balance zwischen Aerodynamik, Komfort und Leistung darstellen. Trotz der offensichtlichen Vorteile von Aufliegern ist es wichtig, dass Triathleten Zeit investieren, um sich an diese Position zu gewöhnen. Das Training in der Aeroposition ist essenziell, um die Haltemuskulatur des Rückens auf die Wettkampfdistanz vorzubereiten.

9.1.4 NEOPRENANZUG

Neoprenanzüge im Triathlon unterscheiden sich deutlich von denen, die z. B. im Surfsport verwendet werden. Zwar besteht die primäre Funktion eines Neoprenanzugs darin, den Körper beim Schwimmen im Freiwasser warm zu halten, da Wasser die Körperwärme in etwa 25-mal schneller ableitet als Luft. Neopren bietet somit eine thermische Schutzschicht, welche den Körper innerhalb einer warmen Wasserblase isoliert und die Körpertemperatur stabil hält. Dies ist besonders wichtig bei Langdistanzrennen, bei denen Amateurathleten oft weit über eine Stunde im Wasser verbringen.

Doch dies ist nicht die einzige Aufgabe. Denn ein wesentlicher Vorteil von Neoprenanzügen ist der erhöhte Auftrieb, der durch die im Neoprenmaterial eingeschlossenen Luftbläschen entsteht. Der Schwimmer kann sich so leichter in einer flachen Körperposition an der Wasseroberfläche halten und so seine Stirnfläche im Wasser verringern. Dies mindert den beim Vortrieb zu überwindenden Widerstand und ermöglicht eine effizientere Schwimmtechnik. Schwimmer können dadurch etwas Energie sparen, da weniger Kraftaufwand nötig ist, um den Körper in der optimalen Position zu halten. Gerade für Athleten, deren Schwimmtechnik noch verbesserungsfähig ist, kann dieser Auftrieb eine deutliche Hilfe darstellen. Daher wird es von den Athleten auf der Wettkampfbesprechung häufig mit Applaus und Johlen gefeiert, sobald durch die Wettkampfrichter die Wassertemperatur durchgegeben wird und der Neoprenanzug erlaubt ist.

Zusätzlich zu den Effekten der Wärmeisolierung und des Auftriebs tragen Neoprenanzüge auch zur Verbesserung der Hydrodynamik bei. Die glatte Oberfläche des Materials reduziert den Reibungswiderstand im Wasser im Vergleich zur blanken Haut, was zu schnelleren Schwimmzeiten führt. Viele Neoprenanzüge sind zudem von den Herstellern so konzipiert, dass sie bestimmte Körperteile wie die Hüften und die Beine durch mehr Neopren stärker unterstützen, was zu einer verbesserten Schwimmhaltung und damit zu einer weiteren Effizienzsteigerung führt.

Es ist jedoch zu beachten, dass die Wahl des richtigen Neoprenanzugs entscheidend für einen erfolgreichen Schwimmpart im Triathlon ist. Die Passform sollte genau richtig sein, weshalb sich ein Testschwimmen vor dem Kauf anbietet. Ein zu enger Neoprenanzug kann die Bewegungsfreiheit des Athleten einschränken und die Atmung behindern. Sitzt er zu locker, dann kann zu viel Wasser eindringen, was den isolierenden Effekt verringert und zudem den Widerstand im Wasser erhöht. Aus diesem Grund bieten die Hersteller verschiedene Modelle an. Diese variieren in Dicke der Neoprenschicht (wobei laut Regelwerk die maximale Dicke von fünf Millimetern nicht überschritten werden darf) und Flexibilität. So wird es den Athleten ermöglicht, je nach Wassertemperatur und eigenen Vorlieben die ideale Balance aus Wärmeisolierung, Auftrieb und Bewegungsfreiheit zu finden.

9.1.5 SONSTIGES

Neben den zuvor beschriebenen Dingen gibt es auch kleinere und nicht so offensichtliche Hilfsmittel, die einem das Leben im Wettkampf deutlich leichter machen. Die gute Nachricht hier ist, dass es sich dabei teils um Centartikel handelt, die sich zumeist schon im Haushalt befinden.

Zunächst wäre da das Startnummernband. Dieses kann von verschiedenen Herstellern erworben werden. Dabei handelt es sich um ein Gummiband, welches mit einer Steckschnalle versehen ist. Je nach Design können auch Halterungen für Energy-Gels vorhanden sein. Die Aufgabe des Startnummernbands leitet sich aus dem Namen ab. Der wichtigste Vorteil gegenüber der Befestigung mittels Sicherheitsnadeln liegt darin, dass die Wettkampfkleidung nicht durch die Einstiche beschädigt wird. Darüber hinaus muss die Startnummer nicht nach dem Schwimmen umständlich am Einteiler befestigt werden bzw. das Oberteil zum Radfahren gewechselt werden. Denn das Startnummernband wird einfach um die Taille geklippt oder wie bei einer Hose übergezogen. Dadurch erübrigt es sich, die Startnummer nach dem Radfahren nochmals zu wechseln, da die Startnummer vom Rücken einfach auf den Bauch gedreht werden kann. Die Flexibilität hat noch einen Vorteil: Das Band kann von der

Höhe her frei am Körper positioniert werden, sodass für jede Sportlerin und für jeden Sportler die perfekte Position gefunden werden kann. Ein Startnummernband kann zudem auch für einen Centbetrag aus einem normalen Hosengummi, wie man ihn beim Nähzubehör findet, in wenigen Handgriffen selbst gebastelt werden. Umfang messen, abschneiden, verknoten, drei Sicherheitsnadeln dazu - fertig.

Der nächste günstige Hack im Wettkampf ist der einfache Haushaltsgummiring. Dieser kann dazu genutzt werden, die Radschuhe sicher am Fahrradrahmen zu befestigen. Dabei wird der Gummiring an der Fersenschlaufe des Radschuhs befestigt. Das jeweils andere Ende wird auf der rechten Fahrradseite am Umwerfer befestigt, während es links an der Kettenstrebe verknotet wird. So können die Radschuhe eingeklickt am Fahrrad auf den Wechsel warten. Dies hat den Vorteil, dass man schneller die erste Wechselzone verlassen kann und damit leicht Zeit auf die Konkurrenten gutmachen kann. Weiterhin schont diese Art der Befestigung die Cleats unter den Radschuhen. Zudem ist das Barfußlaufen durch die Wechselzone meist schneller und sicherer als das Laufen auf den steifen Sohlen der Radschuhe.

Schließlich ist es ein guter und günstiger Tipp, Babypuder im Wettkampf zu verwenden. Dieser wird in Schuhen und Socken, falls man nicht auf diese verzichten möchte, verteilt. Der Puder hat den Zweck, jegliche Feuchtigkeit vom Fuß aufzunehmen. Somit wird zum einen der Einstieg direkt nach dem Schwimmen in die sehr schmalen Radschuhe deutlich leichter. Darüber hinaus wird die Gefahr von Blasenbildung besonders während des Laufparts verringert.

9.2 SCHWIMMTRAINING

Neben der speziellen Ausrüstung im Wettkampf benötigen Triathleten auch noch Ausrüstung für das Training der Einzelsportarten. Gerade im Schwimmtraining lassen sich die zumeist technikverliebten Triathleten von den puristischen Schwimmern unterscheiden. Im Folgenden werden einige der gängigsten Tools für das Training vorgestellt.

9.2.1 SCHWIMMBRILLE

Schwimmbrillen sind für Schwimmer und Triathleten aller Leistungsklassen und Alter ein unverzichtbares Ausrüstungsstück im Training und Wettkampf. Die Gründe sind vielfältig, warum man mit einer Schwimmbrille schwimmen sollte. Zunächst schützt sie die Augen vor Chlor und anderen Chemikalien in Schwimmbädern, die Reizungen oder Rötungen eben dieser verursachen können. In offenen Gewässern schützt die Schwimmbrille vor Schmutz, Salzwasser und kleinen Partikeln. Schließlich verbessert eine Schwimmbrille die Sicht unter Wasser, was für die Orientierung und Technik beim Schwimmen von großer Bedeutung ist.

Doch Schwimmbrille ist nicht gleich Schwimmbrille. Es gibt verschiedene Typen, zwischen denen je nach Bedürfnis oder Vorliebe gewählt werden kann. Zunächst wäre da die einfache Schwimmbrille zu nennen. Sie ist die am häufigsten verwendete Schwimmbrille. Sie hat separate Augenschalen, die durch eine flexible Nasenbrücke verbunden sind. Die Augenschalen haben eine Gummidichtung für einen guten Sitz der Brille über den Augen. Dementsprechend bieten solche Brillen eine gute Balance zwischen Komfort und Wasserdichtigkeit. Sie sind gleichermaßen für Wettkampf und Training geeignet. Neben der Schwimmbrille gibt es noch die Schwimmmaske. Diese hat nur eine große Dichtfläche, welche um beide Augen herum liegt, vergleichbar mit einer Taucherbrille. Aus diesem Grund weisen sie deutlich größere Gläser auf, die für ein breiteres Sichtfeld sorgen. Die breite Gummidichtung wird von vielen Schwimmern als sehr angenehm empfunden und schmiegt sich an fast jede Gesichtsform komplett wasserdicht an. Sie sind besonders bei Freiwassereinheiten und Wettkämpfen beliebt, da sie ein größeres Sichtfeld bieten. Eine weitere beliebte Schwimmbrillenart ist die Schwedenbrille. Diese ist gerade beim Wettkampfschwimmen im Becken beliebt. Sie hat ein minimalistisches Design und verzichtet auf die breite Gummidichtung um die Augen. Dadurch sitzt sie sehr tief in der Augenhöhle, was zu einer besseren Hydrodynamik führt. Allerdings benötigt das Tragen eine gewisse Gewöhnung, da die fehlende Dichtung zu Druckstellen im Bereich der Augen führen kann. Diesem Nachteil steht der zumeist unschlagbar günstige Preis entgegen.

Nachdem der passende Brillentyp gewählt ist, kommt es zum wichtigsten Punkt bei der Auswahl von Schwimmbrillen. Welche Brille besitzt die richtige Passform für das eigene Gesicht? Denn die Passform ist entscheidend für den Komfort und die Funktionalität im täglichen Trainingsbetrieb. Eine gut sitzende Brille sollte fest genug sein, um nicht zu verrutschen oder Wasser eindringen zu lassen. Dabei sollte diese aber nicht so eng sitzen, dass sie unangenehme Druckstellen oder sogar Kopfschmerzen verursacht. Ein einfacher und schnell durchgeführter Test für die Passform im Laden ist, die Brille ohne das Kopfband auf die Augen zu drücken und danach zu prüfen, ob sie durch den erzeugten Unterdruck kurzzeitig von allein auf dem Gesicht hält. Bleibt sie für wenigstens einige Sekunden im Gesicht, so ist sie passend. Lösen sich ein oder sogar beide Augenschalen innerhalb weniger Sekunden, sollte zu einem anderen Modell gegriffen werden. Vor dem ersten Einsatz im Schwimmbecken sollte das Kopfband so eingestellt werden, dass es sicher sitzt, ohne zu sehr zu drücken. Für den optimalen Sitz bieten die meisten Schwimmbrillen verstellbare Nasenbrücken oder elastische Kopfbänder, um eine individuelle Anpassung an das eigene Gesicht zu ermöglichen. Für Frauen gibt es bei einigen Herstellern spezielle Modelle, die ihren in der Regel kleineren Gesichtern angepasst sind. Mittlerweile gibt es auch Hersteller, die die Gesichtsform des Athleten scannen und so eine individualisierte Brille für den Sportler herstellen. Damit sollen die bestmögliche Passform und Komfort ermöglicht werden.

Ein letzter wichtiger Punkt, der beim Kauf bzw. für die Wahl am Wettkampftag berücksichtigt werden sollte, ist die Wahl des Glases. Maßgeblich für die Wahl des Glases, das meist aus Polycarbonat besteht, ist die zu erwartende Lichtbedingung. Klare Gläser sind die beste Wahl für Innenpools oder sehr dunkle Bedingungen im Freiwasser, da sie die maximale Lichtmenge durchlassen und eine klare Sicht bieten. Getönte

Gläser wiederum reduzieren die Blendung und sind die richtige Wahl für helle Umgebungen sowohl im Freien als auch in gut beleuchteten Hallenbädern. Sie helfen, die Augen zu schützen und die Sicht zu verbessern. Verspiegelte Gläser hingegen bieten den besten Schutz gegen Blendung und sind besonders bei Wettkämpfen im Freien oder beim Schwimmen bei starker Sonneneinstrahlung beliebt. Gerade auf der Langdistanz, wo die Sonne am Start frühmorgens meist noch tief steht, sorgen sie für eine perfekte Sicht. Sind die Lichtbedingungen sehr wechselhaft oder man möchte eine Brille für alles haben, bieten sich photochrome Gläser an. Diese passen sich automatisch den Lichtverhältnissen an, indem sie bei starker Sonneneinstrahlung dunkler und bei geringerem Licht wieder heller werden. Dabei sei auch erwähnt, dass sie die mit Abstand teuerste Glasvariante darstellen.

9.2.2 SCHWIMMBEKLEIDUNG

Die Schwimmbekleidung stellt ebenfalls einen zentralen Punkt im Schwimmtraining dar. Sie war lange einfach nur das obligatorische Etwas, das bei jedem Schwimmtraining, ob in Form einer Badehose oder eines Badeanzugs, dabei sein musste. Mit der Entwicklung der Speedsuits in den frühen 2000er-Jahren jedoch hat sich die Sicht auf diesen Aspekt geändert. Heute haben auch Triathleten deshalb eine breite Auswahl an Bekleidungsoptionen in den verschiedensten Designs.

Die Schwimmbekleidung für Frauen im Training umfasst ebenfalls eine Vielzahl von Optionen, die es jeder Schwimmerin ermöglicht, die ideale Passform und damit einen optimalen Komfort für ihr Training zu finden. Zu den gängigen Typen gehören einteilige Badeanzüge, Bikinis bzw. Tankinis und Kneeskins, die jeweils ihre eigenen Vor- und Nachteile bieten. Einteilige Badeanzüge sind die klassische Wahl für Schwimmerinnen und sie sind auch am häufigsten in deutschen Schwimmbädern zu finden. Durch ihre gute Passform für eine große Bandbreite an Körperformen sind diese ideal für intensives Training und Wettkämpfe, da sie eng am Körper anliegen und den Widerstand im Wasser minimieren. Einteilige Badeanzüge sind in verschiedenen Rückenschnitten erhältlich, wie z. B. dem Racerback, dem U-Back und dem offenen Rücken. Die verschiedenen Varianten bieten der Trägerin unterschiedliche Grade an Unterstützung und Bewegungsfreiheit. Die Auswahl des Rückenschnitts kann je nach persönlicher Vorliebe und je nach Schwimmstil variieren, weshalb der Anzug auf jeden Fall vor dem ersten Training anprobiert werden sollte. Eine weitere Option stellen Bikinis und Tankinis dar. Sie bieten Schwimmerinnen mehr Flexibilität und Stiloptionen als ein einteiliger Badeanzug. Dafür müssen jedoch Abstriche beim Halt gemacht werden. Dennoch sind sie eine beliebte Option beim leichten Training unter freiem Himmel. Schließlich gibt es noch Kneesuits, die ähnlich wie ein Wettkampfeinteiler aussehen. Sie sind die längste Variante der Schwimmbekleidung. Sie bieten zumeist eine Muskelunterstützung durch Kompression und eine erhöhte Hydrodynamik. Kneeskins sind eigentlich speziell für Wettkämpfe und Hochleistungstraining konzipiert, da sie aus hochwertigen und damit teuren Materialien gefertigt sind, den Wasserwiderstand reduzieren und die Körperhaltung im Wasser verbessern. Diese Badeanzüge sind die am engsten anliegenden und können, wie zuvor erwähnt, eine Kompressionswirkung aufweisen, was wiederum helfen soll, die Muskelermüdung im Wasser zu verringern und die Leistung zu steigern.

Auch für Männer gibt es verschiedene Arten von Badehosen, die für das Schwimmtraining verwendet werden. Am verbreitetsten sind die sehr knappen Badehosen, auch als Speedos bekannt, sowie Briefs, Trunks und Jammers. Speedos, im Deutschen und im Englischen oft auch als Briefs bezeichnet, sind die traditionelle Form der Badehose mit einem charakteristisch engen Schnitt. Speedos sitzen eng am Körper und bieten dank ihres minimalistischen Designs exzellente Bewegungsfreiheit, ohne irgendwo einzuschnüren. Die letzte häufig vertretene Gruppe von Badehosen sind die Jammers. Diese sind die längste Form der Schwimmbekleidung für Männer und reichen bis knapp über die Knie und ähneln damit Radlerhosen. Jammer-Schwimmshorts sind besonders bei Wettkampfschwimmern beliebt, da manche Modelle Muskelunterstützung durch Kompression bieten und darüber hinaus den Wasserwiderstand verringern.

9.2.3 PULLBOY UND PULLKICK

Ein Pullbuoy ist, wie der englische Name vermuten lässt, eine schwimmende Auftriebsboje, die typischerweise aus Schaumstoff gefertigt ist und zwischen den Oberschenkeln oder Knien eingeklemmt wird. Dies führt dazu, dass die Beine beim Schwimmen immobilisiert und angehoben werden. Dadurch wird die Wasserlage verbessert und die koordinative Komplexität des Kraulschwimmens verringert. Dementsprechend ist das Hauptziel des Trainings mit Pullbuoy, den Fokus des Schwimmers auf die Oberkörperkraft und -technik zu lenken, indem die Beinarbeit eliminiert wird. Dies fördert die Stärkung der Arme, Schultern und des Rumpfes sowie die Verbesserung der Körperhaltung und der Wasserlage. Neben der Verwendung während der ganzen Lage kann es auch Sinn ergeben, ihn während Übungen für das Wassergefühl einzusetzen.

Der Pullkick ist ein vielseitiges Trainingsgerät, dass Pullbuoy und Kickboard (Schwimmbrett) miteinander vereint. Um dies zu ermöglichen, ist sein Design in der Regel flacher und breiter als das eines traditionellen Pullbuoys. Dadurch kann er immer noch bequem zwischen Knie oder Oberschenkel eingeklemmt werden. In seiner anderen Funktion als Kickboard können die Arme dennoch bequem auf ihm abgelegt werden, während gezielt am Kraulbeinschlag gearbeitet wird. Zusammenfassend bieten Pullbuoy und Pullkick effektive Möglichkeiten, das Schwimmtraining zu differenzieren und die Einzeltrainingsreize zu intensivieren. Während der Pullbuoy sich ausschließlich auf die Stärkung des Oberkörpers und die Verbesserung der Technik konzentriert, ermöglicht der Pullkick eine umfassendere Trainingsanpassung durch seine doppelte Funktion als Kickboard und Pullbuoy.

9.2.4 PADDLES

Paddles sind ein wichtiges Trainingsinstrument im Schwimm- und Triathlonsport. Sie helfen Schwimmern dabei, ihre Technik zu verfeinern, die Zugkraft zu steigern und das Wassergefühl zu verbessern. Diese Trainingsmittel werden an den Händen mit Gummischlaufen befestigt und vergrößern so die Fläche, die gegen das Wasser arbeitet. Durch den größeren Wasserwirbel wird der Widerstand während der Druckphase erhöht. Dies zwingt den Schwimmer dazu, mehr Kraft aufzuwenden, um durch das Wasser zu ziehen. Paddles können auch genutzt werden, um die Armzugtechnik zu optimieren.

Auch bei Paddles gibt es verschiedene Ausführungen, die verwendet werden können. Die klassischen flachen Paddles erhöhen den Widerstand gleichmäßig über die gesamte Handfläche und sind ein ideales Hilfsmittel, um die Kraft beim Armzug zu erhöhen. Ergonomisch geformte Paddles sind der natürlichen Handhaltung im Wasser nachempfunden. Sie schulen so die richtige Technik während der Zugphase. Fingerpaddles hingegen bedecken nur die Finger und nicht die gesamte Handfläche. Sie sind weniger auf Kraftaufbau ausgerichtet, sondern mehr darauf, die Technik des Armzugs zu verfeinern und ein besseres Gefühl für das Wasser zu entwickeln. Sie können darüber hinaus als einzige Paddleart auch für das Training von Brustschwimmen eingesetzt werden. Durch den nicht ganz so hohen Widerstand, wie bei den anderen Arten, eignen sie sich zudem für Anfänger, da das Schultergelenk bei falscher Technik nicht ganz so stark belastet wird.

Der Einsatz von Paddles im Training ermöglicht somit eine gezielte Arbeit an der Schwimmtechnik und Kraft. Sie sind ein effektives Werkzeug, um die Muskulatur im Oberkörper zu stärken und darüber hinaus das Bewusstsein für den korrekten Armzug beim Sportler zu schärfen. Schwimmer können mithilfe von Paddles an der Optimierung ihres Handeintritts ins Wasser, der Zugphase und der Druckphase arbeiten. Der zusätzliche Widerstand hilft Unzulänglichkeiten in der Technik aufzudecken, die durch eine schnellere Ermüdung sichtbar werden. Zudem bietet es die Möglichkeit zur sofortigen Korrektur. Dieses direkte Feedback kann entscheidend für die schnelle Anpassung und die Verbesserung der Schwimmtechnik sein. Trotz dieser vielfältigen Vorteile ist eine ausgewogene Nutzung von Paddles wichtig, um Überlastungsschäden gerade im Schulterbereich zu vermeiden. Ein Training sollte sowohl Übungen mit als auch ohne Paddles beinhalten und niemals ausschließlich Paddleübungen. Für Anfänger gilt, dass nur unter Anleitung eines erfahrenen Trainers mit Paddles gearbeitet werden sollte, da dieser Veränderungen in der Technik aufgrund von Ermüdung schnell erkennen kann.

9.2.5 SCHWIMMBRETT

Die primäre Funktion des Kickboards oder Bretts besteht darin, die untere Körperhälfte zu stärken und die Schwimmtechnik zu verbessern. Zumeist aus leichtem Schaumstoff gefertigt, bietet das Kickboard Auftrieb und ermöglicht es dem Schwimmer, sich komplett auf die Beinarbeit zu konzentrieren, während der Oberkörper stabilisiert und an der Oberfläche gehalten wird. Durch den gezielten Einsatz kann die Effizienz des Beinschlags verbessert werden, was für alle Schwimmstile von großer Bedeutung ist. Das Training mit einem Kickboard hilft darüber hinaus, die Ausdauer der Beinmuskulatur zu erhöhen, was insbesondere bei längeren Distanzen von Vorteil ist.

Beim Training mit dem Brett hält der Athlet dieses am vorderen Ende fest, wobei die Arme gestreckt sind und die Brettspitze leicht aus dem Wasser ragt. Der Kopf sollte in neutraler Schwimmposition gehalten werden. Diese Position sorgt für eine stabile Wasserlage und ermöglicht es dem Schwimmer, sich voll und ganz auf die Bewegung der Beine zu konzentrieren. Durch den gezielten Einsatz des Kickboards kann der Schwimmer verschiedene Aspekte der Beintechnik trainieren, beispielsweise die Frequenz und die Kraft des Beinschlags sowie die Koordination zwischen den Beinen.

9.2.6 WIDERSTANDS-/AUFTRIEBSHOSE

Zwei weitere häufig verwendete Trainingshilfen im Schwimmtraining sind die Widerstands- und Auftriebshose. Widerstandshosen oder Drag Shorts sind speziell dafür konzipiert, den Wasserwiderstand während des Schwimmens zu erhöhen. Sie werden über der regulären Schwimmbekleidung getragen und bestehen aus einem Material, das locker am Körper sitzt und eine größere Oberfläche bietet, um den Widerstand im Wasser zu maximieren. Das Hauptziel der Widerstandshose ist es, das Schwimmtraining anspruchsvoller zu gestalten, indem sie den Schwimmer zwingt, gegen eine zusätzliche Kraft anzukämpfen. Im Training finden Widerstandshosen vor allem bei Technik- und Kraftübungen Anwendung. Sie sind besonders wertvoll bei Sprintintervallen. Dort hält der zusätzliche Widerstand die Schwimmer dazu an, ihre maximale Anstrengung zu steigern, um hohe Geschwindigkeiten zu erreichen. Ebenso sind sie hilfreich bei Übungen, die auf die Verbesserung der Armzugtechnik abzielen. Sie bringen den Athleten dazu, kräftigere und präzisere Züge auszuführen. Alternativ zur Hose kann auch ein Bremsschirm verwendet werden, um denselben Effekt im Training zu erreichen.

Die Auftriebshosen verfolgen einen anderen Ansatz im Schwimmtraining. Sie sind aus einem neoprenähnlichen Material gefertigt, das den Auftrieb im Wasser erhöht und somit eine bessere Wasserlage ermöglicht. Der Hauptvorteil der Auftriebshose liegt in ihrer Fähigkeit, den Unterkörper des Schwimmers an der Wasseroberfläche zu halten. Das fördert eine optimale Schwimmposition während des Techniktrainings. Durch die verbesserte Wasserlage kann sich der Athlet auf die Verfeinerung der Schwimmtechnik konzentrieren, ohne durch das Absinken der Beine oder des Rumpfes gestört zu werden. Im Gegensatz zum Pullbuoy wird die Auftriebshose in der Regel über die gesamte Trainingsdauer getragen. Es ist wichtig zu beachten, dass sie Anfängern viele Vorteile durch einen reduzierten Anspruch an die Technik bietet. Allerdings sollte sie dennoch nicht zu häufig im Training getragen werden, da ansonsten die richtige Wasserlage nicht erlernt wird.

9.2.7 FRONTSCHNORCHEL

Der Frontschnorchel ist eine weitere Trainingshilfe aus dem Schwimmsport, die zunehmend auch im Triathlontraining an Beliebtheit gewinnt. Im Gegensatz zum seitlich getragenen Schnorchel, wie er beim Schnorcheln oder Tauchen verwendet wird, wird der Frontschnorchel mittig am Kopf befestigt und verläuft entlang der Stirn bis über den Kopf. Dadurch kann der Träger durch das Rohr des Schnorchels atmen, welches auch bei intensiven Schwimmtraining über Wasser bleibt. Diese Positionierung erlaubt es den Athleten, sich voll und ganz auf ihre Schwimmtechnik zu konzentrieren, ohne sich um die Atemtechnik kümmern zu müssen. Der Nutzen des Frontschnorchels im Triathlontraining ist vielfältig. Zum einen ermöglicht er eine konstante Sauerstoffversorgung, ohne dass der Kopf zur Seite gedreht werden muss, um zu atmen. Dies führt zu einer stabileren Wasserlage, da die Bewegung des Kopfes oft zu einer Veränderung der Körperposition führt. Bei dieser Veränderung sinkt meist der Unterkörper des Sportlers ab, was den Wasserwiderstand erhöht. Zum anderen erlaubt der Frontschnorchel den Athleten, ihre Konzentration vollständig auf die Verbesserung der Armzugtechnik, der Beinschlagfrequenz oder der Körperrotation zu legen, ohne durch den Atemrhythmus unterbrochen zu werden. Dementsprechend wird der Frontschnorchel häufig im Techniktraining eingesetzt.

Hinsichtlich der Häufigkeit der Verwendung gibt es keine pauschale Empfehlung, da sie von den individuellen Trainingszielen und dem aktuellen Leistungsstand des Athleten abhängt. Allerdings sollte der Frontschnorchel nicht in jedem Training und bei jeder Übung zum Einsatz kommen, da auch das Atmen und die Kopfdrehung beim Schwimmen wichtige Fähigkeiten sind, die trainiert werden müssen. Anfänger mit Schwierigkeiten bei der Koordination von Armzug und Beinschlag könnten zunächst häufiger auf ihn zurückgreifen, um eine stabile Grundtechnik zu erarbeiten.

9.3 RADTRAINING

Das Radtraining nimmt den größten Anteil im Wettkampf und Training von Triathleten ein. Dementsprechend kommt der Ausrüstung eine besondere Bedeutung zu. Verschiedene Radtypen kommen je nach Trainingsschwerpunkt, Wettkampfbedingungen und persönlichen Vorlieben zum Einsatz. Rennräder zeichnen sich durch ihre Leichtigkeit und Aerodynamik aus und sind ideal für lange Strecken auf asphaltierten Straßen. Mountainbikes und Gravelbikes bieten robuste Alternativen für Cross-Training oder Offroad-Events, die eine höhere Geländetauglichkeit erfordern. Zeitfahrräder hingegen sind die beste Wahl, um sich möglichst aerodynamisch über die Wettkampfstrecken im Triathlon zu bewegen. Diese Vielfalt an Fahrradtypen erlaubt es Athleten, ihr Training gezielt auf die Verbesserung spezifischer Fähigkeiten auszurichten und sich optimal auf die unterschiedlichsten Wettkampfsituationen vorzubereiten.

9.3.1 RENNRAD

Obwohl das Triathlonrad das Arbeitsgerät eines Triathleten im Wettkampf ist, verbringen Triathleten dennoch den mit Abstand größten Teil des Radtrainings auf dem Rennrad. Doch damit das Training auf dem Rad Spaß macht, muss es auch passen. Die Geometrie eines Rennrads spielt eine entscheidende Rolle, wenn es darum geht, das perfekte Fahrrad zu finden. Das Rad muss sowohl zum Fahrstil passen, als auch die gewünschten Fahreigenschaften bieten. Denn ein Aerorad macht z. B. ungeheuer viel Spaß, wenn man auf den Landstraßen im Norden Deutschlands unterwegs ist, während es in den Alpen eher beschwerlich die Pässe erklimmt. Die Rennradgeometrie umfasst eine Vielzahl von verschiedenen Maßen am Fahrradrahmen, die zusammen dessen Größe, Form und letztendlich dessen Verhalten auf der Straße bestimmen. Vom Wettkampfrad, das für Geschwindigkeit und Effizienz konzipiert ist, bis hin zum Endurance-Bike, das Komfort und Stabilität für längere Fahrten bietet, spiegeln diese Maße die Vielfältigkeit des Radsports wider.

Rennräder für Wettkämpfe zeichnen sich durch eine „aggressive" Geometrie aus, die den Fahrer in eine tiefe und gestreckte Position bringt. Dies fördert eine hohe Geschwindigkeit und Aerodynamik, kann aber auf längeren Strecken weniger komfortabel für den Rücken und das Gesäß sein. Die Rahmen solcher Räder sind oft aerodynamisch geformt und steif, um eine effiziente Kraftübertragung zu gewährleisten. Auf der anderen Seite stehen Endurance-Rennräder, deren Geometrie eine aufrechtere Fahrposition ermöglicht, was den Komfort erhöht, ohne dabei die Möglichkeit für schnelle Sprints zu opfern. Sie sind nicht ganz so aerodynamisch oder reaktionsschnell, wie es ihre wettkampforientierten Gegenstücke sind.

Die Rahmengröße hat ebenfalls einen erheblichen Einfluss auf die Fahreigenschaften eines Rennrads. Kleinere Rahmen lassen weniger Platz für die Laufräder, weshalb bei sehr kleinen Fahrrädern teils 650B-Laufräder zum Einsatz kommen. Das soll den Toe Overlap (Gefahr, dass der Radschuh das Vorderrad berührt) minimieren und das Lenkverhalten verbessern. Größere Rahmen sind bei gleicher Konstruktion tendenziell weniger steif als kleinere, was zu unterschiedlichen Fahreigenschaften im Sinne einer schlechteren Kraftübertragung führen kann. Um die perfekte Größe zu finden, sind die Maße Stack und Reach von entscheidender Bedeutung. Diese Zahlen bieten Aufschluss über die Fahrposition und können zwischen verschiedenen Modellen und Herstellern stark variieren, selbst wenn die Rahmen nominell die gleiche Größe haben. Ein Bikefitting kann helfen, die optimalen Werte für Stack und Reach zu ermitteln, oder man orientiert sich an den Maßen eines früheren Fahrrads.

Moderne Fahrräder tendieren zu einem längeren Reach, kombiniert mit einem kürzeren Vorbau, was das Handling verbessert und bei hohen Geschwindigkeiten für Stabilität sorgt. Der Stack bezeichnet dabei die vertikale Entfernung vom Mittelpunkt des Tretlagers bis zum oberen Ende des Steuerrohrs. Dieses Maß bietet Aufschluss über die Höhe des vorderen Teils des Rahmens und beeinflusst, wie aufrecht oder gebeugt der Fahrer auf dem Fahrrad sitzt. Der Reach hingegen misst die horizontale Entfernung vom Mittelpunkt des Tretlagers bis zum oberen Ende des Steuerrohrs und gibt an, wie weit der Fahrer nach vorne reichen muss, um die Lenkstange zu greifen. Dieses Maß bestimmt die Länge des Fahrrads und hat Einfluss auf die Fahrposition und das Handling des Rads. Beide Werte werden in Millimetern angegeben und ermöglichen einen direkten Vergleich der Fahrradgrößen über verschiedene Marken und Modelle hinweg, um die ideale Passform für den Fahrer zu finden.

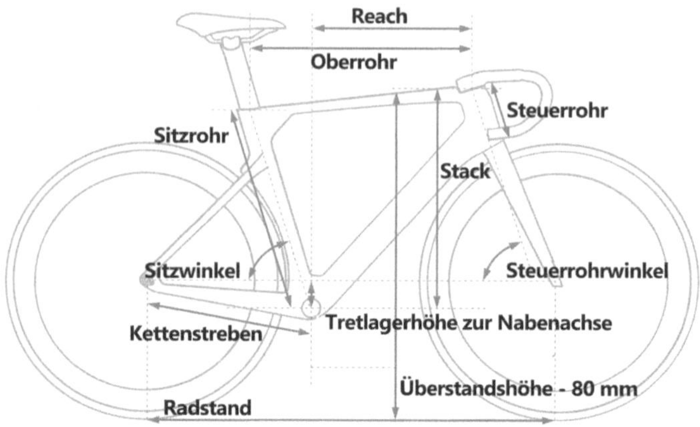

Schematische Darstellung wichtiger Rahmenmaße bei Rennrädern. Bildrechte: Cube

Neben Stack und Reach sind auch andere Geometriemerkmale wie Überstandshöhe, Oberrohrlänge und Sitzrohrwinkel wichtig, um die ideale Passform und das gewünschte Fahrgefühl zu erzielen. Beispielsweise beeinflusst der Sitzrohrwinkel die Position über den Pedalen und damit die Effizienz des Pedaltritts, während die Kettenstrebenlänge und der Radstand die Agilität und Stabilität des Fahrrads beeinflussen.

Seitdem Fahrräder mit breiteren Reifen und Scheibenbremsen immer beliebter werden, gewinnt auch die Reifenfreiheit an Bedeutung. Sie bestimmt, welche Reifenbreiten mit einem Rahmen kompatibel sind und erweitert somit die Vielseitigkeit und Einsatzmöglichkeiten des Fahrrads. Doch nicht nur für die Reifenbreite sind Scheibenbremsen von Bedeutung. Sie haben wie Felgenbremsen den Zweck, das Rad sicher und schnell in den Stand zu bringen. Felgenbremsen sind das traditionelle Bremssystem. Es funktioniert, indem Bremsklötze gegen die Seiten der Felge gedrückt werden, um durch Reibung das Fahrrad zu verlangsamen. Der größte Vorteil der Felgenbremsen liegt in ihrer Leichtigkeit und Einfachheit. Das macht sie zu einer bevorzugten Wahl für Athleten, die Wert auf ein möglichst geringes Gewicht ihres Rennrads legen. Zudem können Räder mit Felgenbremsen in der Regel schneller gewechselt werden, was bei Pannen im Rennen von Vorteil sein kann. Allerdings bieten Felgenbremsen weniger Bremskraft, besonders bei nassen oder schmutzigen Bedingungen, und der Bremsvorgang kann die Felgen mit der Zeit abnutzen.

Scheibenbremsen hingegen nutzen eine Metallscheibe (Rotor) am Rad. Auf diese drücken Bremsbeläge, um das Fahrrad zu verlangsamen. Dieses System bietet eine konstant hohe Bremsleistung unter verschiedensten Bedingungen, einschließlich Regen und Schlamm. Dies kann für Trainingsfahrten im Frühling, Herbst und Winter, die oft bei unterschiedlichsten Wetterbedingungen stattfinden, von großem Nutzen sein. Scheibenbremsen bieten auch eine verbesserte Kontrolle und Stabilität beim Bremsen, was besonders in technisch anspruchsvollen Abfahrten von Vorteil ist. Der Nachteil von Scheibenbremsen liegt in ihrem zusätzlichen Gewicht im Vergleich zu Felgenbremsen und in der Komplexität des Systems, was die Wartung und den Radwechsel erschweren kann.

Eine weitere Frage, die bei der Auswahl des richtigen Fahrrads im Raum steht, ist die nach der richtigen Reifenwahl. Es gibt hauptsächlich drei Arten von Reifen, welche im Rennradsport Anwendung finden. Diese sind: Schlauchreifen, Drahtreifen und Tubeless-Reifen. Schlauchreifen sind so konzipiert, dass der Schlauch direkt in den Reifen eingenäht ist. Bei der Montage werden sie auf spezielle Felgen mit flachem Bett geklebt. Für lange Zeit waren sie das Modell mit der besten Rolleigenschaft, weshalb sie aus Rennen kaum wegzudenken waren. Zudem bieten sie bei einem Platten durch die Art der Montage auf der Felge eine höhere Sicherheit, da der Reifen nicht so leicht von der Felge rutschen kann. Allerdings sind Schlauchreifen in der Regel teurer in der Anschaffung und erfordern bei einer Panne entweder den kompletten Austausch des Reifens oder fachkundige Reparaturkenntnisse, da der Schlauch nicht einfach ausgetauscht werden kann.

Drahtreifen oder Clincher sind die am häufigsten verwendeten Reifentypen. Sie bestehen aus einem separaten Reifen und Schlauch, wobei der Reifen über einen Draht- oder Kevlarring verfügt, der auf die Felge passt. Der größte Vorteil der Drahtreifen liegt in ihrer Benutzerfreundlichkeit und der einfachen Montage, was insbesondere bei Pannen unterwegs einen schnellen Schlauchwechsel ermöglicht. Zudem sind sie in der Anschaffung günstiger als Schlauchreifen. Der Nachteil ist, dass sie in der Regel schwerer sind und nicht das gleiche Niveau an Rolleigenschaften und Komfort wie Tubeless-Reifen bieten können. Tubeless-Reifen sind eine relativ neue Entwicklung und bieten eine Kombination der Vorteile von Schlauch- und Drahtreifen. Sie werden ohne Schlauch gefahren, wobei eine spezielle Dichtflüssigkeit im Reifen das Abdichten von kleinen Durchstichen ermöglicht und somit die Wahrscheinlichkeit von Pannen reduziert. Tubeless-Reifen können bei niedrigerem Luftdruck gefahren werden, was zu einem verbesserten Komfort und Grip führt. Allerdings erfordern sie kompatible Felgen, eine sorgfältige Montage und regelmäßigen Austausch der Dichtmilch, um eine luftdichte Versiegelung zu gewährleisten.

Als letzter wichtiger Entscheidungspunkt bei der Fahrradwahl stellt sich die Frage nach der Art der Schaltung. Dabei hat man die Wahl zwischen einem elektronischen oder einem mechanischen Modell. Elektronische Schaltungen bieten präzise und schnelle Gangwechsel auf Knopfdruck. Das stellt besonders bei langen Fahrten und unter Wettkampfbedingungen einen Vorteil dar. Sie sind zudem wartungsärmer, da sie weniger von Verschmutzung und Verschleiß betroffen sind. Allerdings sind sie in der Anschaffung teurer und abhängig von Akkubatterien. Das wiederum bedeutet, dass Radfahrer darauf achten müssen, diese regelmäßig aufzuladen. Mechanische Schaltungen hingegen punkten durch ihre Zuverlässigkeit und einfache Reparaturmöglichkeiten, selbst unterwegs. Sie sind kostengünstiger in der Anschaffung und Wartung, erfordern jedoch eine regelmäßige Justierung und können in der Schaltpräzision unter extremen Bedingungen oder bei Verschleiß nachlassen.

9.3.2 TRIATHLON-/ZEITFAHRRAD

Lange Zeit sind Sportler sowohl im Rad- als auch im Triathlonsport mit einem normalen Rennrad in den Kampf gegen die Uhr gegangen. Doch spätestens mit dem spektakulären Tour-de-France-Sieg von Greg Lemond 1989 hat sich die Sicht auf die Wichtigkeit der Aerodynamik in Wettkämpfen ohne Windschattenfreigabe geändert. In dieser Tour de France konnte der Amerikaner auf der finalen Etappe von Versailles auf den Champs Élysées einen 50-Sekunden-Rückstand in einen Acht-Sekunden-Vorsprung umdrehen. Das Besondere bei diesem Zeitfahren auf der Pariser Prachtstraße war der Einsatz eines Triathlonaufsatzes, den es so vorher nicht im Radsport gab. Die Triathleten waren zu diesem Zeitpunkt schon etwas weiter. So waren beim Ironman Hawaii schon einige Athleten damit unterwegs. Im Laufe der 1990er-Jahre nahmen die Radhersteller das Thema dann so ernst, dass die Union Cycliste Internationale (UCI) aufgrund der extremen Rahmenformen begann, die Fahrräder stärker zu reglementieren. In diesem Zusammenhang erinnern wir gerne an das tropfenförmige Pinarello von Jan Ullrich, mit dem er die Tour de France 1997 gewinnen konnte. Im Triathlon jedoch sind bis heute noch ausgefallene Rahmenformen möglich, da die Triathlon-Verbände die Räder nicht so stark reglementieren. Beste Beispiele sind z. B. das P5X von Cervélo oder das Andean von Diamondback, die auf eine Sattelstütze verzichten.

Doch was macht ein Triathlonrad aus? Triathlonräder bieten den Vorteil, dass sie den Luftwiderstand so gering wie möglich halten. Dementsprechend ist das Komplettrad auf maximale Aerodynamik getrimmt, was sich auch auf den Fahrer auswirkt. So sitzt dieser in einer tiefen und gestreckten Position. Dies kann zwar auf lange Distanzen weniger komfortabel sein, führt aber zu einem spürbaren Vorteil in Sachen Geschwindigkeit. Die Optimierung der Aerodynamik ist dabei ein ständiger Prozess, der bereits bei der Entwicklung des Fahrrads begann und bis heute anhält, mit dem Ziel, die Stirnfläche gegenüber dem Wind zu reduzieren. Moderne Triathlonräder integrieren Komponenten und setzen auf innovative Materialien, um diesen Effekt zu maximieren. Dadurch können Athleten schneller fahren, ohne mehr Kraft aufwenden zu müssen.

Trotz der offensichtlichen Vorteile eines Triathlonrads, wie einer verbesserten aerodynamischen Position, die zu höherer Geschwindigkeit bei gleichem Kraftaufwand führt, müssen potenzielle Nutzer auch die Nachteile und Einschränkungen berücksichtigen. Dazu gehören der höhere Preis, die Notwendigkeit, eine gebeugte Haltung über längere Zeit beibehalten zu können, sowie die Eignung des Rads für spezifische Streckenprofile. Nicht jede Rennstrecke profitiert gleichermaßen von einem Triathlonrad. Das gilt insbesondere, wenn es viele Berge gibt, wo die aerodynamischen Vorteile weniger ins Gewicht fallen. Darüber hinaus ist die Handhabung eines Triathlonrads mit seinen eng beieinanderliegenden Unterarmauflagen und der Position der Brems- und Schalthebel eine Umstellung und erfordert Übung und Anpassung.

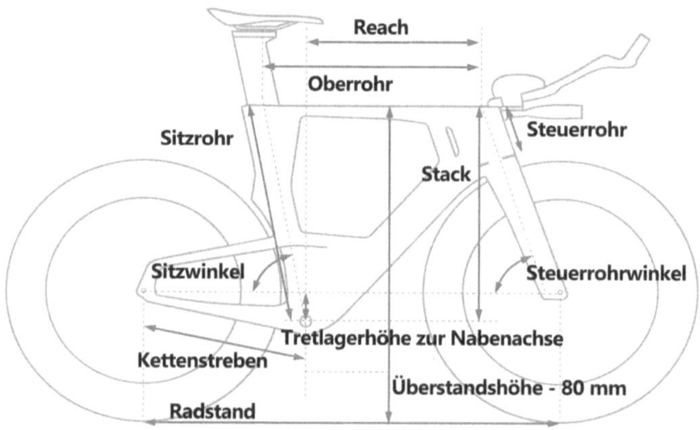

Schematische Darstellung wichtiger Rahmenmaße bei Triathlon- und Zeitfahrrädern.
Bildrechte: Cube

Was sind noch weitere Unterschiede zwischen Renn- und Triathlonrad? Hier lässt sich u. a. die Geometrie des Rahmens nennen. Triathlonräder weisen einen steileren Sitzwinkel auf, der den Hüftwinkel vergrößert und eine optimierte Kraftübertragung ermöglicht. Dies ist besonders für die nachfolgende Disziplin des Laufens im Triathlon von Vorteil. Zudem sind Triathlonräder häufig mit integrierten Trinksystemen und Stauraum für die Verpflegung und mit Pannenmaterial ausgestattet, was sie für lange Distanzen praktisch macht, was jedoch auch zu einem höheren Gewicht führt. Da viele Triathlonstrecken ein eher flacheres Streckenprofil aufweisen, spielt das Gesamtgewicht des Rads jedoch keine entscheidende Rolle. Aus diesem Grund werden fast ausschließlich aerodynamische Laufräder verwendet. Aerolaufräder verringern mit ihren hohen Felgenprofilen den Luftwiderstand, indem sie die Luftströmung um das Rad herum glätten. Sie bieten einen spürbaren Geschwindigkeitsvorteil auf flachen und leicht hügeligen Strecken, können aber durch ihr erhöhtes Gewicht in bergigen Passagen oder bei starkem Seitenwind zum Nachteil werden. Scheibenräder sind nur am Hinterrad zugelassen und auf einigen Strecken, wie z. B. dem Ironman Hawaii, verboten. Sie maximieren die aerodynamischen Vorteile noch weiter, indem sie nahezu jeglichen Luftwiderstand am Hinterrad eliminieren. Sie sind besonders vorteilhaft auf flachen Triathlonstrecken, wo Aerodynamik entscheidend ist. Allerdings erfordern sie eine gewisse Eingewöhnungszeit hinsichtlich des Handlings bei Wind und sind aufgrund ihres Preises und ihrer Spezialisierung eine Investition, die vor allem für sehr ambitionierte Athleten interessant ist.

Zusammenfassend lässt sich sagen, dass die Wahl zwischen einem Triathlonrad und einem Rennrad von den individuellen Bedürfnissen, dem bevorzugten Terrain und den Zielen des Athleten abhängt. Für Triathleten, die hauptsächlich an Wettkämpfen auf flachen Strecken teilnehmen und jede Möglichkeit zur Leistungssteigerung nutzen möchten, kann ein Triathlonrad die richtige Wahl sein. Für Athleten, die ein Rad suchen, das sich für Gruppenfahrten, Pässetouren und eine breite Palette von Bedingungen eignet, könnte ein Rennrad die bessere Option darstellen.

9.3.3 GRAVELBIKE

Gravelbikes haben sich in den vergangenen Jahren als eine spannende neue Kategorie im Radsport etabliert, da sie die Grenzen zwischen traditionellen Rennrädern, Mountainbikes und Cyclocross-Rädern verwischen. Ein Gravelbike ist im Wesentlichen ein äußerst vielseitiges Fahrrad, das für eine breite Palette von Untergründen ausgelegt ist, von glattem Asphalt bis hin zu Schotterwegen und leichten Trails. Diese Flexibilität macht es zu einer beliebten Wahl für Radfahrer, die Abenteuer abseits befestigter Straßen suchen, dem Verkehr der Großstadt aus dem Weg gehen möchten oder ein einzelnes Fahrrad für verschiedene Einsatzbereiche wünschen.

Im Vergleich zu traditionellen Rennrädern zeichnet sich ein Gravelbike durch einige markante Unterschiede aus. Zunächst einmal verfügen sie über breitere und stärker profilierte Reifen, die eine bessere Traktion und Komfort auf unebenen Untergründen bieten. Dies ist bei Rennrädern mit ihren schmaleren Reifen und dem Fokus auf Geschwindigkeit auf glattem Asphalt nicht der Fall, auch wenn dank Tubeless-Reifen der Komfort auf der Straße deutlich gestiegen ist. Des Weiteren haben Gravelbikes eine entspanntere Geometrie mit einem längeren Radstand und einem höheren Lenker, was eine stabilere und komfortablere Fahrt bei langen Distanzen und auf rauem Terrain ermöglicht. Hinzu kommt, dass viele Gravelbikes über Montagepunkte für Gepäckträger und Schutzbleche verfügen, was sie für Bikepacking-Abenteuer und Pendler gleichermaßen attraktiv macht.

Im Zusammenhang mit dem Triathlontraining kann ein Gravelbike eine wertvolle Ergänzung sein. Es erlaubt Athleten, ihr Training auf vielfältige Wege auszudehnen und dabei die technischen Fähigkeiten und die Bike-Handling-Kompetenzen zu verbessern. Das Fahren auf Schotter und in unwegsamem Gelände erfordert mehr Balance und Aufmerksamkeit; das führt letztlich zu einem sichereren und versierteren Radfahrer. Zudem ermöglicht das Gravelbike lange Ausdauerfahrten in einer deutlich entspannteren Position als auf einem spezialisierten Triathlonrad, was besonders in der Off-Season oder bei der Grundlagenarbeit von Vorteil sein kann. Darüber hinaus kann das Training auf einem Gravelbike eine willkommene Abwechslung zum Indoor-Rollentraining im Winter bieten und somit die Motivation zum Training aufrechterhalten. Zudem weckt es die Abenteuerlust, da es die Möglichkeit eröffnet, neue Landschaften und Wege abseits verkehrsreicher Straßen zu erschließen. Schließlich kann das Gravelbike durch die vielen Möglichkeiten perfekt für den Weg zur Arbeit genutzt werden. Das ermöglicht eine effizientere Tagesplanung. Dementsprechend macht die Anschaffung für Triathleten mit dem nötigen Budget und ausreichend Platz im Keller durchaus Sinn.

9.3.4 MOUNTAINBIKE (MTB)

Ihren großen Hype hatten die Mountainbikes in den 1990er-Jahren und sie machen seitdem den größten Anteil am Fahrradmarkt aus. Ein Mountainbike ist ein Fahrrad, das speziell für das Fahren abseits befestigter Straßen konzipiert wurde. Es zeichnet sich durch einen robusten Rahmen und breite Reifen mit tiefem Profil für maximalen Grip auf unebenem Terrain aus. Doch ganz besonders macht es die eingebaute Federung, die Stöße und Schläge im Gelände auffängt. Dadurch bewegt es sich mit einer Mischung aus Stabilität, Kontrolle und Komfort auf Trails, in Wäldern und auf Bergpfaden.

Im Triathlontraining kann ein Mountainbike eine wertvolle Ergänzung sein, besonders wenn es darum geht, die Fahrfertigkeiten zu verbessern und das Training vielseitiger zu gestalten. Das Befahren von Singletrails und technisch anspruchsvollen Strecken schult das Gleichgewicht, die Reaktionsfähigkeit und die Technik des Fahrers. Darüber hinaus ermöglicht das Mountainbike Trainingseinheiten, die den ganzen Körper fordern, da das Überwinden von Hindernissen und extremen Steigungen eine höhere körperliche Anstrengung erfordert als das Fahren auf flachen Straßen. Darüber hinaus gibt es eigene Crosstriathlonserien und bekannte Wettkämpfe wie den Inferno Triathlon, die einen Mountainbikepart beinhalten und damit eine angenehme Abwechslung zum klassischen Triathlon bieten. Das Mountainbike bietet sich insbesondere fürs Wintertraining an, da die Geschwindigkeit im Gelände geringer ist und auch der Oberkörper mehr einbezogen ist, was in Summe den Auskühleffekt deutlich verringert.

9.3.5 RADCOMPUTER

Der Radcomputer ist zu einem unverzichtbaren Bestandteil des Radfahrens sowohl für Triathleten als auch für Radsportler geworden. Die Evolution hin zum Radcomputer hat ihren Ursprung im Tachometer. Ursprünglich dienten Tachometer dazu, grundlegende Informationen wie die aktuelle Geschwindigkeit und die zurückgelegte Distanz zu liefern. Diese basierten auf der Drehung des Rads. Diese mechanischen Geräte waren zwar nützlich, boten jedoch nur eine begrenzte Einsicht in die Leistung des Radfahrers. Mit dem Aufkommen digitaler Technologien erlebten Radcomputer jedoch eine revolutionäre Transformation. Moderne Radcomputer können eine Vielzahl von Daten erfassen und anzeigen, von Geschwindigkeit und Distanz über Herzfrequenz und Trittfrequenz bis hin zu Leistungsmessungen in Watt und GPS-Funktionalität. Letztere wurde zunächst in High-End-Geräten eingeführt. Das ist heute allerdings Standard und ermöglicht es Radfahrern, ihre Routen präzise zu verfolgen und sogar, die Navigation in Echtzeit zu nutzen.

Die heutigen Radcomputer sind weit mehr als nur einfache Messgeräte. Sie dienen als umfassende Trainingspartner, die es ermöglichen, jeden Aspekt einer Fahrt zu analysieren. Die Integration von weiteren Sensoren und die Verbindungsmöglichkeiten mit anderen Geräten, wie Herzfrequenzgurten und Leistungsmessern, bieten eine tiefgehende Einsicht in die körperliche Verfassung und Leistungsfähigkeit des Radfahrers. Darüber hinaus ermöglicht die Synchronisation mit Smartphone-Apps und Online-Plattformen eine detaillierte Analyse und Langzeitauswertung der Trainingsdaten, was eine gezielte Planung und Anpassung des Trainings unterstützt. Darüber hinaus sorgen zusätzliche Funktionen wie Strava-Segmentintegration, virtuelle Wettkampffunktionen und die Möglichkeit, Workouts und Trainingspläne zu laden, für eine erhöhte Motivation vor und während des Trainings.

9.3.6 POWERMETER

Powermeter oder auch Leistungsmesser sind für viele technikverliebte Triathleten nicht mehr aus dem Radtraining wegzudenken. Sie ermöglichen es Athleten, ihre Leistung präzise zu messen und zu analysieren. Dies fördert eine zielgerichtete Trainingssteuerung und dadurch eine optimale Leistungsverbesserung. Ein Leistungsmesser misst die vom Athleten erbrachte Leistung in Watt, also die mechanische Arbeit, die beim Treten erzeugt wird. Diese direkte Quantifizierung der Leistung bietet gegenüber herkömmlichen Trainingsmethoden, die sich auf Herzfrequenz, Gefühl oder Geschwindigkeit stützen, entscheidende Vorteile. So reagiert die gemessene Leistung direkt beim Ausüben der Kraft auf das Pedal. Die Herzfrequenz reagiert träger und hinkt der aktuellen Belastung gerade bei einem wechselnden Streckenprofil mit Anstiegen und Abfahrten hinterher. Somit kann eine Überbelastung viel leichter verhindert werden, wenn mit Powermeter trainiert wird. Der Vorteil der Wattmessung gegenüber Gefühl und Geschwindigkeit ist, dass sie die aktuelle Anstrengung objektiv abbildet. Gerade Anfänger im Triathlon haben das Problem, dass sie ihre Leistungsfähigkeit nur begrenzt einschätzen können. Bei der Geschwindigkeit mag man meinen, dass sie ebenfalls ein objektiver Parameter sei, um die Belastung zu steuern. Doch die höheren Geschwindigkeiten und damit einhergehend die höheren Luftwiderstände lassen diesen Parameter sehr abhängig von der Windrichtung sein. Auch das Gefälle der Strecke sowie der Straßenbelag haben einen signifikanten Einfluss auf diesen Parameter.

Die Messung der Leistung beim Radfahren kann auf verschiedenen Wegen passieren. Hier sind einige Beispiele von Bauteilen des Rennrads, an denen die Leistung gemessen werden kann:

★ Kurbelbasierte Leistungsmesser: Diese messen die Kraft direkt in den Kurbelarmen. Sie bieten hohe Genauigkeit und sind unabhängig von äußeren Einflüssen wie Wind oder Gelände.

★ Pedalbasierte Leistungsmesser: Sie erfassen die Kraft am Pedal, was den Vorteil hat, dass sie leicht zwischen Rädern gewechselt werden können. Einige Modelle messen zudem die Kraftverteilung zwischen den Beinen.

★ Spiderbasierte (Kurbel) Leistungsmesser: Die Messeinheit ersetzt bei dieser Art des Systems den ursprünglichen Spider. Damit sitzt es zwischen Kurbelarm und Kettenblättern.

★ Nabenbasierte Leistungsmesser: Diese sind in der Hinterradnabe verbaut und messen die Kraft, die auf das Hinterrad übertragen wird.

Im Training kommen die Vorteile eines Leistungsmessers bei einer Vielzahl von Übungen zum Vorschein. Sie sind besonders wertvoll bei Intervalltrainings, bei denen spezifische Leistungsbereiche gefahren werden sollen oder bei langen Ausdauerfahrten, um ein gleichmäßiges Leistungsniveau über mehrere Stunden konstant zu halten. Auch bei Bergfahrten bieten sie wertvolle Daten, um das Training optimal zu steuern. Durch die Analyse der Leistungsdaten können Schwächen, wie ein Ungleichgewicht zwischen den Beinen, identifiziert und gezielt verbessert werden. Für die Analyse stehen eine Vielzahl von Messwerten zur Verfügung. Die mit Powermetern gemessenen Metriken umfassen nicht nur die momentane Leistung in Watt, sondern z. B. auch die durchschnittliche Leistung über eine Trainingseinheit. Ebenfalls interessant ist die Normalized Power (NP), die das unterschiedliche Terrain und die Anstrengung besser widerspiegelt. Hinzu kommt der Wert der Functional Threshold Power (FTP), der die maximale Leistung angibt, die ein Athlet über 20 oder 30 Minuten (je nach Definition) halten kann. Weiterhin kann die Effizienz des Tretens über die Pedal Smoothness und die Torque Effectiveness erfasst werden, was Aufschluss über die Qualität der Kraftübertragung bietet. Bei all diesen Werten ist allerdings anzumerken, dass neben dem Training mit einem Powermeter auch die Auswertung eben jener Daten nicht zu vernachlässigen ist. Denn wer sich nicht mit seinen Werten beschäftigt, fährt im Grunde nur einige Gramm Extragewicht an Elektromüll mit sich herum.

9.4 LAUFTRAINING

Auch im Lauftraining gibt es mehr Hilfsmittel als man manchmal denken mag. Zwei wesentliche Kategorien dieser Hilfsmittel sind spezialisierte Schuhmodelle und Laufuhren, die beide auf die individuellen Bedürfnisse und Ziele von Läufern zugeschnitten sind. Verschiedene Schuhmodelle bieten eine Palette von Funktionen, angefangen bei hoher Dämpfung für Langstreckenläufer bis hin zu leichtgewichtigen, responsiven Optionen für Wettkampfathleten. Diese Vielfalt stellt sicher, dass jeder Läufer den für seine Lauftechnik und -vorlieben optimalen Schuh finden kann. Laufuhren haben sich im Lauf der Jahre von einfachen Puls- und Stoppuhren zu kleinen Computern am Handgelenk entwickelt. Diese veränderten die Art und Weise, wie viele Läufer ihr Training planen, überwachen und analysieren. Mit fortschrittlichen Funktionen wie GPS-Tracking, Herzfrequenzmessung und Schrittzähler ermöglichen sie eine präzise Leistungsmessung und bieten Einblicke in die Trainingsfortschritte.

9.4.1 TRAININGSSCHUHE

Die Laufschuhe sind sowohl für reine Läufer als auch Triathleten ein täglicher Begleiter in Training und Alltag. Die Auswahl des richtigen Laufschuhs ist entscheidend, um Verletzungen vorzubeugen, den Komfort während des Lauftrainings zu erhöhen und die Leistung zu optimieren. Im Kern der Entscheidungsfindung stehen zwei Hauptkategorien von Laufschuhen: neutrale und stabile Modelle. Zudem spielt die Sprengung eines Laufschuhs eine wichtige Rolle in der Dynamik des Laufens, während auch die Größe des Schuhs nicht vernachlässigt werden sollte.

Neutrale Laufschuhe sind für Läufer konzipiert, die eine natürliche Fußbewegung ohne übermäßige Pronation (das Einwärtsdrehen des Fußes beim Laufen) aufweisen. Sie bieten eine ausgewogene Mischung aus Dämpfung und Flexibilität und unterstützen den Fuß in seiner natürlichen Laufbewegung. Neutrale Schuhe sind ideal für Läufer mit einem hohen bis normalen Fußgewölbe, die keine zusätzliche Unterstützung benötigen.

Stabile Laufschuhe hingegen bieten zusätzliche Unterstützung und Korrekturen für Läufer, die zur Überpronation neigen. Sie sind mit Technologien ausgestattet, die das Einwärtsrollen oder -knicken des Fußes minimieren und so für eine stabilere Bewegung sorgen. Diese Schuhe enthalten oft härtere Materialien im medialen Mittelfußbereich, die die Überpronation korrigieren, und sind daher besonders geeignet für Läufer mit einem niedrigeren Fußgewölbe oder für jene, die aufgrund ihres Laufstils zu Verletzungen neigen. Alternativ können orthopädische Einlagen dafür sorgen, dass sich ein neutraler Schuh wie ein Stabilschuh läuft. Das Einsetzen von Einlagen in einen Stabilschuh sollte direkt im Laufsportgeschäft getestet werden, da die doppelte Unterstützung des Fußes durch Schuh und Einlage schnell zu Druckstellen und Blasen führen kann.

Die Sprengung eines Laufschuhs bezeichnet den Höhenunterschied zwischen der Ferse und dem Vorfuß. Eine hohe Sprengung (über 10 Millimeter) kann Läufern helfen, die tendenziell auf der Ferse landen, indem sie eine sanftere Übergangsphase ermöglicht. Eine niedrige Sprengung (unter 6 Millimeter) hingegen fördert ein natürlicheres Laufgefühl und ist oft bei Schuhen zu finden, die ein barfußähnliches Laufen simulieren.

Bei der Größe von Laufschuhen wird generell empfohlen, eine halbe bis ganze Nummer größer als die normale Schuhgröße zu wählen. Alternativ kann die Daumenregel angewendet werden, um die Größe grob einzuschätzen. Dabei sollte der große Zeh circa eine Daumenbreite Platz bis zur Schuhspitze haben. Dies berücksichtigt die natürliche Ausdehnung des Fußes während langer Läufe und verhindert, dass die Zehen gegen die Schuhspitze stoßen. Denn dies kann zu schmerzhaften Blasen oder Zehennagelproblemen führen. Einige Hersteller bieten manche Laufschuhmodelle mit verschiedenen Breiten an. Gerade für Sportler mit Plattfüßen lohnt die Frage nach einer breiteren Variante. Eine gute Passform ist entscheidend, um Komfort und Unterstützung zu gewährleisten und das Risiko von Verletzungen zu minimieren.

9.4.2 RACER

Für den Wettkampf gibt es eigene Kategorie an Laufschuhen. Denn für diesen und das schnelle Training ist die Auswahl des richtigen Schuhs entscheidend für eine optimale Leistung. Während stabile und neutrale Schuhe auf Komfort und Unterstützung für längere Trainingsläufe ausgelegt sind, liegt der Fokus bei Wettkampfschuhen auf der Minimierung des Gewichts und der Maximierung der Leistungsfähigkeit. Dies soll oft durch den Einsatz fortschrittlicher Technologien wie Carbonplatten oder sehr weichem Pebax-Schaum in der Mittelsohle erreicht werden.

Wettkampfschuhe mit Carbonplatten sind für ihre innovative Fähigkeit bekannt, die Energieeffizienz durch das Zusammenspiel einer im Schuh eingebauten und federnden Carbonplatte sowie dem sehr weichen Mittelsohlenschaum zu verbessern. Die Platte und der Schaum speichern bei der Landung Energie und setzen sie beim Abstoß wieder frei. Das hilft den Läufern, schneller und mit weniger Anstrengung zu laufen. Allerdings ist bei ihnen zu beachten, dass die weichere Sohle mit geringerer Stabilität in Kurven sowie einer erhöhten Belastung der Achillessehne einhergeht. Aus diesem Grund sollten sich gerade Neulinge im Laufsport langsam an sie herantasten und dann die Distanzen mit Bedacht erhöhen. Gleiches gilt nebenbei bemerkt für das Laufen auf Sandstränden im Urlaub. Auch hier führt der weiche Untergrund schnell zu orthopädischen Problemen. Wettkampfschuhe ohne Carbonplatte setzen hingegen auf traditionelle Materialien und Designs im Sohlenbereich, um eine optimale Balance zwischen Dämpfung, Unterstützung und Geschwindigkeit zu bieten - und das ohne die zusätzliche Energierückgewinnung der Carbonplatte. Sie sind in der Regel sehr flach und ultraleicht.

Das Gewicht des Schuhs ist ein weiterer entscheidender Faktor. Leichtere Schuhe reduzieren die Ermüdung und ermöglichen es den Läufern, ihre Geschwindigkeit über die gesamte Distanz hinweg zu halten oder bei einem Negativsplit (schnellere zweite Wettkampfhälfte) sogar zu steigern. Wettkampfschuhe sind deshalb so konzipiert, dass sie unnötiges Gewicht minimieren. Moderne Wettkampfschuhe wiegen selbst mit verbauter Carbonplatte in Schuhgröße 42 weniger als 200 Gramm. Der Leichtbau geht allerdings deutlich zulasten der Haltbarkeit. Manche Modelle, die oft mehr als 200 Euro kosten, sind nur für eine Laufleistung von 200 bis 300 Kilometer ausgelegt.

9.4.3 LAUFUHR

Laufuhren haben sich seit ihrer Einführung dramatisch weiterentwickelt und sind heute mehr als nur einfache Stoppuhren oder Herzfrequenzmonitore. Ursprünglich konzentrierten sich diese Geräte darauf, Läufern grundlegende Informationen, etwa über die verstrichene Zeit und die Herzfrequenz während des Trainings, zu liefern. Diese frühen Modelle waren zu ihrer Zeit revolutionär, da sie es Athleten ermöglichten, ihre Anstrengungen quantitativ zu messen und ihre Trainings basierend auf soliden Daten statt nur auf Gefühl zu steuern. Auch heute sind die minimalistischen Uhren unter den Laufpuristen beliebt.

Doch mit der Einführung von GPS in Laufuhren begann eine neue Ära. Plötzlich waren Läufer in der Lage, ihre exakte Distanz, Geschwindigkeit und den zurückgelegten Weg in Echtzeit zu verfolgen, was eine deutlich präzisere Trainingssteuerung ermöglichte. Mit der Einführung von Distanzmessung ist die Entwicklung von Laufuhr hin zum Laufcomputer allerdings erst so richtig gestartet. Denn moderne Laufcomputer gehen in ihrer Funktionalität deutlich weiter. Sie sind zu hochentwickelten Trainingspartnern geworden, die eine Fülle von Daten speichern und direkt über Bluetooth oder WiFi auf andere Geräte übertragen können. Eine der bemerkenswertesten Entwicklungen ist die Einführung der Messung der Herzratenvariabilität (HRV) am Handgelenk, die Aufschluss über den Erholungszustand des Körpers und das Ermüdungsniveau gibt. Diese Information ist von unschätzbarem Wert, da sie es Läufern ermöglicht, Übertraining zu vermeiden und sicherzustellen, dass sie sich ausreichend erholen. Darüber hinaus sind sie in der Lage, automatisierte Trainingsempfehlungen zu geben, welche auf den gesammelten Daten und dem aktuellen Fitnesszustand des Trägers basiert. Für Läufer, die gerne neue Routen erkunden oder sich beruflich oft in unbekannten Umgebungen befinden, bieten die neuesten Uhrenmodelle fortschrittliche Kartenfunktionen. Diese können nicht nur dabei helfen, sich zurechtzufinden, sondern auch interessante Laufstrecken in der Nähe zu entdecken. Die Bewertung des Schlafs ist eine weitere wichtige Funktion moderner Laufuhren. Guter Schlaf ist entscheidend für die Erholung und die allgemeine Gesundheit. Indem sie Schlafmuster überwachen, bieten diese Uhren wertvolle Einblicke, die Athleten helfen können, ihre Ruhephasen zu optimieren.

Für Triathleten sind die Multisport-Funktionen von besonderem Interesse. Diese Uhren können nahtlos zwischen Schwimmen, Radfahren und Laufen wechseln, was sie zu einem unverzichtbaren Werkzeug für das Training und Wettkämpfe in dieser anspruchsvollen Disziplin macht. Allerdings ist es wichtig, sich selbst mit den gewonnenen Daten auseinanderzusetzen. Denn nicht jede maschinell erstellte Empfehlung oder Auswertung ist am Ende auch wirklich sinnhaft. Für Anfänger bietet es sich an, einen Trainer zu nehmen, der die einzelnen Einheiten auswertet. Möchte man sich das Geld sparen, ist es oft hilfreich, einen Vereins- oder Sportkollegen nach Rat zu fragen.

9.4.4 STABI

In der Welt des Triathlons nimmt die Bedeutung von Rumpfstabilität oder Core-Stability eine sehr wichtige Stellung ein. Da Triathleten Schwimmen, Radfahren und Laufen in einer einzigen Wettkampfdistanz kombinieren, ist eine gut entwickelte Rumpfmuskulatur entscheidend für eine effiziente und stabile Leistung. Während des Schwimmens unterstützt eine stabile Rumpfmuskulatur die Körperposition im Wasser und fördert einen effektiven Beinschlag sowie einen kraftvollen Armzug. Beim Radfahren trägt eine starke Rumpfmuskulatur dazu bei, die aerodynamische Position auf dem Fahrrad zu halten und die Kraftübertragung auf die Pedale zu optimieren. Beim Laufen stabilisiert der Rumpf den Oberkörper, was zu einer verbesserten Laufökonomie und geringerer Ermüdung führt. Darüber hinaus spielt die Rumpfstabilität eine zentrale Rolle in der Verletzungsprävention, insbesondere bei den sich wiederholenden Bewegungen in den verschiedenen Triathlondisziplinen. Insgesamt ist die gezielte Entwicklung der Rumpfstabilität ein unverzichtbarer Bestandteil des Triathlontrainings, der eine direkte Auswirkung auf die Performance und das Wohlbefinden der Athleten hat. Für das Training können die folgenden Hilfsmittel eingesetzt werden.

9.4.5 FASZIENROLLE

Faszienrollen (etwa der Marke Blackroll®) werden im Bereich des Faszientrainings und der Selbstmassage verwendet. Sie bestehen meist aus einem festen Schaumstoffzylinder. Im Core-Training kann eine solche Rolle dazu genutzt werden, die Faszien (also das Bindegewebe) zu stimulieren und gleichzeitig die Muskulatur zu dehnen und zu kräftigen. Dabei können im Core-Training verschiedene Übungen mit der Rolle durchgeführt werden, um insbesondere die Muskulatur im Bereich des Rumpfes zu stärken. Beispielsweise kann sie als instabile Unterlage für Übungen wie Planks oder Brücken genutzt werden. Durch die instabile Oberfläche wird der Fokus auf die Stabilisierung der Körpermitte gelegt, was die Effektivität des Core-Trainings steigert.

Die verschiedenen Modelle von Faszienrollen unterscheiden sich in Härtegrad, Länge und Oberflächenstruktur. Einige sind härter, was eine intensivere Massage ermöglicht, während andere weicher sind und sich besser für Einsteiger eignen. Die Länge der Faszienrolle kann variieren, wodurch sie für unterschiedliche Übungen und Körperbereiche genutzt werden kann. Die Oberflächenstruktur kann glatt oder genoppt sein, was unterschiedliche Massageeffekte auf die Faszien hat.

Zusätzlich zu Faszienrollen werden im Core-Training auch oft Massagebälle verwendet. Diese kleinen, oft festen Bälle (z. B. Golf- oder Lacrossebälle) ermöglichen eine gezielte Druckmassage auf bestimmte Muskelgruppen und Faszientriggerpunkte. Im Core-Training können Massagebälle beispielsweise dazu genutzt werden, Verspannungen in den tiefer liegenden Muskelschichten des Rumpfes zu lösen.

9.4.6 GYMNASTIKBÄNDER

Gymnastikbänder (etwa der Marke THERABAND®) sind vielen Menschen im Rahmen der Physiotherapie begegnet. Es handelt sich bei ihnen um flexible und elastische Widerstandsbänder, die im Fitness- und Rehabilitationstraining vielseitig eingesetzt werden. Sie bestehen oft aus Latex oder anderen elastischen Materialien und sind in verschiedenen Stärken und Längen erhältlich.

Doch auch außerhalb einer Praxis können sie gut eingesetzt werden. Im Krafttraining können Gymnastikbänder als effektive Widerstandswerkzeuge genutzt werden, um verschiedene Muskelgruppen zu stärken. Sie können sowohl für Oberkörper- als auch für Unterkörperübungen verwendet werden, indem sie den Widerstand bei Bewegungen wie Bizeps-Curls, Schulterdrücken, Kniebeugen oder Seitenausfallschritten erhöhen. Durch die variable Anpassung des Widerstands können Gymnastikbänder dazu beitragen, die Intensität der Übungen individuell zu steuern und bieten eine gelenkschonende Alternative zu schweren Gewichten. Darüber hinaus können sie auf Reisen platzsparend und mit geringem Mehrgewicht mitgeführt werden. Als Aufwärmhilfe vor dem Schwimmen haben sie sogar am Pool einen Nutzen.

Es gibt verschiedene Sorten von Gymnastikbändern, die sich in ihrer Farbkodierung nach dem Widerstandsniveau unterscheiden. Diese ist je nach Hersteller unterschiedlich und wird auf der Verpackung angegeben.

9.5 ALTERNATIVTRAINING/WINTERTRAINING

Das Alternativtraining in grundsätzlich anderen Sportarten und das Wintertraining in Sommersportarten spielen eine entscheidende Rolle, um Athleten auf höchstem Niveau zu halten und ihre Leistungsfähigkeit zu steigern. Insbesondere während der Wintermonate, wenn die Bedingungen für viele Sommersportarten ungünstig sind, bietet das gezielte Training in anderen Disziplinen die Möglichkeit, die körperliche Fitness zu erhalten und bestimmte Muskeln zu stärken, die im regulären Training möglicherweise weniger beansprucht werden. Zusätzlich ermöglicht das Wintertraining eine willkommene Abwechslung im Trainingsalltag, wodurch Überlastung vermieden und die Motivation aufrechterhalten wird. Darüber hinaus fördert das Alternativtraining die Entwicklung von koordinativen Fähigkeiten und unterstützt die Prävention von Verletzungen, da unterschiedliche Bewegungsmuster und Muskelgruppen angesprochen werden. Somit ist das ganzjährige Engagement in verschiedenen Trainingsformen nicht nur essenziell für die körperliche Gesundheit der Athleten, sondern auch für eine nachhaltige und erfolgreiche sportliche Karriere.

9.5.1 SPINNING/ROLLENTRAINING

Im Winter, wenn die Radsaison zu Ende geht, ist es für Triathleten von entscheidender Bedeutung, das optimale Training für die kommenden Monate zu planen. Der Fokus liegt dabei darauf, die hart erkämpfte Radform auch in der kalten Jahreszeit zu verbessern oder wenigstens zu erhalten. Eine bewährte Methode, dieses Ziel zu erreichen, ist der Wechsel auf ein Indoor-Bike - eine Option, die sich besonders für ein- bis dreimal wöchentliches Training empfiehlt. Die Wintermonate gelten oft als die Zeit, in der erfolgreiche Athleten geformt werden. Ein regelmäßiges Training ist dabei entscheidend, um neue Grundlagen zu schaffen. Doch gerade in dieser Zeit stellen sich viele Triathleten die Frage: Rollentraining oder Spinning?

Das Spinning auf speziellen Bikes mit festen Einstellungen bietet eine Abwechslung, erfordert jedoch eine Anpassung an die veränderte Sitzposition im Vergleich zum eigenen Rennrad oder Triathlon-Bike. Das fehlende Freilaufsystem und das Schwungrad beim Spinning-Bike verleihen dem Training eine gewisse Dynamik, die sich auf die Belastung beim Treten auswirkt.

Im Gegensatz dazu ermöglicht das Rollentraining auf dem eigenen, individuell angepassten Bike ein präzises Training mithilfe eines Wattmessers. Diese Methode erlaubt es Triathleten, gezielt an ihrer Radform zu arbeiten. Zusätzlich bietet das Rollentraining die Möglichkeit, sich frühzeitig an die Aeroposition zu gewöhnen, was insbesondere für Triathlon-Wettkämpfe von Vorteil ist.

Die Entscheidung zwischen Rollentraining und Spinning hängt jedoch nicht nur von den technischen Aspekten ab, sondern auch von persönlichen Vorlieben und Trainingszielen. Während das Spinning oft in Gruppenkursen stattfindet und durch die Gruppendynamik motivierend wirken kann, erlaubt das Rollentraining eine konzentrierte Durchführung des individuellen Trainingsprogramms ohne Ablenkungen. Um möglicherweise auftretende Langeweile beim Rollentraining zu vermeiden, bieten Plattformen wie Zwift eine Lösung. Hier können Triathleten in virtuelle Welten eintauchen, freie Fahrten mit wechselnden Profilen und Straßenbelägen genießen und sogar an Rennen auf verschiedenen Distanzen teilnehmen. Insgesamt bleibt die Entscheidung zwischen Rollentraining und Spinning eine persönliche Wahl, die von den individuellen Präferenzen und den festgelegten Trainingszielen abhängig ist.

9.5.2 SKI-LANGLAUF

Das Skilanglaufen, in Norwegen seit Jahrhunderten als Fortbewegungsmittel etabliert und Volkssport Nummer eins, gewinnt als Trainingsmittel für Triathleten in Deutschland an Bedeutung. Sowohl der klassische Skilanglauf als auch die Skating-Technik bieten vielfältige Vorteile für Triathleten. Beide Stilarten fördern die Durchblutung und Sauerstoffversorgung nahezu aller Muskeln im Körper, was zu einer erhöhten Sauerstoffaufnahme im Vergleich zum Radfahren führt. Spitzenlangläufer zeigen die höchsten gemessenen Sauerstoffaufnahmen unter Ausdauerathleten, selbst bei erhöhtem Körpergewicht. Der Skilanglauf trägt nicht nur zur Basisausdauer und zur Verschiebung der Belastungsbereiche bei, sondern steigert auch den Energieumsatz im Vergleich zum Radfahren.

Die Wahl zwischen klassischem Skilanglauf und Skating hängt von den Trainingszielen ab. Der klassische Stil betont den Oberkörper und den Beinabdruck, was sich positiv auf Schwimmen und Laufen auswirken kann. Die Skating-Technik erfordert Beinkraft, Beweglichkeit und Rumpfstabilität, ideale Eigenschaften für eine verbesserte Radleistung. Für Einsteiger empfiehlt sich ein Schnupperkurs, der in vielen Wintersportzentren angeboten wird. Diese Kurse bieten eine Einführung in die Grundtechniken und ermöglichen es, das Interesse und die Effektivität des Sports zu testen. Der Einstieg erfolgt oft mit dem klassischen Skilanglauf, um ein Gefühl für Ski und Schnee zu entwickeln. Verlängerte Wochenenden und Leihmaterial von Sporthändlern in den Alpenregionen erleichtern den Start in diese effektive und spaßige Trainingsmethode.

9.5.3 KLETTERN

Immer mehr Triathleten erkunden eine unkonventionelle, jedoch äußerst effektive Trainingsmethode zur Leistungssteigerung: das Bouldern. Obwohl traditionelle Ausdauersportarten die Grundlagen des Triathlon-Trainings bilden, bietet das Bouldern eine willkommene Abwechslung und zahlreiche Vorteile. Diese Kombination aus Kraft, Koordination und mentaler Stärke kann sich als ideale Ergänzung zum Triathlon-Training erweisen. Beim Bouldern werden Kletterrouten in Absprunghöhe ohne Seil bewältigt, wodurch Körperbeherrschung, Kraft und Koordination gefordert sind. Die mentale Stärke, schwierige Passagen zu meistern und Ängste zu überwinden, ist ebenso wichtig. Bouldern beansprucht nahezu alle Muskelgruppen im Körper und bietet ein umfassendes Ganzkörpertraining. Dabei stärkt es besonders die Rumpfmuskulatur. Dies kommt Triathleten beim Schwimmen, Radfahren und Laufen zugute, indem es die Muskelgruppen für diese Disziplinen stärkt, die Körperhaltung verbessert und die Beweglichkeit fördert. Die präzisen Bewegungen und die gute Körperkontrolle beim Bouldern tragen zur Koordination und Verletzungsprävention bei, was besonders für Triathleten mit Koordinationsproblemen im Schwimmen von Vorteil ist. Ein weiterer Vorteil des Boulderns für Triathleten liegt in der minimalen Ausrüstung, die benötigt wird. Denn es sind lediglich bequeme Kleidung und spezielle Kletterschuhe ausreichend, um diese herausfordernde und vielseitige Sportart auszuüben.

„Top Rope"-Klettern ist eine weitere Facette des Klettersports, die für Triathleten von Interesse sein könnte. Im Gegensatz zum Bouldern wird hier eine Sicherungstechnik mit Seil verwendet. Beim „Top Rope"-Klettern ist das Seil bereits oben an der Wand und am Klettergurt des Kletterers befestigt. Ein Partner am Boden hält das Seil straff und gewährleistet so die Sicherheit. Diese Form des Kletterns ermöglicht es Triathleten, sich auf längere Routen mit unterschiedlichem Schwierigkeitsgrad zu wagen und dabei ihre Ausdauer, Körperkraft und mentale Belastbarkeit zu verbessern. Zusätzlich bietet das „Top Rope"-Klettern eine ausgezeichnete Gelegenheit für soziale Interaktion und Teamarbeit, da die Kommunikation zwischen dem Kletterer und seinem Sicherungspartner von entscheidender Bedeutung ist. Die Vielseitigkeit des „Top Rope"-Kletterns ergänzt somit das Triathlontraining, indem es eine herausfordernde und abwechslungsreiche Alternative zu den traditionellen Ausdauersportarten darstellt.

★ 10 ★

DIE ERNÄHRUNG IM TRIATHLON

Die Bedeutung einer ausgewogenen und zielgerichteten Ernährung im Triathlon ist von entscheidender Bedeutung, da dieser anspruchsvolle Mehrkampfsport hohe Anforderungen an die körperliche Leistungsfähigkeit stellt. Die richtige Ernährungsstrategie spielt eine zentrale Rolle in der Optimierung von Energiehaushalt, Ausdauer, Regeneration und Gesundheit. In diesem Kapitel werden wir die Schlüsselaspekte der Triathlon-Ernährung beleuchten und praktische Einblicke bieten, wie Athleten ihre Ernährung an die spezifischen Anforderungen dieses faszinierenden Sports anpassen können.

10.1 VOR, WÄHREND UND NACH DEM TRAINING

Wie schon zuvor erwähnt spielt die richtige Ernährung eine entscheidende Rolle in der Leistungsfähigkeit eines Triathleten. Eine ausgewogene und angepasste Ernährung vor, während und nach dem Training ist essenziell, um die gewünschten Anpassungen zu erhalten und die Regeneration für das nächste Training zu fördern. Dementsprechend beginnt die richtige Ernährung schon vor der geplanten Trainingseinheit. Triathleten sollten versuchen, eine ausgewogene Mahlzeit mit Kohlenhydraten, Proteinen und gesunden Fetten vor längeren Einheiten zu essen, um die eigene Energie zu maximieren. Diese sollte jedoch mit ausreichend Abstand zum Start gegessen werden, damit sie nicht schwer im Magen liegt. Weiterhin ist darauf zu achten, leicht verdauliche Lebensmittel für das Essen zu wählen, um während des Trainings Magenbeschwerden zu vermeiden. Man sollten verschiedene Optionen ausprobieren, um herauszufinden, welche am besten zu den persönlichen Bedürfnissen passt. Gerade bei höheren Temperaturen sollte der Anteil an Fett und Proteinen nicht zu hoch sein, da die Verdauungsleistung durch die Thermoregulation des Körpers herabgesetzt ist. Ist die Zeit knapp, kann auch ein Energieriegel z. B. eine gute Alternative zu einer Mahlzeit sein, um mit vollen Speichern in die Einheit zu gehen.

Häufiger als man vermuten mag, ist es auch während einer Trainingseinheit notwendig, Nahrung zu sich zu nehmen. Die Speicher für Glukose im menschlichen Körper reichen je nach Trainingszustand zwischen 60 bis 90 Minuten bei mittlerer bis hoher Trainingsintensität. Doch auch bei Training mit geringer Intensität sollten die Kohlenhydrate nicht vergessen werden, denn in der Physiologie gilt der Grundsatz, dass die Fette im Feuer der Kohlenhydrate verbrennen. Somit ist kein wirkliches Training mehr möglich, sobald man in einen Mangelzustand, den sogenannten Hungerast, kommt. Für die Versorgung mit Kohlenhydraten bieten sich flüssige Glukoselösungen in Form von Gels oder isotonischen Getränken an. Diese können auch unter hoher Belastung relativ einfach und schnell vom Körper aufgenommen werden und verursachen dabei weniger wahrscheinlich Magenprobleme als feste Nahrung. Diese kann allerdings ebenfalls bei geringen Intensitäten bedenkenlos verwendet werden. Der Vorteil bei Riegeln ist, dass z. B. Müsliriegel keinen unangenehm künstlichen Geschmack haben. Neben der Energie in Form von Glukose sind noch zwei andere Faktoren von Bedeutung bei der richtigen Ernährung während des Trainings. Diese sind zum einen Elektrolyte (z. B. Natrium und Kalium) und zum anderen Flüssigkeit. Die Elektrolyte oder meist vereinfacht als Salze bezeichnet, sind wichtig für verschiedene Stoffwechselprozesse und die Steuerung des Wasserhaushalts. Schon ein Wasserverlust von etwa 1 bis 2 Prozent des Körpergewichts kann mit teils erheblichen Leistungseinbrüchen einhergehen. Da wir auch bei kalten Temperaturen schwitzen und damit Wasser und Elektrolyte verlieren, darf eine regelmäßige Flüssigkeitszufuhr nicht vernachlässigt werden. Als Anhaltspunkt kann das Gewicht vor und nach einer Einheit gemessen werden. Die Differenz plus das Gewicht aller Riegel, Gels oder Milliliter Flüssigkeit stellen den Gewichtsverlust durch Schwitzen dar. Teilt man diesen durch die Belastungsdauer, erhält man einen ungefähren Zufuhrwert bei den klimatischen Bedingungen der absolvierten Einheit.

Die unmittelbare Zeit nach dem Training ist entscheidend für die Regeneration des Körpers. Eine ausgewogene Mahlzeit, die reich an Proteinen und Kohlenhydraten ist, unterstützt die Reparatur von Muskelschäden und fördert die Wiederauffüllung von Glykogenspeichern. Proteine sind essenziell für die Muskelerholung, während Kohlenhydrate die verbrauchte Energie wiederherstellen. Das Trinken von ausreichend Wasser ist vonnöten, um den Wasserhaushalt zu stabilisieren. Darüber hinaus sollten Elektrolyte dem Getränk hinzugefügt werden, da insbesondere nach intensiven Trainingseinheiten ein hoher Verlust vorliegt. (Ormsbee, Bach & Baur, 2014)

10.2 IM RENNEN

Jeder Athlet ist einzigartig und die Ernährungsbedürfnisse können je nach Körpergewicht, Geschlecht, Klima und individueller Toleranz variieren. Grundsätzlich sollte im Wettkampf jedoch eine möglichst leicht verdauliche Ernährung gewählt werden, da durch die hohe Intensität die Verdauungsorgane weniger stark durchblutet sind. Dadurch erhöht sich die Gefahr von auftretender Übelkeit oder Durchfall. Optimale Produkte für die Versorgung sind demnach Gels und Iso-Getränke. Als Faustformel für die richtige Menge an Kohlenhydraten kann das eigene Körpergewicht herangezogen werden. Es gilt grob, dass der Körper dazu in der Lage ist, das eigene Körpergewicht in Gramm pro Stunde aufzunehmen. Ein 63 Kilogramm schwerer Sportler sollte demnach in der Lage sein, sich etwa 63 Gramm Kohlenhydrate pro Stunde zuzuführen. Es ist allerdings wichtig, während des Trainings verschiedene Ernährungsstrategien auszuprobieren, um herauszufinden, was im Einzelfall am besten funktioniert. Denn jeder Sportler verträgt die vielen Produkte auf dem Markt unterschiedlich gut. Gerade Produkte mit einem höherem Fruktose-Anteil (Fruchtzucker) sollten während intensiver Trainingseinheiten getestet werden, da manche Menschen sehr empfindlich auf ihn reagieren. Mögliche Unverträglichkeiten von Zusatzstoffen sollten ebenfalls Beachtung finden. Aus diesem Grund ist die Entwicklung einer personalisierten Ernährungsstrategie unter Berücksichtigung der spezifischen Anforderungen sinnvoll. (Vitale & Getzin, 2019)

Eine ebenfalls große Bedeutung für die Leistungsfähigkeit hat die ausreichende Flüssigkeitszufuhr. Es ist wichtig, regelmäßige Trinkeinlagen während des Rennens einzuplanen, um eine konstante Hydration zu gewährleisten. Dabei sollte jedoch übermäßiges Trinken (mehr als 1,5 Liter Leitungswasser pro Stunde) vermieden werden, da dies zu einer Verdünnung der Elektrolyte im Körper führen kann. Als Faustregel kann man sich an eine große Trinkflasche (750 Milliliter) pro Stunde halten. Es lohnt sich, im Voraus einen Trinkplan zu erstellen, der auf der Rennstrecke, den Umgebungsbedingungen und persönlichen Bedürfnissen basiert. So können z. B. Anstiege aufgrund der langsameren Geschwindigkeit hervorragend für eine kleine Gehpause genutzt werden, während der man den gesamten Becherinhalt bequem trinken kann. Es ist wichtig zu beachten, dass diese Empfehlungen von allgemeiner Natur sind, individuelle Unterschiede sollten immer berücksichtigt werden. Es wird empfohlen, neue Trinkstrategien vor dem Rennen zu testen, um sicherzustellen, dass sie gut vertragen werden und die gewünschten Ergebnisse liefern.

10.3 AUSSERHALB VON TRAINING UND WETTKAMPF

Die allgemeine Ernährung ist seit jeher ein kontroverses Streitthema. Die wissenschaftliche Perspektive zeigt, dass in den vergangenen Jahrzehnten zahlreiche Untersuchungen die leistungsfördernde Wirkung einer kohlenhydratbetonten Ernährung im Ausdauersport unterstützen. Im Gegensatz dazu gibt es nur eine begrenzte Anzahl an Studien, die einen positiven Effekt einer „Low Carb"-Ernährung belegen. Was ebenfalls deutlich wird, ist die Verbindung zwischen Ernährung und der Prävention von Zivilisationserkrankungen, wenn man die aktuelle wissenschaftliche Lage überblickt. Gemüse, Obst, frische Kräuter und hochwertige Öle können nicht nur das Risiko für bestimmte Erkrankungen reduzieren, sondern darüber hinaus auch die sportliche Leistungsfähigkeit unterstützen. Konkrete Empfehlungen für Ausdauersportler beinhalten demnach die Betonung von Gemüse, Obst, frischen Kräutern und hochwertigen Ölen als Grundlage. Kohlenhydratreiche Lebensmittel wie Haferflocken, Reis, Pasta, Kartoffeln und weitere werden je nach Trainingsphase empfohlen. Eiweißhaltige Lebensmittel und hochwertige Fette spielen eine unterstützende Rolle für die Regeneration und Sättigung. Athleten sollten ihre Mahlzeiten aus den empfohlenen Komponenten individuell zusammenstellen. Dabei ist wichtig, dass neben wissenschaftlichen Erkenntnissen auch das persönliche Gefühl eine Rolle spielt. Denn nur wenn wir das Essen unserer Diät auch mögen, werden wir uns dauerhaft an diese halten können. Profi-Triathlet Sebastian Kienle hat das Wesentliche zur Zubereitung eines Ausdaueressens folgendermaßen zusammengefasst: „Wenn man länger als 30 Minuten für die Zubereitung benötigt, dann kann das Essen nicht so schlecht sein." (Beelen, Burke, Gibala & Van Loon, 2010)

★ 11 ★

DOPING IM TRIATHLON

Doping stellt im Triathlon eine ernsthafte Herausforderung für die Integrität und Fairness des Wettbewerbs dar. Aufgrund der physischen und mentalen Anforderungen bei den drei Sportarten greifen einige Sportler zu unerlaubten Mitteln, um ihre Leistung zu steigern. Der Einsatz verbotener Substanzen oder Methoden untergräbt nicht nur die Grundwerte des Sports, sondern bringt auch erhebliche Gesundheitsrisiken für die dopenden Athleten mit sich. Die Bekämpfung von Doping erfordert strenge Kontrollen, Aufklärung und eine Kultur der Nulltoleranz, um einen sauberen und gerechten Wettkampf zu gewährleisten. Im folgenden Kapitel werden berühmte Dopingfälle im Triathlon vorgestellt und es werden Mittel mit ihrer Wirkung und Nebenwirkung thematisiert.

11.1 BERÜHMTE DOPINGFÄLLE IM TRIATHLON

Zunächst soll es um bekannte und aktuelle Dopingfälle im Triathlon gehen. Hierbei gehen wir auf die bekanntesten Fälle im deutschsprachigen Raum ein. Darauf folgen die internationalen Fälle bis hin zur Perfektion des systematischen Doping-Systems durch Lance Armstrong, der auch mit dem Triathlonsport mehrmals in Kontakt kam.

11.1.1 NINA KRAFT

Nina Kraft war zu ihrer aktiven Zeit die wohl beste deutsche Langdistanz-Triathletin, die im Laufe ihrer Karriere neun Ironman-Siege sowie einige Podestplatzierungen bei der Weltmeisterschaft auf Hawaii feiern konnte. In jungen Jahren startete sie ihre sportliche Karriere im Schwimmen. Neben Schwimmwettbewerben begann sie später auch an Laufveranstaltungen teilzunehmen. 1997 war es dann so weit und sie nahm an ihrem ersten Triathlon teil. Im folgenden Jahr startete sie das erste Mal beim Ironman Europe in Roth, wo sie auf Anhieb Sechste wurde. Dieser Erfolg veranlasste Nina Kraft ab dem Jahr 1999 als Profi zu starten. In den Folgejahren schaffte sie es dreimal auf das Podest beim Ironman Hawaii. Ihre sportliche Laufbahn erreichte 2004 einen Höhepunkt, als sie beim Ironman Hawaii als vermeintliche Siegerin über die Ziellinie lief. Die Freude über diesen Triumph währte jedoch nicht lange. Nach dem Rennen wurde bekannt, dass Kraft positiv auf Erythropoietin (EPO) getestet wurde. Der Sieg wurde ihr aberkannt und die zunächst zweitplatzierte Schweizerin Natascha Badmann zur Hawaii-Siegerin 2004 benannt.

Kraft gestand die Einnahme von EPO und äußerte tiefes Bedauern über ihre Entscheidung. In einem offenen und ehrlichen Dialog mit der Öffentlichkeit und ihren Mitathleten sprach sie über den enormen Druck, unter dem sie stand, und die Fehlentscheidungen, die sie getroffen hatte. Die Offenheit der Braunschweigerin in dieser schwierigen Zeit wurde von einigen als mutiger Schritt gesehen, Konsequenzen für ihre Handlungen zu übernehmen und zur Aufklärung über die Gefahren und die ethischen Aspekte des Dopings beizutragen.

Als direkte Konsequenz aus ihrem Dopingvergehen wurde Kraft von allen Wettkämpfen ausgeschlossen und erhielt eine Dopingsperre, die aus juristischen Gründen von zwei Jahren auf zwölf Monate verkürzt wurde. Die indirekte Folge des Dopingfalls Nina Kraft war, dass sie sogar eine

Morddrohung erhielt und sich immer mehr zurückzog. Sie musste sich kurze Zeit später in psychiatrische Behandlung begeben. Dieser Fall sollte sowohl Medien als auch anderen Sportlern ins Gedächtnis rufen, dass es sich auch bei dopenden Sportlern um Menschen handelt. Dennoch begann sie sich ab November 2005 wieder spezifisch auf professionelle Triathlon-Wettkämpfe vorzubereiten. Schon im Februar 2006 stand sie wieder an der Startlinie eines Triathlons und im Folgejahr konnte sie in Brasilien ihren nächsten Ironman-Sieg feiern. Ihr letzter Erfolg über die Langstrecke datiert aus dem Jahr 2014 beim Ironman Louisville, was sie mit damals 45 Jahren zur bis dato ältesten Siegerin eines Ironman-Rennens machte. Ab dem Jahr 2015 hat sie sich komplett aus der Öffentlichkeit zurückgezogen. Im August 2020 ging die Meldung ihres Todes durch die Medien.

11.1.2 BRIGITTE MCMAHON

Der Dopingfall Brigitte McMahon, der ersten Triathlon-Olympiasiegerin im Jahr 2000, markiert einen der schmerzhaftesten Skandale in der Geschichte des schweizerischen Sports und des Triathlons. Als beliebte Olympiasiegerin und Mutter, die erfolgreich Familie und Spitzensport zu vereinen schien, war McMahon ein Vorbild für viele. Ihr Bild in den Medien war das einer verantwortungsbewussten Athletin, doch dieses Bild bröckelte schlagartig, als im Sommer 2005 bekannt wurde, dass sie sich während einer Trainingsphase EPO zugeführt hatte. Ihr Geständnis und die daraus resultierende Sperre für zwei Jahre sowie der Ausschluss aus der Triathlon-Nationalmannschaft haben tiefe Risse in das saubere Image des Triathlons gerissen.

Die Tatsache, dass McMahon die Quellen ihrer EPO-Lieferungen nicht preisgab, wirft einen Schatten auf ihr Geständnis. Sie übernahm zwar die volle Verantwortung für ihr Handeln, doch ihre Weigerung, weiterführende Informationen zu liefern, deutet darauf hin, dass ihre Reue möglicherweise nur oberflächlich war. Diese Halbherzigkeit in der Aufarbeitung ihrer Taten zeigt, wie tief das Problem des Dopings verwurzelt ist und wie schwierig es ist, eine Kultur der Offenheit und Transparenz in diesem Bereich zu etablieren.

Die Verteidigung, sie habe EPO nur zu therapeutischen Zwecken verwendet, um persönliche und familiäre Krisen zu überwinden, erschien vielen als unzureichend und unglaubwürdig. Als studierte Biochemikerin und ehemalige Wissenschaftlerin an der ETH Zürich war sich McMahon zweifellos der Wirkungen von EPO bewusst. Der Gedanke, dass der Gebrauch lediglich therapeutisch sei, steht im klaren Widerspruch zu den Dopingregeln, die jeglichen Gebrauch leistungssteigernder Mittel verbieten. Heute ist sie als Altersklassenathletin unterwegs und wurde u. a. 2021 Dritte beim Ironman in Frankfurt, bei dem keine Profifrauen am Start waren.

11.1.3 LISA HÜTTHALER UND MICHAEL WEISS

Die nächsten beiden Athleten werden zusammen in einem Kapitel behandelt, da sie in den Fall um den österreichischen Sportmanager Stefan Matschiner verwickelt waren. Dieser organisierte nicht nur für Triathleten Doping, sondern auch für bekannte Radfahrer wie Bernhard Kohl. Dieser war es auch, der Michael Weiss in einer Aussage mit Matschiner in Zusammenhang brachte. Lisa Hütthaler hingegen wurde 2008 direkt des Dopings mit EPO überführt. Davor war sie Weltcup-Starterin für den österreichischen Triathlonverband. Der Fall erregte besonderes Aufsehen, da Hütthaler versuchte, die Urinprobe zu manipulieren. Als Konsequenz aus ihrem Vergehen wurde Hütthaler für zwei Jahre gesperrt. Nach ihrer Sperre machte sie ein bemerkenswertes Comeback im Sport. Sie wechselte ihre Einstellung hin zu einem sauberen Wettkampf und arbeitete daran, ihr Image zu rehabilitieren. Bei ihren vielen Siegen über die Mitteldistanz nach dem Absitzen ihrer Sperre blieb für viele Triathleten jedoch ein fader Beigeschmack.

Michael Weiss ist ein österreichischer Triathlet und ehemaliger Mountainbiker mit Spezialisierung auf Langdistanzrennen. Er wurde 2011 mit einer zweijährigen Dopingsperre belegt. Dies geschah allerdings nicht aufgrund der Aussage von Bernhard Kohl, sondern wegen eines Vergehens aus dem Jahr 2005, als er noch auf dem Mountainbike unterwegs war. Nach seiner Sperre kehrte Weiss zum Triathlon zurück und konnte bis heute eine Vielzahl von Erfolgen erzielen, darunter sieben Siege bei Ironman-Wettkämpfen.

11.1.4 LANCE ARMSTRONG

Die Erwähnung von Lance Armstrong findet hier nicht nur wegen der großen Auswirkungen des Dopinggeständnisses auf den Ausdauer- und speziell auf den Radsport statt, sondern auch wegen seiner engen Verbindungen zum Triathlon. Denn in dieser Sportart hat der ehemalige Dominator der Tour de France seine Ausdauersportkarriere begonnen und später auch beendet. Bereits als Teenager zeigte er außergewöhnliches Talent und belegte als Triathlet ganze dreimal einen Podiumsplatz bei den nationalen US-Meisterschaften. Zweimal davon eroberte er sogar den obersten Platz auf dem Podium und kürte sich so zum Meister über die Sprintdistanz. Aufgrund dieser Erfolge erhielt er später ein Angebot, um beim Trainingslager der Nachwuchs-Nationalmannschaft der USA im Radsport teilzunehmen. Der Rest ist dann mit seinem Weltmeistertitel und den sieben Tour-Siegen Geschichte. Somit kann man sagen, dass der Triathlon den Grundstein für seine außergewöhnliche Ausdauer und Wettkampfstärke legte, welche ihn später im Radsport auszeichnen sollte.

Seine Rückkehr in den Triathlon nach dem Ende seiner Radsportkarriere war von großem medialem Interesse und Spekulationen hinter vorgehaltener Hand begleitet. Armstrong nahm an mehreren Triathlon-Wettkämpfen teil und zeigte mit seinen bereits 40 Jahren hervorragende Leistungen, welche u. a. im Sieg beim Ironman 70.3 Florida im Jahr 2012 in einer beeindruckenden Zeit von 3:45 Stunden gipfelten. Dies führte wiederum zu wilden Spekulationen über eine mögliche zweite Karriere. Armstrong hatte vor, beim Ironman Hawaii 2012 zu starten und wollte zuvor beim Ironman France in Nizza seine Langdistanz-Form antesten. Jedoch wurden Armstrongs Triathlon-Ambitionen durch die Anklage und die Enthüllungen seines Dopingfalls abrupt gestoppt. Nachdem die United States Anti-Doping Agency (USADA) ihren Bericht veröffentlicht hatte, der Armstrongs systematisches Doping im Radsport nachwies, wurde er darauffolgend mit einer lebenslangen Sperre in der UCI belegt. Allerdings gilt diese auch in allen durch die World Anti-Doping Agency

(WADA) anerkannten Sportarten, einschließlich Triathlon, weshalb seine Wettkampftage in offiziellen Triathlon-Veranstaltungen beendet sind. Sein tränenreiches Geständnis bei Oprah Winfrey im Jahr 2013, bei allen sieben Tour-de-France-Siegen gedopt zu haben, markierte den endgültigen Niedergang seiner sportlichen Legitimität und beendete vermeintlich auch seine potenzielle Zukunft im Triathlon und im Sport allgemein. Doch auch heute ist er noch in den Medien präsent. Zum einen betreibt er den erfolgreichen Podcast „The Forward" und zum anderen wird er in der Dokumentation über Jan Ullrich als geläutert und einer seiner Retter dargestellt. Somit lässt sich abschließend sagen, dass er trotz massiver Verfehlungen in der Vergangenheit noch immer sein gutes Geld im Sport verdient.

11.1.5 COLLIN CHARTIER

Der Fall Collin Chartier ist der wohl aktuellste Dopingfall von größerer Bedeutung im Triathlon. Bei ihm handelte es sich um einen aufstrebenden US-amerikanischen Triathleten, der vielleicht das Potenzial gehabt hätte, für einen Heimsieg in Kona zu sorgen. Nach seiner Durchbruchssaison 2022, mit dem Sieg bei den US-Open der PTO, schien es nur noch eine Frage der Zeit, bis er die ganz großen Siege einfahren könne. Doch es kam anders und Auslöser war der Ironman Hawaii 2022. Chartier gab an, dass er im November nach besagtem Ironman mit der Einnahme von EPO begonnen hatte. Dies tat er, nachdem er sich durch eine enttäuschende Leistung bei den Ironman-Weltmeisterschaften und dem Erwartungsdruck der Medien überfordert fühlte. Er rechtfertigte seine Entscheidung mit dem Verdacht, dass auch seine Konkurrenten gedopt seien. Deshalb sah er in der Einnahme von EPO die einzige Möglichkeit, auf höchstem Niveau mit seinen Gegnern konkurrieren zu können. Chartier behauptete, allein und ohne Hilfe gehandelt zu haben. Er wies jedoch gängige Ausreden für positive Dopingtests zurück, indem er zu seiner Entscheidung für die Einnahme leistungssteigernder Mittel stand und die folgenden Konsequenzen akzeptierte. Dies gipfelte in den sofortigen Rücktritt vom aktiven Triathlonsport.

Die Enthüllung seines Dopingfalls löste eine breite Diskussion über die Integrität des Sports aus, wobei prominente Athleten wie der Ironman-Weltmeister von 2014, Sebastian Kienle, und der ehemalige CEO von Ironman, Andrew Messick, ihre Enttäuschung und Wut ausdrückten. Die Tatsache, dass fast zwei Jahrzehnte ohne positive Dopingtests von Spitzenathleten im Triathlon vergangen waren, hatte viele in der Gemeinschaft glauben lassen, dass ihr Sport anders als der vermeintlich verseuchte Radsport sei.

11.2 GEBRÄUCHLICHE DOPING-SUBSTANZEN

Das folgende Kapitel beleuchtet die gebräuchlichsten Doping-Substanzen im Triathlon, darunter Erythropoietin (EPO), Anabolika und Wachstumshormone. Es wird kurz erklärt, um was es sich bei diesen Stoffen handelt und wie sie im Körper wirken. Doch auch die Risiken bei Einnahme sollen nicht verschwiegen werden, da durch das Internet die Beschaffung leichter ist als jemals zuvor. Bei ausgewählten Dopingmitteln werden zudem noch Dopingfälle hervorgehoben.

11.2.1 EPO

Erythropoietin, besser bekannt als EPO, ist ein natürlich im Körper vorkommendes Hormon, das vorrangig in den Nieren produziert wird. Es spielt in seiner Funktion eine Schlüsselrolle in der Produktion von roten Blutkörperchen. Die roten Blutkörperchen wiederum sind für den Transport von Sauerstoff von der Lunge zu den Geweben und Organen verantwortlich, wie z. B. den Muskeln. In der Medizin wird EPO zur Behandlung von Anämien, insbesondere bei chronischen Nierenerkrankungen, eingesetzt. Im Sport jedoch wurde synthetisches EPO zu einem der bekanntesten Dopingmittel, da es die Anzahl der roten Blutkörperchen künstlich erhöht, was wiederum die Aufnahmekapazität von Sauerstoff des Blutes steigert und somit die Ausdauer und Leistungsfähigkeit verbessert. Darüber hinaus berichten Sportler von einer verbesserten Regeneration, wodurch ein größeres Trainingspensum realisiert werden kann. Die Verwendung von EPO im Sport birgt allerdings erhebliche Risiken. Durch die Erhöhung der Blutdichte kann es zu einer erhöhten Belastung des Herz-Kreislauf-Systems kommen, was das Risiko für Blutgerinnsel, Schlaganfälle und Herzinfarkte signifikant erhöht. Diese Gefahren machen EPO-Doping zu einem riskanten Unterfangen für die Gesundheit der Athleten. Deshalb sollten Sportler, so verlockend es auch z. B. für eine Ironman-Hawaii-Qualifikation sein mag, einen großen Bogen darum machen.

EPO fand vor allem in Ausdauersportarten Verwendung, wo eine erhöhte Sauerstoffkapazität des Blutes einen entscheidenden Vorteil bieten kann. Dazu zählen Sportarten wie Radsport, Langstreckenlauf, Skilanglauf und Triathlon. Die Geschichte des Sports ist gespickt mit Fällen von Athleten, die wegen EPO-Dopings überführt wurden. Zu den bekanntesten gehören Radprofis wie Lance Armstrong, dessen sieben Tour-de-France-Siege ihm nachträglich aberkannt wurden, oder der italienische Radrennfahrer Marco Pantani. Diese Fälle haben nicht nur die Karrieren der betroffenen Sportler beeinträchtigt, sondern wie im Radsport auch den Ruf der jeweiligen Sportarten nachhaltig beschädigt. (Birzniece, 2015; Weineck, 2019)

11.2.2 HGH

Das menschliche Wachstumshormon (HGH) ist ein natürlich im Körper vorkommendes Hormon. Es wird in der Hypophyse (Hirnanhangsdrüse) produziert. HGH spielt eine Schlüsselrolle in Wachstumsprozessen, der Zellregeneration und im Stoffwechsel des menschlichen Körpers. Ferner fördert es die Muskelbildung, unterstützt den Fettabbau und trägt zur Erhaltung und Reparatur gesunder Gewebe bei. Gerade wenn Insulin zusammen mit HGH wirkt, sind die Effekte für Ausdauersportler besonders hoch, da die Energiebereitstellung extrem gesteigert wird. Aufgrund dieser vielfältigen positiven Effekte auf den Körper ist synthetisches HGH zu einer verlockenden Substanz für einige Athleten geworden, welche ihre physische Leistungsfähigkeit und Regeneration illegal verbessern wollen. Doch ist es nicht ratsam, dieses Hormon zu bestellen, denn die Verwendung von HGH birgt erhebliche Risiken. Nebenwirkungen können u. a. Gelenk- und Muskelschmerzen, ein erhöhtes Risiko für Diabetes, das Wachstum von inneren Organen und ein erhöhtes Risiko für bestimmte Arten von Krebs umfassen. Langfristiger Gebrauch kann zudem zu einer Abhängigkeit des Körpers vom extern zugeführten HGH führen, was die natürliche Produktion beeinträchtigen kann. Das Schlimmste ist jedoch, dass die Wachstumshormone verunreinigt sein können, sodass schon die erste Einnahme lebensbedrohend sein kann. Dies liegt an den verschiedenen Herstellungsmethoden. U. a. kann HGH unter Einsatz von Escherichia Coli, besser bekannt als E.Coli, hergestellt werden. Gelangen diese Bakterien irgendwie in die Blutbahn, können sie eine Blutvergiftung hervorrufen. (Saugy et al., 2006)

11.2.3 TESTOSTERON

Testosteron ist ein weiteres natürlich vorkommendes Hormon in unseren Körpern. Es spielt eine zentrale Rolle in der Entwicklung und Aufrechterhaltung männlicher Geschlechtsmerkmale (Bartwuchs, tiefe Stimme etc.) sowie in der Regulierung verschiedener Körperfunktionen bei beiden Geschlechtern. Es wird hauptsächlich in den Hoden bei Männern gebildet. In geringeren Mengen wird es darüber hinaus in den Eierstöcken bei Frauen sowie in den Nebennieren bei beiden Geschlechtern produziert. Testosteron fördert den Muskelaufbau, die Knochenstärke, beeinflusst das Fettverteilungsmuster und unterstützt die Regeneration. Aufgrund dieser vielfältigen und körperlich leistungssteigernden Effekte ist Testosteron als Dopingmittel im Sport seit den Anfängen des Dopings bekannt und genutzt worden. Die künstliche Zufuhr von Testosteron oder ähnlichen anabolen Steroiden, wie z. B. Nandrolon, kann Athleten in verschiedensten Sportarten unfaire Vorteile bieten, darunter eine gesteigerte Muskelmasse, erhöhte Kraft, verbesserte Ausdauerleistung und eine schnellere Erholungszeit. Diese Effekte machen Testosteron besonders attraktiv in Kraft- und Ausdauersportarten wie Gewichtheben, Leichtathletik und auch im Triathlon. Doch auch für Testosteron gibt es teils erhebliche Nebenwirkungen. Die Anwendung von Testosteron im Rahmen des Dopings erfolgt in verschiedenen Darreichungsformen. Diese umfassen Injektionen, Gels, Pflaster oder Tabletten. Hierbei unterscheidet sich die Form je nach der Sportart. Während im Kraftsport zumeist alle drei bis vier Wochen eine Injektion in den großen Po-Muskel stattfindet, wird im Ausdauersport häufiger die Anwendung von Hodenpflastern vorgefunden. Die Häufigkeit der Einnahme variiert je nach Präparat und beabsichtigtem Effekt, wobei die Zyklen oft so gestaltet sind, dass sie vor Wettkämpfen maximale Wirkung zeigen und während Dopingkontrollen möglichst nicht nachweisbar sind. Zu den gesundheitlichen Folgen gehören Herz-Kreislauf-Erkrankungen, Leberprobleme, hormonelle Störungen, psychische Veränderungen wie erhöhte Aggressivität und bei Frauen die Entwicklung männlicher Merkmale. Langfristig kann der Missbrauch von Testosteron, wie auch bei HGH, zu einer Unterdrückung der natürlichen Hormonproduktion führen, was langwierige medizinische Interventionen erforderlich machen kann. Im Laufe der Jahre wurden zahlreiche Athleten in verschiedenen Sportarten des Testosteron-Dopings überführt. Die bekanntesten Beispiele hierfür sind der Sprinter Ben Johnson, dessen positive Testosteron-Dopingprobe zu seiner Disqualifikation bei den Olympischen Spielen 1988 führte, und der Radprofi Floyd Landis, dem der Tour-de-France-Sieg 2006 aberkannt wurde.

11.2.4 EIGENBLUT

Eigenblutdoping bezeichnet den Prozess, bei dem einem Athleten Blut entnommen und zu einem späteren Zeitpunkt (oft kurz vor einem Wettkampf) wieder zugeführt wird. Ziel dieses Verfahrens ist es, die Anzahl roter Blutkörperchen im Körper temporär zu erhöhen, um die Sauerstofftransportkapazität des Blutes zu steigern und somit die Ausdauerleistung zu verbessern. Die Anwendung erfolgt in mehreren Schritten: Zunächst wird dem Athleten eine bestimmte Menge Blut entnommen, das anschließend gekühlt und gelagert wird, um die roten Blutkörperchen zu konservieren. Kurz vor einem Wettkampf oder einer besonders intensiven Trainingsphase wird das aufbereitete Blut dann dem Athleten wieder als Infusion zugeführt. Auch bei dieser Dopingform kann es zu einigen Komplikationen kommen. Darunter fallen Infektionen, die Gefahr von Blutgerinnseln und eine Belastung des Herz-Kreislauf-Systems, die durch die erhöhte Viskosität des Blutes verursacht wird. Zudem besteht bei unsachgemäßer Handhabung und Lagerung des Blutes das Risiko einer bakteriellen Kontamination.

Über die Jahre wurden verschiedene Athleten in unterschiedlichen Sportarten des Eigenblutdopings überführt. Bedeutende Fälle umfassen Radprofis im Rahmen der Operation Puerto, einem der größten Doping-Skandale im Radsport, bei dem 2006 zahlreiche Athleten mit dem spanischen Arzt Dr. Fuentes in Verbindung gebracht wurden, der Eigenblutdoping-Dienste anbot. Auch in anderen Ausdauersportarten gab es große Skandale in Zusammenhang mit Eigenblutdoping. Der größte Fall im deutschsprachigen Raum wurde 2019 im Rahmen der nordischen Skiweltmeisterschaft im österreichischen Seefeld aufgedeckt. Dieser Skandal kam durch gemeinsame Ermittlungen der österreichischen und deutschen Behörden ans Licht, bekannt unter dem Namen „Operation Aderlass“. Die Ermittlungen enthüllten ein internationales Netzwerk von Blutdoping, das von dem deutschen Sportarzt Mark Schmidt geleitet wurde. Im Zentrum des Skandals standen fünf Athleten aus verschiedenen Ländern, die während der Weltmeisterschaften festgenommen wurden. Sie wurden beim Eigenblutdoping erwischt. Die Operation Aderlass brachte zutage, dass dieses Dopingnetzwerk nicht nur auf den nordischen Skisport beschränkt war, sondern Athleten aus verschiedenen Sportarten umfasste. Unter diesen befanden sich u. a. die beiden bekannten Radprofis Alessandro Petacchi und Danilo Hondo. Obwohl im Triathlon bisher keine hochkarätigen Fälle von Eigenblutdoping bekannt wurden, unterstreicht das potenzielle Risiko und die damit verbundene Leistungssteigerung die Notwendigkeit effektiver Überwachung und strenger Anti-Doping-Maßnahmen in allen Sportarten. (Atkinson & Kahn, 2020)

11.2.5 KORTIKOIDE

Unter dem Namen Kortikoide können sich die meisten Menschen außerhalb medizinischer Berufe kaum etwas vorstellen. Dennoch haben viele Menschen zumindest indirekt mit ihnen zu tun, da sie ein wichtiger Bestandteil von Asthmasprays sind. Kortikoiddoping umfasst die Verwendung von Kortikosteroiden, einer Klasse von Steroidhormonen, die natürlicherweise in der Nebennierenrinde produziert werden. Die bekanntesten Vertreter dieser Branche sind Prednison und Triamcinolon. Sie werden normalerweise eingesetzt, um z. B. Entzündungsreaktionen zu regulieren. Im Sport wird das Doping mit Kortikoiden angewendet, um Schmerzen zu lindern, Entzündungen zu reduzieren und die Erholungszeit nach Verletzungen oder anstrengenden Wettkämpfen zu verkürzen. Allerdings besteht die Gefahr, dass Athleten trotz Verletzung intensiv weiter trainieren und so ihren Zustand immer weiter verschlechtern. Darüber hinaus wird die Gefahr von Infektionen erhöht und bei langfristiger Einnahme steigt das Risiko, irgendwann an Osteoporose zu erkranken.

11.2.6 INSULIN

Es gibt auch Dopingmittel, von denen viele Sportler gar nicht wissen, dass diese auch zur Leistungssteigerung von Sportlern zweckentfremdet werden können. Das bekannteste Mittel aus dieser Kategorie ist wohl das Insulin. Insulin ist ein lebenswichtiges Peptidhormon, welches in den Betazellen der Bauchspeicheldrüse produziert wird und eine zentrale Rolle in der Regulierung des Blutzuckerspiegels spielt. Es ist lebenswichtig für Diabetiker und ermöglicht den Transport von Glukose aus dem Blut in die Körperzellen, wo sie als Energiequelle genutzt oder zur späteren Verwendung als Glykogen gespeichert wird. Insulin beeinflusst auch den Fett- und Eiweißstoffwechsel und unterstützt so den Aufbau und die Erhaltung von Muskelgewebe. Im Kontext des Dopings wird Insulin aufgrund seiner anabolen Wirkung und der Fähigkeit, die Regeneration nach intensivem Training zu beschleunigen, verwendet. Es wird typischerweise subkutan injiziert, wobei die Häufigkeit der Anwendung stark variieren kann. Die missbräuchliche Anwendung von Insulin im Sport birgt signifikante Risiken für den Anwender. Ein Übermaß an Insulin kann zu einer Hypoglykämie führen, was ein potenziell lebensbedrohlicher Zustand ist, der durch zu niedrige Blutzuckerspiegel gekennzeichnet ist. Langfristig kann der Insulinmissbrauch auch zu einer Insulinresistenz beitragen, einem Vorläufer der Typ-2-Diabetes, sowie zu kardiovaskulären Erkrankungen und einem Ungleichgewicht im Stoffwechsel. Insulin findet vor allem in Kraft- und Ausdauersportarten Verwendung, wo es für seine Fähigkeit geschätzt wird, die Glykogenspeicher zu maximieren und die Erholungsprozesse zu unterstützen. Im Triathlon kann Insulin theoretisch Vorteile bieten, indem es die Energieverfügbarkeit während langer Wettkämpfe erhöht und eine schnellere Erholung zwischen den Trainingseinheiten ermöglicht. Aufgrund der für viele Menschen vorhandenen medizinischen Indikation ist es sehr schwierig, Sportlern gezieltes Doping mittels Insulin nachzuweisen.

11.2.7 DIURETIKA

Diuretika oder auch harntreibende Mittel sind Substanzen, die die Ausscheidung von Wasser und Elektrolyten aus dem Körper fördern. Diese Medikamente erhöhen die Urinproduktion und werden medizinisch eingesetzt, um den Blutdruck zu senken, Herzinsuffizienz, Leberzirrhose und bestimmte Formen von Ödemen zu behandeln. Im Kontext des Sports werden Diuretika jedoch aus anderen Gründen eingesetzt: Sie können kurzfristig das Körpergewicht reduzieren, was in Sportarten mit Gewichtsklassen von Vorteil sein kann, und sie vermögen die Anwesenheit anderer verbotener Substanzen im Urin zu verdünnen oder zu maskieren, was die Aufdeckung von Doping erschwert. Dementsprechend haben sie häufig keinen leistungssteigernden Effekt, sondern sorgen aufgrund der möglichen Verschleierung anderer Stoffe für eine Dopingsperre.

11.3 DOPINGKONTROLLEN

Die Dopingkontrollen im Triathlon sind von einer internationalen Zusammenarbeit und strikten Regeln geprägt, um die Integrität des Wettbewerbs zu wahren. Verantwortlich für die weltweite Anti-Doping-Arbeit ist die 1999 gegründete Welt Anti-Doping Agentur (WADA). Sie entwickelt und überwacht die Einhaltung des Welt Anti-Doping Codes (WADC), der für alle Unterzeichner, darunter das Internationale Olympische Komitee (IOC), das Internationale Paralympische Komitee (IPC), die nationalen Olympischen Komitees sowie internationale Sportfachverbände (u. a. World Triathlon) und nationale Anti-Doping-Organisationen (NADOs), verbindlich ist. Auch alle weltweiten Ironman-Veranstaltungen finden nach den Richtlinien des WADCs statt.

Bei internationalen Wettkämpfen wie den Olympischen Spielen oder Weltmeisterschaften sind die Internationalen Verbände, im Triathlon der World Triathlon Verband, für die Dopingkontrollen zuständig. Diese Verbände arbeiten oft mit den NADOs oder der International Testing Agency (ITA) zusammen, die vom IOC ins Leben gerufen wurde. In Deutschland übernimmt die Nationale Anti Doping Agentur (NADA) seit 2003 diese Aufgaben. Die NADA organisiert Dopingkontrollen bei nationalen Wettkämpfen und internationalen Veranstaltungen in Deutschland und setzt dabei den WADC um.

Dopingkontrollen können sowohl im Training als auch bei Wettkämpfen stattfinden. Trainingskontrollen erfolgen unangekündigt und zu jeder Zeit, um sicherzustellen, dass Athleten auch außerhalb des Wettkampfgeschehens sauber bleiben. Damit die Athleten jederzeit für eine Dopingkontrolle auffindbar sind, müssen diese ihren jeweiligen Aufenthaltsort – int. „Whereabouts" – über ein online aufgebautes Meldesystem (ADAMS = Anti-Doping Administration and Management System) bekanntgeben.

Wettkampfkontrollen finden meist direkt nach dem Zieleinlauf statt. Die Auswahl der Getesteten findet aufgrund des Ergebnisses, z. B. die Top 3, oder zufällig statt. Sobald ein Athlet für eine Kontrolle ausgewählt wird, begleitet ihn ein sogenannter Chaperon, um Manipulationen zu verhindern. Die Probenahme und der Transport der Proben zu WADA-akkreditierten Laboren erfolgen durch beauftragte Dienstleistungsunternehmen.

Sportarten werden in drei Risikogruppen (A, B, C) eingeteilt, basierend auf physiologischen, empirischen, politischen und finanziellen Faktoren. Die Einteilung bestimmt die Häufigkeit und Art der Kontrollen. Triathlon gehört als Ausdauersportart zur Risikogruppe A. Die NADA führt Testpools, in denen Athleten je nach ihrem sportlichen Niveau und nach Risikogruppe organisiert sind. Diese Testpools stellen sicher, dass die Athleten regelmäßig und unangekündigt getestet werden können. Der RTP (Registered Testpool) der NADA umfasst etwa 600 Spitzenathleten, während der NTP (Nationaler Testpool) und der ATP (Allgemeiner Testpool) größere Gruppen umfassen, die ebenfalls regelmäßigen Kontrollen unterliegen. Die NADA hat im Triathlon im Jahr 2023 insgesamt 612 Dopingkontrollen durchgeführt (insgesamt über alle Sportarten verteilt 15.978).

Der Ablauf einer Dopingkontrolle beginnt mit der Benachrichtigung des Athleten, gefolgt von einer Beaufsichtigung durch den Chaperon bis zur Abgabe der Probe. Diese Proben werden dann in WADA-akkreditierten Laboren analysiert. Unverzichtbare Bestandteile dieses Systems sind die Anti-Doping-Labore, die mit ihrer Expertise und Forschungsarbeit zur Weiterentwicklung der Dopingkontrollen beitragen. Entscheidungen bei Streitigkeiten über Dopingfälle werden vom internationalen Sportschiedsgericht CAS (Court of Arbitration for Sport) getroffen. Schließlich ist noch wichtig zu erwähnen, dass bei vielen Rennen auf der Lang- und Mitteldistanz neben den Profis auch immer einige Amateure in den Altersklassen zufällig getestet werden, da diese ebenso den Dopingrichtlinien unterliegen. Die öffentlich einsehbare Liste der Dopingvergehen bei Ironman-Veranstaltungen zeigt, dass Doping im Triathlon nicht nur den Profisport betrifft.

ANHANG

1 GLOSSAR

A

Abgangszeit – Die Abgangszeit beschreibt die Zeit zwischen dem Start zweier Intervalle im Schwimmtraining. Sie ist unabhängig von der Zeit, die für das einzelne Intervall benötigt wird.

Absolute Leistung – Absolute Leistung meint die tatsächlichen Messwerte einer sportlichen Leistung, z. B. die erreichte Wattleistung, ohne Berücksichtigung von Vergleichen zu anderen Athleten. Sie spiegelt die unmittelbare individuelle Leistung oder den Erfolg ohne Bezug auf externe Faktoren wider.

Acute Training Load – Die „Acute Training Load" (ATL) ist eine sportwissenschaftliche Metrik, die die kurzfristige Belastung des Trainings auf den Körper misst. Sie berücksichtigt die unmittelbare, aktuelle Trainingsintensität und -dauer, um den aktuellen physiologischen Stress für Athleten zu quantifizieren.

Aerobe Schwelle – Die aerobe Schwelle ist der Punkt während einer körperlichen Aktivität, an dem der Körper vermehrt auf aerobe Energieproduktion zurückgreift. Jenseits dieser Schwelle steigt die Laktatkonzentration, während sie noch im Steady-State ist, im Blut, was auf einen verstärkten anaeroben Energiestoffwechsel hinweist.

Aerobars - Aerobars sind spezielle Lenkeraufsätze, die bei Rennrädern und Zeitfahrrädern verwendet werden, um die Aerodynamik zu verbessern. Sie ermöglichen dem Fahrer eine gestreckte, aerodynamische Position.

Anaerobe Schwelle - Die anaerobe Schwelle ist der Punkt während intensiver körperlicher Aktivität, an dem die Produktion von Milchsäure (Laktat) im Muskelgewebe signifikant ansteigt. Dies markiert den Übergang zu vermehrt anaerober Energiegewinnung, da der Körper nicht mehr ausreichend Sauerstoff bereitstellen kann, um ausreichend Energie in den Mitochondrien umzusetzen.

ATP - Adenosintriphosphat (ATP) ist eine Energiequelle in lebenden Muskelzellen. Bei Bedarf wird die energiereiche Phosphatbindung in ATP durch hydrolytische Spaltung freigesetzt, um notwendige Energie für die Muskelkontraktion bereitzustellen.

Ausgleichstraining - Ausgleichstraining im Sport bezeichnet eine gezielte Trainingsmethode, die dazu dient, die muskulären Dysbalancen, die durch einseitige Belastungen entstehen können, auszugleichen. Es konzentriert sich darauf, verschiedene Muskelgruppen zu stärken und flexibel zu halten, um Verletzungen vorzubeugen und die allgemeine sportliche Leistung zu verbessern, indem andere Sportarten ausgeübt werden.

B

BCAA - BCAA steht für verzweigtkettige Aminosäuren und umfasst die essenziellen Aminosäuren Leucin, Isoleucin und Valin. Diese Aminosäuren sind besonders wichtig für Sportler, da sie eine Schlüsselrolle im Muskelstoffwechsel spielen und helfen, Muskelabbau zu reduzieren sowie die Proteinsynthese zu fördern.

Blaue Karte - Sie wird spezifisch für Verstöße gegen die Drafting-Regeln im Radfahren ausgestellt und zeigt an, dass der Athlet zu nahe hinter einem anderen Teilnehmer gefahren ist. Der betroffene Athlet muss eine Zeitstrafe in der Penalty Box verbüßen, ähnlich wie bei einer gelben Karte.

C

Calf Guard – Hierbei handelt es sich um Kompressionssocken, die speziell dazu entworfen wurden, die Wadenmuskulatur zu unterstützen und zu stabilisieren. Da sie kein Sockenteil haben, dürfen sie schon beim Schwimmen unter dem Neo getragen werden.

Carboloading – Die Carboloading, oder auch Kohlenhydratspeicherung, ist eine Ernährungsstrategie im Ausdauersport, bei der Athleten ihre Glykogenspeicher durch eine erhöhte Aufnahme von Kohlenhydraten vor einem Wettkampf oder einer intensiven Trainingseinheit maximieren. Dies soll die Ausdauerleistung verbessern, indem ausreichend Glykogen als Energiequelle bereitgestellt wird.

Critical Swim Speed (CSS) – Sie dient als Indikator für die aerobe Ausdauerleistungsfähigkeit. Die CSS wird durch die Analyse der Zeiten über zwei verschiedene Strecken (z. B. 400 Meter und 200 Meter) berechnet.

Chronic Training Load – Die „Chronic Training Load" (CTL) ist eine sportwissenschaftliche Kennzahl, die die langfristige, akkumulierte Trainingsbelastung über einen längeren Zeitraum hinweg misst. Sie bietet einen Blick auf die kumulative Trainingshistorie und dient dazu, langfristige Anpassungen und die allgemeine Fitnessentwicklung von Athleten zu beurteilen.

D

Drafting – Drafting oder Windschattenfahren (insbesondere im Triathlon oder Radsport) bezieht sich auf die Strategie, bei der ein Athlet den Luftwiderstand durch das Fahren hinter einem anderen Sportler minimiert, um Energie zu sparen. Diese Technik ermöglicht es dem Athleten, effizienter zu fahren und seine Ausdauer für andere Phasen des Wettkampfs zu bewahren. Allerdings ist dies auf Strecken ab der Mitteldistanz verboten.

Duathlon – Duathlon ist eine Mehrkampfsportart, die aus Laufen, Radfahren und erneutem Laufen besteht, ohne die Schwimmdisziplin des Triathlons. Die typische Abfolge besteht aus einem anfänglichen Lauf, gefolgt von einer Radstrecke und einem abschließenden Lauf.

E

Elektrolyte - Elektrolyte sind geladene Ionen, darunter Natrium, Kalium und Chlorid, die im menschlichen Körper eine entscheidende Rolle für die Aufrechterhaltung des Flüssigkeits- und Elektrolythaushalts spielen. Sie sind für grundlegende physiologische Funktionen wie Muskelkontraktion, Nervenleitung und die Regulierung des Wasserhaushalts von großer Bedeutung.

EPO - EPO steht für Erythropoetin, ein Hormon, das die Produktion roter Blutkörperchen im Knochenmark stimuliert. Im Radsport und anderen Ausdauersportarten wurde EPO missbräuchlich eingesetzt, um die Sauerstoffversorgung zu verbessern und die Ausdauerleistung zu steigern, was zu einem Verbot in Wettkämpfen führte.

EVA - EVA, kurz für Ethylenvinylacetat, ist ein leichtes, flexibles und elastisches Material mit ausgezeichneten Dämpfungs- und Stoßabsorptionseigenschaften. Aufgrund seiner Vielseitigkeit findet EVA-Schaum breite Anwendung in der Sportschuhindustrie.

F

Fartlek - Auch Fahrtenspiel ist eine Form des Ausdauertrainings im Laufsport, bei der Intervalle aus schnellen und langsamen Abschnitten ohne feste Struktur kombiniert werden. Diese flexible Trainingsmethode fördert die Anpassungsfähigkeit des Läufers an unterschiedliche Geschwindigkeiten und Gelände.

Fatmax - Fatmax bezieht sich auf die Trainingsintensität, bei der der Körper den höchsten Prozentsatz seiner Energie aus Fettverbrennung gewinnt. Es repräsentiert die Intensität, bei der die Fettverbrennung im Vergleich zur Kohlenhydratverbrennung maximal ist und wird oft im Ausdauertraining als Orientierung für fettstoffwechseloptimiertes Training verwendet.

FTP - Die Functional Threshold Power (FTP) im Radsport ist die maximal aufrechterhaltene Leistung, die ein Fahrer über einen Zeitraum von etwa einer Stunde erzeugen kann. Sie dient als wichtiger Referenzpunkt für die Bestimmung von Trainingszonen und zur Messung der Leistungsfortschritte.

G

Gelbe Karte – Sie signalisiert kleine Regelverstöße, wie etwa das Ablegen der Kleidung in der Wechselzone neben die Box. Sie führt eine Zeitstrafe nach sich.

Glukose – Glukose ist ein einfacher Zucker und die wichtigste Energiequelle für den menschlichen Körper. Nach der Aufnahme durch die Nahrung wird Glukose im Blut transportiert und von Zellen als Brennstoff für den Energiestoffwechsel verwendet.

H

Hämatokrit – Der Hämatokrit ist der prozentuale Anteil der festen Blutbestandteile, insbesondere der roten Blutkörperchen, im Gesamtblutvolumen. Er dient als wichtiger Indikator für die Blutzusammensetzung und kann bei medizinischen Untersuchungen Aufschluss über die Sauerstofftransportkapazität des Blutes bieten.

Hämoglobin – Hämoglobin ist ein eisenhaltiges Protein in den roten Blutkörperchen, das für den Transport von Sauerstoff von der Lunge zu den Geweben im Körper verantwortlich ist. Es bindet den Sauerstoff in der Lunge und gibt ihn in den Geweben ab, was lebenswichtig für den zellulären Stoffwechsel und die Energieproduktion ist.

HIIT – High Intensity Interval Training (HIIT) ist eine Trainingsmethode, bei der kurze, intensive Intervalle von maximaler Anstrengung mit kurzen Erholungsphasen abwechseln. Diese effektive Form des Trainings verbessert die aerobe und anaerobe Fitness, fördert die Fettverbrennung und kann in kürzeren Trainingseinheiten erhebliche gesundheitliche Vorteile bieten.

HRV – HRV steht für Herzfrequenzvariabilität und beschreibt die Variation der Zeitintervalle zwischen aufeinanderfolgenden Herzschlägen. Eine höhere HRV wird oft als Zeichen für eine flexible und anpassungsfähige Regulation des Herz-Kreislauf-Systems interpretiert und kann auf eine bessere Stressresilienz und allgemeine Gesundheit hindeuten.

I

Intensity Factor - Der Intensity Factor (IF) ist eine Metrik im Ausdauersport, insbesondere im Radfahren und Laufen, die das Verhältnis der tatsächlichen Leistung eines Athleten zur geschätzten maximalen aeroben Leistung widerspiegelt. Ein IF-Wert von 1 entspricht dabei einer Belastung, die der maximalen aeroben Kapazität des Athleten entspricht, während Werte unter 1 eine geringere Intensität anzeigen.

Intervalle - Intervalle im Training beziehen sich auf die abwechselnde Anwendung von Hoch- und Niedrigintensitätsphasen. Dieses Intervalltraining fördert die Verbesserung der aeroben und anaeroben Leistungsfähigkeit sowie die Effizienz des Herz-Kreislauf-Systems.

K

Kondition - Ein zumeist schwammig verwendeter Begriff, der sich in der Regel auf die Ausprägung der konditionellen Fähigkeiten (Ausdauer, Kraft, Schnelligkeit und Beweglichkeit) bezieht.

L

Laktat - Laktat ist ein Milchsäuresalz, das während intensiver körperlicher Aktivität als Nebenprodukt des Energiestoffwechsels entsteht. Ein Anstieg des Laktatspiegels im Blut kann auf eine Überschreitung der anaeroben Schwelle hindeuten und zur Ermüdung der Muskulatur beitragen.

Laktattest - Ein Laktattest ist eine Methode zur Messung der Laktatkonzentration im Blut während körperlicher Belastung. Dieser Test ermöglicht die Bestimmung der individuellen anaeroben Schwelle und bietet wichtige Informationen über den Stoffwechsel und die Leistungsfähigkeit eines Athleten.

LIIT - Low-Intensity Interval Training (LIIT) ist eine Trainingsmethode, bei der längere Phasen niedriger Intensität mit kurzen, intensiveren Intervallen abwechseln. Im Gegensatz zu HIIT legt LIIT den Fokus auf eine moderatere Belastung, was eine nachhaltige und gut verträgliche Trainingsform mit geringerem Stress für den Körper ermöglicht.

N

NADA – Die NADA (Nationale Anti-Doping Agentur) ist eine nationale Organisation, die in verschiedenen Ländern für die Umsetzung und Überwachung von Anti-Doping-Maßnahmen im Sport verantwortlich ist.

Negativsplit – Dieser bezeichnet eine schnellere zweite Hälfte eines Wettkampfs. Er zeugt in der Regel von einer guten Einteilung der Kräfte über die gesamte Dauer des Wettkampfs.

Normalized Power – Normalized Power (NP) im Radsport ist ein Leistungsparameter, der die dynamischen Schwankungen in der Leistung während einer Fahrt berücksichtigt, indem er Leistungsspitzen stärker gewichtet. Im Gegensatz zum durchschnittlichen Leistungswert bietet NP eine präzisere Einschätzung der tatsächlichen Belastung auf den Körper während Trainingseinheiten mit wechselnden Intensitäten.

P

Polarized Training – Polarisiertes Training ist eine Trainingsmethode, bei der die Trainingsintensitäten in hohem Maße auf intensive, anaerobe Belastungen und leichtere, aerobe Belastungen aufgeteilt werden, wobei moderate Intensitäten vermieden werden. Diese Methode betont die Bedeutung von klaren Intensitätsunterschieden, um optimale Leistungssteigerungen in Ausdauersportarten zu erreichen.

Powermeter – Ein Powermeter ist ein Gerät, das im Radsport verwendet wird, um die auf das Fahrrad übertragene Leistung zu messen. Es liefert präzise Daten darüber, wie viel Kraft der Radfahrer auf die Pedale ausübt, was zur Leistungsanalyse, Trainingssteuerung und Leistungsverbesserung beiträgt. Es kann in Pedalen oder Kurbeln verbaut sein.

PTO – Die Professional Triathletes Organisation (PTO) ist eine Vereinigung, die von professionellen Triathleten gegründet wurde, um die Interessen der Athleten in der Welt des Triathlons zu vertreten und zu fördern. Sie organisiert Wettkämpfe, unterstützt Athleten finanziell und arbeitet daran, den Triathlonsport global weiterzuentwickeln und für ein breiteres Publikum attraktiv zu machen.

Q

Quadrathlon – Quadrathlon ist eine Multisportart, die aus den Disziplinen Schwimmen, Radfahren, Kanufahren und Laufen besteht. Die Athleten durchlaufen nacheinander diese vier Disziplinen, wodurch der Quadrathlon eine vielseitige und anspruchsvolle Herausforderung darstellt.

R

Reach – Reach ist die horizontale Maßeinheit, die am Fahrrad den Abstand vom Tretlagerzentrum zum oberen Ende des Steuerrohrs beschreibt.

REKOM – REKOM steht für Regenerationskomponente und bezeichnet im Ausdauersport ein Training mit sehr niedriger Intensität, das primär der Erholung und Regeneration des Körpers dient. Durch die sanfte Belastung werden Stoffwechselprozesse angeregt und die Muskulatur aktiv entspannt.

Relative Leistung – Der Begriff bezieht sich auf die Bewertung der individuellen sportlichen Leistung in Bezug auf die Leistungen anderer Athleten, oft unter Berücksichtigung von variablen Faktoren wie Gewicht, Größe oder andere relevante Parameter. Dieser Ansatz ermöglicht einen fairen Vergleich zwischen Sportlern unterschiedlicher physischer Merkmale, indem die Leistung im Verhältnis zu diesen Faktoren bewertet wird.

Rote Karte – Sie steht für schwere Regelverstöße oder die Ansammlung mehrerer Vergehen und resultiert in der sofortigen Disqualifikation des Athleten vom Wettkampf. Dies kann Verstöße wie unsportliches Verhalten, Gefährdung anderer Teilnehmer oder die Missachtung von Anweisungen der Wettkampfrichter umfassen.

S

Spiroergometrie – Spiroergometrie ist eine Methode der Atemgasanalyse, die während körperlicher Belastung angewendet wird, um präzise Messungen von Atemvolumen, Atemfrequenz und den Anteilen von Sauerstoff und Kohlendioxid in der Atemluft zu erhalten. Diese Messungen werden verwendet, um genaue Informationen über den Stoffwechsel und die aerobe Kapazität eines Individuums zu liefern.

Sprengung – Die Sprengung bei Laufschuhen bezieht sich auf die Höhendifferenz zwischen der Ferse und dem Vorfußbereich des Schuhs. Eine höhere Sprengung fördert eine stärkere Neigung des Fußes und kann Auswirkungen auf die Lauftechnik und die Belastung der Muskulatur haben.

Stack – Stack meint eine Maßeinheit, welche die Höhe des Fahrradrahmens angibt. Sie wird gemessen von Tretlagermitte bis zur Oberkante des Steuerrohrs.

Sweet Spot – Sweet Spot Training ist eine Trainingsmethode im Radsport, bei der Intervalle in einem Intensitätsbereich durchgeführt werden, der knapp unterhalb der anaeroben Schwelle liegt. Dieser „Sweet Spot" ermöglicht eine effiziente Verbesserung der aeroben Kapazität, ohne eine übermäßige Belastung des Körpers zu verursachen.

T

T1 – T1 ist im Triathlon die erste Wechselzone, also der Ort, an dem Athleten vom Schwimmen zum Radfahren wechseln. Hier wechseln die Teilnehmer von ihren Neoprenanzügen zu Radbekleidung, setzen Helme auf, schnappen sich ihre Räder und starten in die Radstrecke des Wettkampfs.

T2 – T2 ist im Triathlon die zweite Wechselzone, also der Bereich, in dem die Athleten vom Radfahren zum Laufen wechseln. Hier parken sie ihre Räder, legen ihre Radbekleidung ab, schnüren ihre Laufschuhe und starten in die abschließende Laufetappe des Wettkampfs.

Tapering – Tapering ist eine Trainingsstrategie, bei der Athleten vor einem Wettkampf ihre Trainingsbelastung reduzieren, um sich zu erholen und ihre Leistungsfähigkeit zu optimieren. Dies ermöglicht eine verbesserte Frische und erhöhte Energie, um die bestmögliche Leistung während des Wettkampfs abzurufen.

Toe Overlap – Dies tritt auf, wenn die Zehen des vorderen Fußes beim Pedalieren mit dem Vorderrad bzw. dem Reifen des Fahrrads in Kontakt kommen, besonders während des Lenkens oder in engen Kurven. Dieses Phänomen ist häufiger bei Rennrädern mit kleineren Rahmen oder Rädern zu beobachten, da der begrenzte Platz zwischen Vorderrad und Tretlager dazu führt, dass die vorderen Teile näher beieinander liegen.

Training Stress Score – Der Training Stress Score (TSS) ist ein Maß für die Belastung einer Trainingseinheit im Radsport, basierend auf Intensität und Dauer. Er wird berechnet unter Berücksichtigung der Leistung, der individuellen Fitness und der maximalen Leistungsfähigkeit, um die kumulative Ermüdung im Training zu quantifizieren.

Tubeless – Tubeless-Reifen sind Reifen, die ohne einen separaten inneren Schlauch betrieben werden und direkt auf die Felge montiert werden, wobei eine spezielle Dichtflüssigkeit im Inneren des Reifens kleine Durchstiche automatisch abdichtet.

V

VLamax – VLamax, oder Maximal Lactate Steady State, ist der Punkt während intensiver körperlicher Aktivität, an dem die Laktatkonzentration im Blut stabil bleibt, bevor sie weiter ansteigt. Dieser Indikator ist wichtig für die Bestimmung der optimalen Belastungsintensität im Bereich der anaeroben Schwelle.

VAM – VAM steht für „Velocità Ascensionale Media". Die italienische Bezeichnung bedeutet „durchschnittliche Steiggeschwindigkeit". Es handelt sich um ein Maß dafür, wie viele Höhenmeter ein Radfahrer pro Stunde während eines Anstiegs theoretisch zurücklegen würde. Diese Kennzahl wird verwendet, um die Leistungsfähigkeit von Radfahrern beim Bergauffahren zu bewerten.

VO_2max - Die maximale Sauerstoffaufnahme (VO_2max) ist die maximale Menge an Sauerstoff, die der Körper während intensiver körperlicher Anstrengung pro Minute aufnehmen und verwerten kann. Sie dient als Indikator für die aerobe Ausdauerfähigkeit und spielt eine wichtige Rolle in der Leistungsfähigkeit von Ausdauerathleten.

W

WADA - Die WADA (World Anti-Doping Agency) ist eine internationale Agentur, die weltweit Standards für Anti-Doping-Aktivitäten festlegt und koordiniert, um die Integrität des Sports zu wahren.

Z

Zwift - Zwift ist eine interaktive Online-Plattform für virtuelles Radfahren und Laufen, die es Sportlern ermöglicht, in einer virtuellen Welt zu trainieren, an Wettkämpfen teilzunehmen und sich mit anderen Athleten weltweit zu messen.

2 BILDNACHWEIS

Coverfoto: Patrick Lange, Ironman-WM 2023 in Nizza, Credit: PetkoBeier.de

Coverdesign: Sannah Inderelst

Grafiken Innenteil: S. 184, 188: Cube/Pending System GmbH & Co. KG

Layout & Satz: Isabella Frangenberg

Korrektorat Skript: Sonja Rose, info@rose-skript.de

Lektorat Satzfahne: Katrin Schubert

3 LITERATURVERZEICHNIS

BÜCHER

Atkinson, T. S. & Kahn, M. J. (2020). Blood doping: Then and now. A narrative review of the history, science and efficacy of blood doping in elite sport. *Blood Reviews, 39,* 100632.

Beelen, M., Burke, L. M., Gibala, M. J. & Van Loon, L. J. (2010). Nutritional strategies to promote postexercise recovery. *International journal of sport nutrition and exercise metabolism, 20(6)*, 515-532.

Birkel, J. & Ackermann, J. (2013). *Triathlon: das Standardwerk.* München: BLV.

Birzniece, V. (2015). Doping in sport: effects, harm and misconceptions. *Internal medicine journal, 45(3)*, 239-248.

Ehrler, W. (1993). *Triathlon: das komplette Know-how für Spitzenleistungen.* Berlin: Sportverlag.

Engelhardt, M. & Kremer, A. (1987). *Triathlon perfekt: Technik, Training, Wettkampf.* München: BLV.

Grosser, M., Starischka, S. & Zimmermann, E. (2015). *Das neue Konditionstraining.* München: BLV.

Maupin, D., Schram, B., Canetti, E. & Orr, R. (2020). The relationship between acute: chronic workload ratios and injury risk in sports: a systematic review. *Journal of sports medicine,* 51-75.

Ormsbee, M. J., Bach, C. W. & Baur, D. A. (2014). Pre-exercise nutrition: the role of macronutrients, modified starches and supplements on metabolism and endurance performance. *Nutrients, 6(5),* 1782-1808.

Saugy, M., Robinson, N., Saudan, C., Baume, N., Avois, L. & Mangin, P. (2006). Human growth hormone doping in sport. *British journal of sports medicine, 40(suppl 1)*, i35-i39.

Seiler, S. & Tønnessen, E. (2009). Intervals, thresholds, and long slow distance: the role of intensity and duration in endurance training. *Sportscience, 13*, 1-27.

Svensson, T. (1996). *The Total Triathlon Almanac-3.* Palo Alto: The Trimarket Company.

Vitale, K. & Getzin, A. ([11]2019). Nutrition and supplement update for the endurance athlete: review and recommendations. *Nutrients, 1(6),* 1289.

Weineck, J. (2019). *Optimales Training*. Balingen: Spitta.

WEBSITES:

www.challenge-roth.com: Website der Challenge Roth

www.ironman.com: Website der IRONMAN Group

www.nada.de: Website der Nationalen Anti Doping Agentur Deutschland (NADA)

www. protriathletes.org: Website der Professional Triathletes Organisation (PTO)

www.triathlon.org: Website des Triathlon Weltverbandes World Triathlon

www.tri-history.com: "Bill Phillips, The First Doctor of Speed" von Scott Tinley, 6. Januar 2014

www.triathlondeutschland.de: Website der Deutschen Triathlon Union

www.tri2b.com: Die ganze Triathlonwelt online auf tri2b.com: News, Ergebnisse, Trainingstipps, Materialtipps, Onlineshops, Termine, Bilder und Videos

www.wikipedia.org: Die freie Enzyklopädie

4 DIE AUTOREN

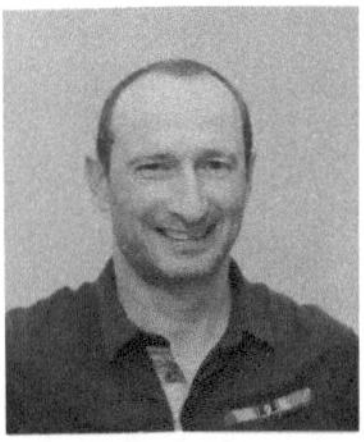

HARALD EGGEBRECHT, Jahrgang 1971, hat an der LMU München Wirtschaftspädagogik studiert. Statt in den Schuldienst verschlug es den gebürtigen Starnberger aber in den Sportjournalismus. Seit 2004 leitet er das Triathlon-Onlineportal tri2b.com redaktionell; seit 2013 ist er selbst Inhaber des Portals und beschäftigt sich somit tagtäglich mit den neuesten Entwicklungen im Triathlon.

Seine aktive Triathlon-Karriere begann bereits 1989. Zu den sportlichen Höhenpunkten zählen vier Ironman-Hawaii-Teilnahmen (1995, 1996, 1997, 2000). Neben dem Triathlon ist der Autor auch noch in anderen Ausdauersportarten unterwegs. Vor allem der Skilanglauf hat es ihm angetan, wo er vier Vasalauf-Teilnahmen vorweisen kann.

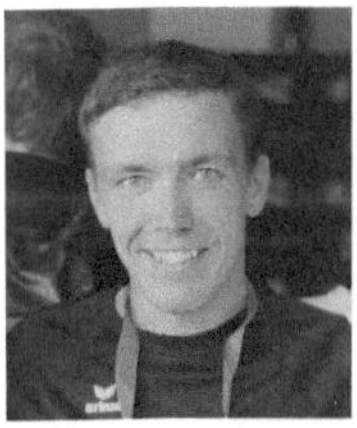

SVEN WEIDNER, Jahrgang 1988, ist ein engagierter Wissenschaftler und leidenschaftlicher Ausdauersportler, der in der Muskelphysiologie und Biomechanik an der Universität Stuttgart tätig ist. Mit einem Abschluss in Sport- und Bewegungswissenschaften von der Universität Bielefeld hat er ein fundiertes Verständnis für den menschlichen Körper und seine Leistungsfähigkeit.

In seiner Freizeit widmet er sich intensiv dem Triathlon. Seine Liebe zu langen Trainingseinheiten und Ausdauersportarten spiegelt sich in seinen Erfolgen wider, darunter der Sieg beim Austria Extreme Triathlon (2019). Sein ehrgeiziges Ziel ist die Teilnahme am Ironman Hawaii im Jahr 2024, für den er sich bereits 2019 qualifiziert hat.